# De la
# Oscuridad
## a la
# Luz

*Mi viaje con
los Maestros*

Rev. Paul Kwame Kyei

DARJEELING PRESS
Emigrant (Montana, EE.UU.)

*Dedico este libro a
mi Gurú, Elizabeth Clare Prophet,
sin cuyo amor el Sendero
se hubiera perdido para mí
en esta vida.*

DE LA OSCURIDAD A LA LUZ
*Mi viaje con los Maestros*
del Rev. Paul Kwame Kyei

Para información, póngase en contacto con
Darjeeling Press, PO Box 154, Emigrant, MT 59027 USA

www.darjeelingpress.com

ISBN: 978-1-937217-08-2 (edición en rústica)
ISBN: 978-1-937217-09-9 (libro digital)

Mapas adaptados de sus originales por cortesía de la
Sección Cartográfica de las Naciones Unidas.

Un agradecimiento especial a The Summit Lighthouse
por los permisos de incluir el siguiente material en el libro:
«Decreto a Helios y Vesta», «Salutación al Sol», «Protección de Viaje»,
«Decretos de Corazón, Cabeza y Mano», «San Miguel», «Revertid la
Marea», «Decreto a la Amada Poderosa Astrea» y «YO SOY la Llama
Violeta», de *Oraciones, Meditaciones y Decretos Dinámicos para la
transformación personal y mundial,* publicado por The Summit
Lighthouse, © 2002, 2011; *Your Opportunity to Become the Christ*
(Cristo en la llama trina), Maestro Ascendido Afra y fotografías de
Elizabeth Clare Prophet, © Summit Publications, Inc.

Para recibir más información sobre
The Summit Lighthouse, la Iglesia Universal y Triunfante
o las Enseñanzas de los Maestros Ascendidos, póngase en contacto con
The Summit Lighthouse
63 Summit Way
Gardiner, MT 59030 USA
1-800-245-5445  •  +1 406 848 9500
www.TSL.org

# Índice

# Prefacio

La vida es una aventura compleja.

Las sagradas escrituras dicen que se nos da la salvación para que prestemos servicio. La cuestión no es simplemente nuestra salvación, sino que nuestra salvación tiene un propósito y ese propósito es servir. Seguimos aquí porque tenemos que terminar nuestro trabajo.

Cada momento que pasamos en esta octava es una dispensación que se nos concede para que podamos acercarnos más a realizar la expectativa de la luz. Por eso no prestamos servicio de mala gana, sino que lo realizamos con alegría, sabiendo muy bien que algún día, antes o después, seremos llamados a volver a nuestro origen.

¿Volvemos a nuestro origen con una gran sonrisa por un trabajo bien hecho?

¿O volvemos a nuestro origen refunfuñando por las oportunidades no aprovechadas y una misión fracasada? Dios no lo quiera.

La elección la tenemos enfrente cada día.

Mi viaje comenzó en una aldea de Ghana, en África Occidental. Mi padre era sacerdote fetiche, un practicante de nuestra religión tradicional. De niño me convertí al cristianismo, siendo el primero de mi familia en hacerlo. Serví en la Iglesia Metodista durante muchos años y era conocido como un predicador fogoso.

Entonces encontré a los maestros ascendidos, las grandes

almas de Oriente y Occidente, de todas las razas y religiones, que han ascendido de regreso a Dios como hizo Jesús. En todas las épocas estos maestros han enviado mensajeros y profetas para que entreguen sus enseñanzas al mundo. Elizabeth Clare Prophet, uno de esos mensajeros, se convirtió en mi instructora y yo he seguido el sendero de los maestros ascendidos y sus enseñanzas durante casi cuarenta años. Durante esos años he sido testigo de milagros y he pasado por muchas pruebas y muchos desafíos. He visto magia negra y brujería y he sentido sus efectos. He visto cómo la Luz vence a la Oscuridad. A través de todo eso, los maestros jamás me han dejado solo.

Este libro es la historia de mi viaje. Tengo la esperanza de que mis hermanos y hermanas puedan leer las historias de mis experiencias y aprender de ellas, como yo he hecho. Pueden saber que aquellos que les han precedido pasaron por tiempos de pruebas, y pueden ver cómo lo hicieron. El sendero, entonces, no les parecerá tan extraño. Podrán entender que hay una forma de superar todas estas pruebas.

Escribo este libro especialmente para los que están comenzando el sendero del ministerio, ya sea como ministros nombrados formalmente o simplemente como siervos ministrantes hacia sus hermanos y hermanas. Afrontarán muchos desafíos a lo largo de ese sendero.

Espero que lo que he escrito arroje algo de luz sobre las huellas de todos los que vienen por detrás y les asegure que con la ayuda de Dios y la guía de los maestros, todas las dificultades se pueden superar y la victoria se puede conseguir.

Estoy agradecido por poder poner estos pensamientos y estas experiencias en forma impresa. Estoy agradecido a Peter y Neroli Duffy por su dedicada amistad, su ánimo y su ayuda en este empeño.

Que Dios bendiga a cada uno de ustedes en su viaje de vuelta al origen.

# GHANA

**BURKINA FASO**

Léo
Pô
Bitou
Bawku
Diébougou
Hamale
Tumu
Navrongo
Zebila
Dapaong
Lawra
Bolgatanga
Nakpanduri
**ALTA ORIENTAL**
**ALTA OCCIDENTAL**
Gaoua
Wulugu
Gambaga
Wawjawga
Mango
**BENÍN**
Wa
Guérin Kouka
Gushiago
Batié
Kara
Varalé
Daboya
Tamale
Yendi
Bafilo
Bouna
Sawla
Zabzugu
Bassar
Gbenshe
Bole
Japei
Sokodé
Damango
Bimbila
Koutouba
Salaga
**TOGO**
**COSTA DE MARFIL**
Yeji
Blitta
Bamboi
Kintampo
Elavagnon
Bondoukou
Sampa
Dumbai
Kete Krachi
**BRONG-AHAFO**
Wenchi
Kwadjokrom
Atakpamé
Techiman
Atebubu
Badou
**VOLTA**
Berekum
Ejura
Kadjebi
Jasikan
Agnibilekrou
Sunyani
Hohoe
Apéyémé
Bechem
Kpandu
Kpalimé
Notsé
Abengourou
Mampong
**ASHANTI**
**ORIENTAL**
Goaso
Kumasi
Agogo
Ho
Adriemba
Konongo
Nkawkaw
Anyirawasi
Bibiani
Bekwai
Tsévié
Wiawso
Awaso
Obuasi
Begoro
Dzodze
Aného
*Presa Akosombo*
Aflao
Lomé
**OCCIDENTAL**
Dunkwa
Kade
Asamankese
Koforidua
Sogakofe
Keta
Enchi
Asankrangwa
Oda
Nsawam
Ada
Anloga
Bawdia
Foso
Shai Hills
**GRAN ACCRA**
Aboisso
Bogoso
Twifu Praso
Swedru
Tema
Prestea
Teshi
Accra
Tarkwa
Winneba
**CENTRAL**
*Golfo de Guinea*
Newtown
Elmina
Saltpond
Half Assini
Esiama
Cape Coast
Axim
Sekondi-Takoradi

*Cabo de Tres Puntos*

GHANA

0  25  50  75  100 km
0  25  50  75 mi

| | |
|---|---|
| ⊙ | Capital nacional |
| ◉ | Capital regional |
| ○ | Ciudad, pueblo |
| ✈ | Aeropuerto |
| —·—·— | Frontera internacional |
| ········ | Frontera regional |
| —— | Camino principal |
| —— | Camino secundario |

Capítulo 1

# Un niño serio

Nací en Ghana, en Patriensah, una pequeña aldea a 36 millas de Kumasi, la capital de Ashanti, donde vive nuestro rey y donde yo vivo ahora. Mis padres eran campesinos, y yo nací el 25 junio 1932.

Mi hermano mayor era Kwame Afram. Fue el primogénito de mi madre. Se hizo sacerdote fetiche, un sacerdote de nuestra religión tradicional, el Akan. El segundo era Kwame Frang. Él se hizo conductor de taxi. El tercero era Kwadjo Beyie, zapatero.

El siguiente hijo murió muy joven. No sé por qué mi madre nunca me dijo su nombre. Él era el cuarto y yo el quinto. Mi familia me llamaba Kwame. Kwame es el nombre de un varón nacido en sábado.

El sexto era Yaw Nsia. Yaw es el nombre de un varón nacido en jueves. Él era carpintero. Tardó mucho en llegar, por lo que se pensaron que ya no vendrían más niños después de mí. No tuve hermanas. Éramos seis varones.

De niño siempre estaba muy serio. Recuerdo que cerca de nuestra casa había un orfebre, un anciano. El orfebre me vio un día riendo con unos amigos. «Chee.\* ¿Sabes reír?». De pequeño era callado. Era difícil hacer amistad conmigo.

Mi padre era sacerdote del Akan. Había muchos dioses

---

\* Expresión de sorpresa en twi, la lengua de los Ashanti.

distintos en nuestra religión y cada sacerdote tenía un nombre para su dios. El dios de mi padre se llamaba Afram.

Mi padre me amaba mucho en aquel tiempo. No me estaba permitido separarme de mi papá y estaba siempre con él, a donde quiera que fuera. Así que nunca fui a la escuela.

Recuerdo muy bien un encuentro con un hombre cuando tenía ocho o diez años de edad. Siempre le estaré muy agradecido a aquel hombre. A él le debo, creo, todo lo que sería mi futuro. Era el director de la escuela de los adventistas del séptimo día de nuestra aldea. Parece que me había visto seguir a mi papá todo el tiempo. Una tarde le iba siguiendo a la aldea y conocimos a este director.

Nos detuvo, y dijo: «¡Agya Kyei!». («¡Padre Kyei!»*)

Puesto que mi padre era sacerdote de la religión tradicional y el director era cristiano, adventista del séptimo día, mi padre se sobresaltó. Se detuvo y miró al hombre. El director dijo: «¿Me da usted a su hijo, por favor, para que lo lleve a la escuela?».

Fue un encuentro muy interesante. Mi padre le miró un rato, y luego dijo: «¡Está bien, lléveselo!». Eso fue todo.

El hombre me dijo: «Mañana ven a la escuela».

En aquellos días yo no tenía zapatos, ni uniforme escolar. Nada. Tenía un trozo de tela atado alrededor del cuello. Al día siguiente fui a la escuela.

El hombre estaba entusiasmado. Me dio la bienvenida. Me dio un trozo de madera como pizarra. Me encontró un sitio en la clase. Sólo había una clase en la escuela para primero, segundo, tercero y cuarto niveles; unos cincuenta estudiantes, todos en una clase. Todos los profesores enseñaban en la misma clase y todos los estudiantes los oían hablar al mismo tiempo. No tengo ni idea de cómo lo hacían. Pero fue una buena preparación porque aprendimos a concentrarnos. Más tarde, la

---

* «Kyei» se pronuncia «Chei».

aldea construyó una escuela más grande, con aulas separadas para cada clase.

Caminaba al colegio todos los días. No estaba muy lejos, quizá a diez minutos, y caminaba solo. En aquel tiempo no había nada que temer. Diría, con humor, que no había tanta gente mala por el mundo.

Los que siguen la religión tradicional algunas veces atribuyen los atracos, los robos y las cosas que plagan la sociedad moderna a la educación y el cristianismo. En la religión tradicional, las personas tenían miedo de robar; pensaban que si robaban su dios las mataría. Los cristianos pensaban que su Dios los perdonaría, de forma que podían hacer esas cosas.

De todos los hijos de mi padre, yo fui el segundo en ir a la escuela. El que me precedía no lo intentó. No era inteligente, así que lo dejó. Por eso probablemente mi padre no estaba interesado en que yo fuera a la escuela. Y puesto que mis padres no eran cristianos, los estudios no importaban mucho.

Al ir a la escuela de los adventistas del séptimo día, automáticamente me hice cristiano. Fui el primero de mi familia en hacerme cristiano.

Capítulo 2

# Una mujer fuerte

En nuestra zona el matrimonio polígamo era una práctica común. Un hombre podía tener más de una esposa, pero sólo podía tener en su casa a una mujer a la vez. La mujer se quedaba el resto del tiempo en casa de su familia. Mi padre tenía dos esposas, y mi madre era la segunda.

Mi madre era una mujer fuerte. Cuando decidía hacer algo después de considerarlo detenidamente, nunca se echaba atrás. No cambiaba de idea. Esto lo vi cuando se enfrentó a las hermanas de mi padre, que provocaron que le dejara.

Todos sabían que mi padre amaba de verdad a mi madre y puesto que era rico, sus hermanas tenían miedo de que diera su dinero y propiedades a mi madre antes que a ellas y a sus hijos. Eso las privaba de algo que ellas creían que les correspondía como herencia en nuestro sistema matrilineal.* Por eso no se llevaban bien con mi madre.

La cosa llegó al punto en que mi madre se enfrentó a ellas, y les dijo: «Mirad, ninguna muchacha ni ninguna mujer se casa con sus hermanos. Pero si creéis que podéis volver al pasado y casaros con vuestro hermano, os lo doy. Venga, casaos con él. No me volveré a casar con vuestro hermano».

Ellas pensaron que lo decía en broma. Mi padre pensó que

---

* En la estructura social matrilineal del Akan, la línea y pertenencias familiares pasan a través de la madre a sus hijos. La madre del hombre, sus hermanos, hermanas, sobrinos y sobrinas y tienen preferencia para la herencia sobre la esposa o los hijos.

no iba en serio. Pero mi madre estaba muy seria. Tenía cuarenta y cinco años. Ya no iba a tener más hijos y nosotros éramos lo suficientemente mayores como para poder soportar que ella le dejara.

Después de tomar esa decisión, cuando mi padre llegaba a casa, mi madre lo echaba. Llegó al punto en que algunas veces nosotros, los hijos, nos sentíamos ofendidos por los actos de mi madre. ¿Por qué trataba así a nuestro padre? Pero estaba decidida.

Cuando mi padre vio que la situación se le escapaba, decidió buscar ayuda. Acudió a uno de los subjefes de la aldea, y el subjefe reunió a los consejeros para que juzgaran el asunto. Falté a la escuela para ir con mi madre a este arbitraje. Tenía edad suficiente como para presenciar todo esto: unos quince años.

El subjefe llamó a mi madre, y dijo: «Estás aquí porque tu esposo dice esto, esto y esto...». Mi madre no lo dejó terminar. Salió corriendo de su asiento, se tiró al suelo y se agarró a las piernas del subjefe. «Por favor», dijo, «detenga este juicio. No me casaré con este hombre otra vez».

En nuestra cultura, si te arrodillas y te agarras a los pies de un hombre, significa que ruegas con todo tu corazón, con todo tu ser. Así que el anciano lo detuvo. Mis tíos y tías estaban allí, y les preguntó: «¿Qué decís vosotros?».

Ellos dijeron: «La persona más cerca del fuego es la que puede decir lo caliente que está. Ella es la que se encuentra más cerca del fuego y eso es lo que dice. Si pudiéramos convencerla de que parara, la cosa no habría llegado a este punto. Se lo hemos dicho todo, pero ella no se detiene. Lo tiene decidido». Y así se disolvió el juzgado de arbitraje. No había nada que pudieran hacer. Mi madre se quedó sola y nosotros nos fuimos a casa.

Mi padre no quedó contento, por lo que decidió llevar la cosa al gobierno. Era 1945 y Ghana era entonces una colonia británica. Mi padre fue al comisionado del distrito, que era súbdito británico, un hombre blanco. Viajó de mi aldea a la capital del distrito, Juaso, donde el comisionado del distrito vivía y tenía su juzgado. Mi madre fue convocada y fueron al juzgado. No se trataba de un caso criminal, era un arbitraje.

El intérprete del juzgado leyó la queja de mi padre. Mi madre repitió lo que había hecho en la casa del subjefe. Corrió al comisionado y se agarró a sus pies. «¡Por favor!», dijo, «No, no puedo volver. Ya no quiero seguir con este matrimonio.» Mi madre no hablaba nada de inglés, y habló en nuestro idioma, el Akan. El intérprete tenía que decirle al comisionado del distrito lo que ella decía.

La gente blanca se toma el tema del matrimonio de una forma muy particular, como cualquier otra tribu, cualquier otra raza. Pero el comisionado del distrito entendió muy bien lo que significaba para una mujer hacer esto. Sacudió la cabeza como diciendo: «No es posible». Se detuvo. No continuó.

Volvimos a nuestra aldea. Mi madre había ganado. Pero para mi padre eso fue la última gota, la que colmó el vaso. Decidió matarse.

No recuerdo la razón, pero gracias a Dios no fui a la escuela ese día. Fui a visitar a mi padre a su casa. Tenía algunos materiales muy ricos, seda importada, que se ponía para las ocasiones importantes, y ese día llevaba puesto ese material. Había whisky sobre la mesa. Se había bebido casi toda la botella. Y sus ojos, vi que los tenía enrojecidos.

Era por la tarde, por lo que no había nadie en la casa. Todo el mundo se había ido a trabajar al campo. Mi padre agarró el arma que tenía, salió y comenzó a correr hacia las afueras de la aldea, a un lugar donde criaba cerdos. Cantaba y entonaba canciones de guerra. Tenía el arma en una funda y llevaba alrededor de la cintura una cinta preciosa de seda. Una locura. Yo corría detrás de él gritando.

Había una anciana cuya casa estaba de camino a los cerdos.

Era la viuda del tío de mi padre. Fui a su casa y la llamé. Grité: «Ven a ver lo que está haciendo mi padre». Salió, y también gritó cuando lo vio. Lo llamaba por su nombre. Entonces salió corriendo detrás de él. Al final llegó hasta él y mi padre se dio la vuelta como una persona aturdida y la miró. Entonces había unos hombres que habían oído los gritos de esta mujer, y los hombres vinieron y agarraron a mi padre. Uno de ellos tomó el arma; y dijeron: «¿Qué te está pasando?».

Cuando mi madre oyó que mi padre había tratado de matarse, se sorprendió. Vi cómo se quedó pálida. Se sintió muy triste. Pero esto no hizo que cambiara de decisión.

Después de este incidente, una delegación de la familia de mi padre vino a ver a mi madre. Cuando vieron lo que ocurría, todos quisieron que ella volviera con él. Pero ella volvió a decir: «Que las hermanas se casen con él».

De niño no supe lo profundo que había sido este asunto. Aún no sé lo que mis tías le habían hecho a mi madre. Para que actuara así, tuvieron que hacerle algo que le dolió mucho. Pero con todo lo que sucedió, su determinación de disolver el matrimonio no cambió. Se casó, se divorció y nunca se volvió a casar.

Capítulo 3

# Educar la mente

Después del divorcio mi madre vivió en la casa de su familia conmigo y los demás hijos. Mi padre estaba tan dolido por el divorcio que dejó de pagar para que yo asistiera a la escuela. Recuerdo que mi padre le dijo: «Si no te casas conmigo, no pagaré la cuota de la escuela de tu hijo».

Mi madre dijo: «No importa. Aunque tenga que vender mi ropa para pagar las cuotas de la escuela de mi hijo, lo haré». Qué mujer más fuerte. Sabía que me encantaba la escuela, y era muy estudioso.

Me quedé en la escuela de los adventistas del séptimo día hasta que llegué al nivel 4, que ahora sería la escuela secundaria. Tenía unos quince años. Luego tuve que marcharme de mi aldea y viajar lejos para ir al internado de los adventistas del séptimo día. Tenía que ir a Kumasi y de ahí viajar otras veintidós millas, por lo que quedaba lejos de casa.

Asistí a ese internado durante unos dos años. En 1949 tuve que dejarlo porque uno de mis tíos se había graduado de una universidad preparatoria para ser maestro y fue asignado a Juaben. No estaba casado, y uno de mis primos y yo teníamos que ir a quedarnos con él para servirle. Así eran las cosas en aquellos tiempos. Así que me cambié de la escuela de los adventistas del séptimo día a la escuela metodista de Juaben y más tarde a la escuela metodista de Nkawkaw, y ahí fue donde termine la escuela secundaria.

Entonces fue cuando me puse el nombre de Paul. Cuando asistía a la escuela de los adventistas del séptimo día, el director me había puesto el nombre de Aarón, según el hermano mayor de Moisés. Cuando me mudé de los adventistas del séptimo día a los metodistas, pasé de ser Aarón a Paul. Yo prefería Paul porque él fue un predicador, muy dinámico en su compromiso y su determinación. Prefería ser Paul el predicador antes que ser Aarón el transigente.

Tras acabar la escuela secundaria en 1952 debí haber ido a la universidad pero puesto que mi madre no tenía recursos, no pude hacerlo. Así que me fui hasta Koforidua a trabajar para un pariente de mi madre. Lo llamaba abuelo. Le ayudaba en su tienda, donde vendía piezas de repuestos de automóviles.

Cuando trabajaba allí me hicieron dos propuestas. Un representante de la iglesia metodista vino y dijo que querían preparar algunas personas como maestros. Tenían una universidad de preparación para maestros en Komenda y me ofrecieron una beca.

El abuelo dijo: «Cuando vuelvas de la universidad y vayas a enseñar, trabajarás como maestro porque querrás dinero. Ahora trabajas y ganas dinero. ¿Por qué dejar el dinero que tienes ahora e ir a la escuela? Así que no fui.

Los adventistas del séptimo día me ofrecieron una beca para que me preparara como enfermero. Habían establecido un hospital nuevo. El abuelo dijo lo mismo: «¿Por qué quieres ser enfermero?». Miraba el producto final. «Cuando hayas terminado toda esa preparación, irás a trabajar por dinero. Si ganas dinero ahora, ¿por qué quieres irte?».

«¡Pero quiero preparar la mente!».

«¡Ha!», dijo él, «¡Olvidado!». De nuevo, no fui.

Pero quería estudiar. Para mí estudiar era lo más importante. Abre la mente. Veía cómo se comportaban los que nunca habían ido a la escuela y los que sí habían ido y la habían terminado, y había una gran diferencia en la forma en que veían

17

las cosas. Al observar la vida vi que había que tener estudios para tener una mente abierta y una actitud abierta hacia las cosas. También me encantaba ser erudito. Por tanto tuve que estudiar en la universidad de la forma más difícil, por correspondencia. Trabajaba durante el día y estudiaba por la tarde, y algunas veces, por la noche, iba a clases nocturnas.

Gracias a Dios que la Iglesia metodista también me ayudó. En 1968 recibí la beca de la Conferencia de Iglesias de toda África. Ello me permitió asistir a un curso de dos meses sobre orientación psicológica avanzada en el Instituto de Iglesia y Sociedad de Ibadan, en Nigeria. Estaba bastante cerca de la Universidad de Emmanuel, donde la Iglesia metodista de Nigeria también preparaba a sus trabajadores cristianos. Cuando llegué arreglé una visita con un tutor para que después de las sesiones de preparación de orientación psicológica por las tardes pudiera quedarme a dormir y asistir a cursos sobre educación cristiana y trabajo con la juventud.

También asistí a algunos cursos en el Instituto de Negocios de Ghana y en 1974 asistí a un curso residencial de seis meses sobre gestión empresarial el Instituto de Negocios y Administración Pública de Ghana, un instituto patrocinado por las Naciones Unidas en Accra. Allí había cierto número de oficiales militares que también asistían al curso. En aquel tiempo Ghana estaba gobernada por los militares.

Capítulo 4

# El abuelo

El abuelo tenía dos empleados: yo y otro muchacho. El otro muchacho no era confiable y el abuelo no quería que me pareciera a él. Por eso me enseñó a ahorrar dinero. Esto es algo importante que aprendí de él.

Al final de mi primer mes con él me llamó, y dijo: «Aquí está tu paga». Tomó la mitad y me la dio, diciendo: «Llévate esto a la oficina de correos, abre una cuenta de ahorros. Cuando vuelvas te daré la otra mitad».

Después, cada mes me ponía la mitad de la paga sobre la mesa, sacaba mi libreta de ahorros del cajón y me la daba con la otra mitad de la paga. «Ve e ingresa esto y cuando me devuelvas la libreta podrás llevarte el resto». Él se quedaba con la libreta para que yo no fuera a sacar el dinero. Así fue cómo me inculcó la costumbre de ahorrar.

Había pasado un año con el abuelo cuando un amigo suyo le pidió que me dejara ir con él para que me encargara de su tienda de fotografía en Nsawam. Para el abuelo esto era difícil porque creía que yo era el único ayudante confiable que tenía en su tienda. Le ofreció al otro muchacho, pero el hombre dijo: «No, este es el que quiero».

El abuelo podría haberse negado. Pero el lazo de amistad entre él y el hombre era muy fuerte. Por eso, a regañadientes, me mandó a Nsawam para que trabajara para su amigo. El dejarme ir fue algo muy difícil para el abuelo. El hecho de que lo hiciera demuestra la gran amistad que tenía con ese hombre. De otra forma, no me habría dejado marchar.

En aquella época se podía encargar de Gran Bretaña cualquier cosa por catálogo. Se pagaba en la oficina de correos y el encargo llegaba por correo. Mi abuelo una vez encargó una pequeña estufa muy bonita. La recibí cuando llegó a la oficina de correos. Cuando se la llevé vi cómo la miró, y vi la alegría en el rostro del anciano.

Cuando estaba a punto de marcharme a trabajar para su mejor amigo, el abuelo me dijo que le llevara esta estufa. «Kwame, te marchas. Esta estufa me gusta mucho y no se lo daría a nadie más. Pero llévatela. Cuando tengas hambre en tu nuevo hogar, úsala para preparar lo que quieras comer».

Yo estaba soltero y tenía veintidós años. Ese pequeño regalo me emocionó, porque sabía cuánto significaba para él, y ahora me lo había dado a mí. Sabía que me amaba y que deseaba lo mejor para mí.

Fue en Nsawam donde conocí a Elizabeth, mi futura esposa. Ella no era de allí. Sus padres se habían mudado de su pueblo en las montañas Kwahu y ella vivía en Nsawam con ellos.

La primera vez que la vi fue en 1954. La veía con cautela. La llamaba y hablábamos. Al principio con timidez. Sus padres vivían cerca y a ella le preocupaba que ellos se enteraran.

Vi a Elizabeth durante bastante tiempo antes de presentarme a sus padres y decirles que estaba interesado en su hija. Si la buscaban y no la encontraban, podían venir a mi casa a preguntarme. Para ellos era importante saber que tenía buenas intenciones en mi amistad con su hija.

En 1955, el libanés que era dueño de la tienda que mi abuelo administraba vino a buscarme a Koforidua. «¿Dónde está ese muchacho, Kwame?», le preguntó a mi abuelo.

Éste dijo: «Está en Nsawam encargándose de la tienda de mi amigo».

«No, lo quiero yo», dijo el libanés.

## El *abuelo*

El libanés viajó en automóvil veintidós millas desde Accra a Nsawam para buscarme y hablar conmigo. Dijo que iba a abrir una tienda grande en Kumasi y que quería a alguien de confianza que se encargara de ella. Había ido a ver a mi abuelo y ahora había venido a hablar conmigo. ¿Me iría con él? ¿O preferiría quedarme en Nsawam?

«De acuerdo», dije. «Usted debería volver a Accra. Consultaré con mi abuelo y luego le transmitiré la decisión a usted». Pero tenía tantos deseos que unos pocos días después de regresar llamó a mi abuelo directamente.

Cuando hablé con mi abuelo, éste me dijo: «Puedes ir».

«Gracias», dije yo.

Se trataba de la tienda de piezas de respuestos de automóvil, una mucho más grande que la del abuelo. Tenía mejor futuro que una tienda de fotografía. Por tanto, me marché a Kumasi.

Y decidí que quería llevarme a Elizabeth conmigo y que nos debíamos casar.

Capítulo 5

# Matrimonio

Mi padre era una persona de importancia en nuestra aldea debido a su posición como sacerdote fetiche y mucha gente acudía a él con sus problemas, incluyendo problemas matrimoniales. Durante los años que pasé con él, observé muchas cosas y aprendí mucho sobre el matrimonio, aunque fuera solamente un muchacho.

Por eso desde el principio sabía que no quería casarme para luego divorciarme. Si me casaba, tenía que ser para siempre, mientras tuviéramos vida. Eso me hizo tener mucho cuidado con quién elegía. La idea de lanzarme al matrimonio o elegir a cualquier muchacha que pasara no era para mí.

Al pensar en tomar a una mujer como esposa, me decía que quería una mujer que fuera respetuosa, no sólo conmigo como esposo sino también con mis parientes, mis padres, mis hermanos. Quería una mujer que fuera cristiana, que fuera laboriosa, no perezosa.

Cuando decidí casarme con Elizabeth llamé a mi madre. (Mi padre había muerto el año anterior.) «Me voy a casar», le dije. «Hay una muchacha que vive con sus padres. Es feliz. Pero voy a pedir su mano y traerla a Kumasi».

Mi madre se opuso. La muchacha no era de mi aldea. «¿Por qué te quieres ir de la aldea para buscar esposa? Aquí hay muchas mujeres. No. No te puedes marchar, ni siquiera a un pueblo vecino. Nada de viajar fuera de nuestra zona». Mi esposa era del lejano pueblo de Obo. Ella es Kwahu y yo soy Ashanti; somos de tribus distintas. Pero todos somos Akans, por eso los dos hablamos Twi.

Mi madre vino a visitarme a Nsawam. Me dijo que mi tío había dicho que me iba a encontrar una muchacha de nuestra aldea, para que no tuviera que casarme con esa mujer. Iba en serio.

Cuando mi madre y mi padre se divorciaron, yo tenía unos trece años. Mi madre era la que pagaba la escuela y lo hacía todo para mí. La amaba muchísimo y la respetaba, pero ahora venía con este mensaje. ¿Qué iba a hacer yo?

Nos sentamos. «Mamá, sabes que te amo, te respeto. No tengo un padre que cuide de mí. Tú lo eres todo para mí. Pero está este asunto. La mujer con quien me case será con quien viva toda mi vida, ya sean dos, tres o cien años. Es la mujer que vivirá conmigo. Me preparará la comida. Lo hará todo para mí.

«La que tú quieres encontrar para mí en la aldea, yo no la conozco. Aunque vengamos de la misma aldea, no la conozco. Aquella con la que me quiero casar, mientras he vivido aquí la he visto ir y venir, he conocido a sus padres. La conozco bien. Si voy a pasar toda mi vida con una mujer, ¿por qué no me permites que elija yo?

«Vosotras, las mujeres, tenéis corazones tiernos. También escucháis. Es cierto que esto es lo que decía mi tío. Pero tú eres mi madre y eres mujer. Si no hubieras amado a mi padre, ¿te hubieras casado con él?».

«¡Ese es un tema distinto!», dijo ella.

«Esta es la muchacha que he encontrado», dije yo, «la amo y quiero que sea mi esposa y la madre de mis hijos, si los tengo».

Al final fui capaz de convencer a mi madre.

Antes de marcharse, habló con Elizabeth: «Mira, jovencita, este es mi hijo; su tío dice que va a encontrar una muchacha para él en nuestra aldea, pero él dice que con quién se quiere casar es contigo. Así que lo dejo en tus manos. Tómalo como tu padre, tu hermano, tu tío, tu todo».

Mi madre se montó en el tren y se marchó. Ese fue el primer obstáculo de mi matrimonio.

Así que Elizabeth y yo nos casamos. Realizamos los ritos habituales y formalmente la desposé ante sus padres y los Ancianos. La ceremonia fue en la casa de su padre. Mi madre la presenció. Yo pagué la dote, que consistía en dinero y algunas ropas. Hubiera querido comprarle una máquina de coser, pero ella ya tenía una porque era modista. La dote, el dinero y todas las cosas que pagué sumaban unas cien libras. Era mucho dinero para 1955. En aquella época mi salario era de cinco libras al mes. Pero debido a que mi abuelo me había inculcado el sentido de ahorrar, tenía el dinero.

Estaba muy contento por empezar un nuevo trabajo en Kumasi, pero los padres de la muchacha estaban un poco asustados. Por toda Ghana la gente andaba un poco asustada de nosotros los ashantis: guerreros, demasiado estrictos, no nos gustan las tonterías. Sus padres habían dicho: «¿Te vas a casar con un Ashanti? ¿Por qué te quieres casar con un Ashanti?». En cualquier caso, ese era un problema de ellos.

Nos casamos a edad temprana y según nuestras costumbres, en tales casos el esposo no se lleva a su esposa inmediatamente a su casa. La deja durante un tiempo con sus padres y entonces es cuando su madre le enseña cómo ser una mujer casada. Ellas tienen su propia forma tradicional de instruir. Por tanto dejé a Elizabeth allá, con su madre, en Nsawam, mientras yo iba a Kumasi a encontrar alojamiento y establecerme.

Esto fue en marzo. Hacia fin de año, la madre de Elizabeth contrajo una enfermedad y murió. Después del funeral Elizabeth fue a Kumasi a estar conmigo, y allí vivimos felices. Todos mis hijos nacieron mientras vivíamos en Kumasi. Con los primeros dos hijos fue a su casa para dar a luz. Con el resto se quedó en Kumasi.

Mi madre era buena con Elizabeth. Cada vez que dio a luz, hice correr la voz por la aldea para que le dijeran a mi madre que «tu hija ha dado a luz». Dos días después estaba en Kumasi. Traía comida y hierbas para ayudar a curar a Elizabeth después del parto. Era una buena madre con Elizabeth.

Unos cuantos años después de casarnos, Elizabeth y yo decidimos que era hora de casarnos por la Iglesia y hacer una ceremonia cristiana. Le dije a mi madre que eso era lo que quería hacer. «De acuerdo». Fijamos la fecha con el ministro.

Sin embargo, la prima de mi madre era adventista del séptimo día y entendía que este matrimonio era distinto a un matrimonio tradicional.

«Dices que tu hijo va a casarse por la Iglesia», le dijo a mi madre. «¿Sabes qué? Si se muere, la esposa se va a llevar todas sus posesiones y tú no te llevarás nada. Así que no consientas».

A menos de una semana de la ceremonia, mi madre me mandó un mensaje. «Ven inmediatamente a la aldea». Yo pensé: «¿Qué está pasando?».

Fui a nuestra aldea, Patriensah. Mi madre dijo: «Kwame, lo que me dijiste de tu esposa, que ibas a ponerle un anillo en el dedo, no estoy de acuerdo con eso».

«¿Pero por qué? Ya te lo dije hace meses. Estuviste de acuerdo entonces. Ahora sólo falta una semana para la boda.»

«Me han dicho que en una boda cristiana, cuando te mueres, todo pasa a la mujer. Yo no sabía eso. ¿Y yo, tu madre, qué? Por eso no consentiré.»

«No es así», dije yo. «Aunque me muera sin hacer ningún testamento, según las reglas de la Iglesia cristiana, lo que yo tenga se dividirá en tres partes. Un tercio para la esposa, un tercio para los hijos y un tercio para el resto de los parientes. Ahí entras tú, mi madre o mi padre. Si los dos estáis muertos, entonces no tengo ninguna obligación hacia el resto de la familia. Si quiero, les dejaré algo. Si no, no recibirán ningún beneficio de mis posesiones.»

Ella dijo: «No, no, no. No estoy de acuerdo».

Volví a casa, me senté y reflexioné sobre esto muy seriamente. «Quiere mis posesiones.» Por tanto, me hice una póliza de seguro de vida y la hice beneficiaria. «Mamá», le dije, «toma esto. Cuando oigas que me he muerto, lleva esto a la compañía. Te darán esta cantidad de dinero». Mi madre dejó de oponerse. Me casé en la Iglesia metodista a los veinticinco años.

Con el paso del tiempo, mi madre vio el respeto que mi esposa le tenía, los servicios que le prestaba cuando la visitaba. Elizabeth era buena, humilde y amorosa en extremo hacia ella. Recuerdo que unos cuantos años después de casarnos, mi madre me llamó un día, y dijo: «Kwame, si no hubiera permitido que te casarás con esta mujer, habría sido muy injusta contigo».

Algunas personas hablan de amor a primera vista. Yo creo que cuando ves a una mujer por primera vez y dices: «Oh, la amo, quiero que sea mi esposa», eso no es necesariamente amor. Puede que te guste o que veas algo en ella que te atrae. Pero he descubierto que el amor crece, crece como una planta, como una flor.

Es cuando se convive, cuando se sirve al otro, que la atracción que se tenía se torna en amor. Entonces comparas el afecto que tenías al principio con el gran amor mutuo que crece con el tiempo. Se llega al punto en que si fuera necesario cambiar tu vida por la de ella, lo harías.

Por eso no creo en el amor a primera vista ni en la gente que se casa sólo por eso. No es bueno. Quizá sea por una falta de expresión de lo que uno siente por lo que decimos amor a primera vista. Pero nunca es amor a primera vista, el amor crece cuando es cuidado adecuadamente.

En estos tiempos turbulentos, vemos los modernos sistemas de comunicación por todas partes: radio, televisión, internet, muchos medios que utilizamos para transmitir información a las personas. Estos sistemas de comunicación ponen a prueba intensamente la tendencia natural de la persona que se desarrolla

Paul y Elizabeth el día de su boda en la Iglesia metodista, agosto de 1958

a un ritmo natural. La gente no tiene suficiente tiempo para sentarse, observar y pensar antes de tomar decisiones que puedan afectar a su futuro.

Si un joven quisiera mi consejo, le diría: «Tómate tu tiempo. Nuestros ancianos tienen mucha sabiduría. Habla con ellos. Consúltalos y acepta su experiencia antes de actuar, especialmente en lo que se refiere al matrimonio. Porque si haces una elección torpe y te involucras en un matrimonio kármico, tal matrimonio te pondrá verdaderamente a prueba».

Capítulo 6

# «Su servicio tu deleite»

Mi involucración activa con la Iglesia metodista comenzó en 1952, cuando estaba en mi último año de la escuela secundaria. Nuestro director general era de otra tribu, la tribu Ewe, y no entendía la lengua Akan. Por eso cada vez que tenía que predicar un sermón, yo era su intérprete. Él daba el sermón en inglés y yo lo traducía al Twi.

Ese fue el primer paso, el principio del proceso que me inició en la prédica de la palabra de Dios. Yo no era el que preparaba el sermón, yo simplemente traducía lo que el director decía, pero eso verdaderamente plantó en mí el amor por compartir la Palabra de Dios con los demás. Y desde muy temprano aprendí que para comunicar la Palabra a otras personas, tienes que formar parte de la Palabra antes de poder comunicarla. Tenía que escuchar atentamente todo lo que el ministro decía para poder traducirlo exactamente. Sin embargo, en esa fase, nunca se me ocurrió que algún día yo daría sermones.

Cuando fui a Kumasi en 1955 me involucré completamente con la Iglesia metodista. Fui elegido para dirigir las sociedades juveniles. Cuando el ministro que era responsable de todos los jóvenes y que trabajaba en la Iglesia fue trasladado fuera de Kumasi, necesitaron un remplazo. Ese cargo siempre lo tuvo un ministro de la Iglesia metodista, pero el ministro superintendente creyó que al haber dirigido muy bien la sociedad juvenil, yo podía ser el secretario juvenil del sínodo.

Así fue como llegué a dirigir todos los movimientos juveniles de la Iglesia de Kumasi, que incluían el coro, la banda cantora, la sociedad juvenil, el Gremio Metodista, la Brigada de Muchachos y la Brigada de Muchachas. Era responsable de la conferencia anual de todas las actividades de todos esos grupos. Era mucho trabajo. Al mismo tiempo dirigía mi propio negocio y criaba a mis hijos.

Después de haber hecho esto durante muchos años, sentí la necesidad de tomarme un descanso. Fui al sínodo y les dije: «He servido como cabeza del movimiento juvenil durante casi quince años. Ya no tengo la fortaleza ni el tiempo de hacerlo. Necesito dedicar más tiempo a mi negocio. Estoy criando a ocho hijos. Por eso les ruego, permítanme abandonar mi cargo y que otra persona sea nombrada para que lo ocupe».

El Presidente del sínodo me preguntó a quien había preparado para que asumiera mis responsabilidades, quién estaba listo para hacer el trabajo. No tuve respuesta. No había pensado en eso. Por tanto, me pidieron que me quedara un año más para preparar a alguien que ocupara mi puesto.

Recuerdo que teníamos a un misionero de Gran Bretaña, el capellán de las escuelas y las universidades, el reverendo Beresford. Una vez, cuando se encontraba en Gran Bretaña por una excedencia, me escribió: «Creo que te tengo que preguntar una cosa. Sé que diriges tu negocio y que por las tardes prestas servicio en muchas organizaciones de la Iglesia. ¿Cómo te las arreglas para dirigir tu negocio y también prestar servicio a la Iglesia en el movimiento juvenil y hacer todas esas actividades? No quiero desanimarte, pero sencillamente no entiendo cómo lo haces».

Medité en lo que iba a contestar. Tome mi pluma y le escribí unas pocas frases: «En el libro metodista de canciones hay una canción que dice, "Haz de Su servicio tu deleite / Él hará de tus carencias Su cuidado". Sólo sé eso. Me ocupo del trabajo del Padre, y él me da la fortaleza y la sabiduría para dirigir mi negocio».

Cuando regresó de su excedencia, este ministro me trajo un libro muy hermoso, que aún tengo en mi biblioteca de Kumasi. De aquellos años saqué la conclusión de que si te preocupas del trabajo de tu Iglesia y ayudas tanto como puedas, Dios y los maestros cuidarán de tus necesidades.

Capítulo 7

# Caridad cristiana

En 1969 organizamos una conferencia juvenil en la Escuela de Preparación del Banco Comercial de Ghana, en Accra, a la que asistí con otros miembros de las organizaciones juveniles. Tenía treinta y siete años de edad. Por un mes vinieron de todo el país jóvenes de la Iglesia. Al final de la conferencia, yo volvía a Kumasi. Apenas a quince millas de Accra, tuve un accidente; mi primer accidente de automóvil.

No podía ni entender cómo tuve ese accidente. No iba deprisa. Debido a la llovizna había disminuido la marcha considerablemente. Pero de repente, el automóvil se negó a estabilizarse en la carretera. Empezó a zigzaguear, de aquí para allá, hasta que nos chocamos con un terraplén, lo cual hizo que el automóvil se diera la vuelta y quedara con las ruedas para arriba.

Un amigo mío, compañero de trabajo de los jóvenes, iba en el asiento delantero del pasajero. Un ministro de las juventudes iba en la parte de atrás junto con la tía de mi esposa y un niño pequeño. Me las apañé para salir del automóvil a gatas. Abrí la puerta y mi amigo salió. La mujer que iba en la parte de atrás salió con su hijo, pero no podíamos sacar al ministro. Tuve que volver y romper la ventanilla de atrás con la mano para sacarlo de ahí.

Justo antes del accidente destelló ante mí una imagen, una escena, algo que había ocurrido un mes antes. Antes de asistir a

32

aquella conferencia juvenil, había ido a mi aldea. Mi madre había ido a los campos y no había nadie en la casa. Me preparaba para volver a Kumasi cuando vi a las tres primas de mi madre en fila, corriendo hacia mí y llamándome por mi nombre. Me pedían dinero: «Ven, ven y danos dinero para comprar comida».

Yo no sabía que eran la clase de personas que practicaban rituales nocturnos. Como un muchacho inocente, les di el dinero, y ellas siguieron por su camino. Esa fue la escena que destelló ante mis ojos justo antes del accidente.

Pero no percibí la conexión entre estos dos acontecimientos hasta después del accidente, cuando mi hermano mayor, que era el sacerdote fetiche, me visitó. «Mira, Kwame», me dijo, «cuando vengas a nuestra aldea, no des dinero nadie».

«Ah», me dije, «ahora lo entiendo».

Y dije: «Gracias por el consejo».

Mi hermano no estaba cuando di el dinero a esas mujeres y nunca se lo había contado. Pero a su manera me estaba diciendo lo que había ocurrido. Puede que los no africanos no sepan estas cosas, pero yo entendí muy, muy bien lo que me estaba diciendo. Esas mujeres utilizaban el dinero que me había pertenecido para practicar magia negra contra mí. Eso fue lo que había provocado el accidente.

Y eso no fue todo.

Unos meses después, mi madre me visitó y me dijo que una de estas tres primas le había dado un poco de cocoyam (taro) para que me lo trajera.

«¿Dónde está?», dije yo.

«Se lo he dado a alguien», dijo ella. «Pero si vienes a la aldea, ve y dale las gracias para que sepa que lo has recibido».

Miré a mi madre, y dije: «Gracias».

Lo que me dijo confirmó mi sospecha sobre esta gente. Y especialmente confirmó lo que sospechaba de la que había enviado el cocoyam.

Entonces recordé que me había dado un poco de cocoyam hacía muchos años, cuando era un muchacho de quince o dieciséis años, aún en el internado. Durante unas vacaciones había ido a la aldea. Había llegado tarde esa noche y cuando fui a saludar a esta mujer, me dio algo de cocoyam. Me lo comí, que Dios me proteja.

Aquella noche no dormí ni un minuto. Tenía tremendos problemas de estómago. Di vueltas de dolor en la cama, vueltas y más vueltas. Me levanté, me senté, dejé la cama y me tumbé en el suelo. Estaba solo en la habitación. Hasta el amanecer seguí dando vueltas y recé para que Dios me salvara. Por la mañana el dolor desapareció. Creo que lo que comí tenía algo que sólo ella sabía lo que era.

Cuando me ocurrió esto cuando sólo era un muchacho y tuve la sensación de que ella le había hecho algo a la comida que me dio, y que podía haber muerto. Gracias a Dios, recé mucho. Provenía de un colegio interno y conocía la Biblia, y aquella noche recé muchísimo. Creo que por eso Dios me salvó.

Desde aquel tiempo siempre tuve sospechas de ella. Entonces, muchos años después, hizo la misma clase de cocoyam para que mi madre me lo diera. Si lo hubiera comido, probablemente habría muerto.

Su hijo murió en circunstancias parecidas. Tenía hijas, pero él era su único hijo. Era un hombre muy inteligente, contador de UTC, una organización suiza que era una de las compañías de comercio más grandes de Ghana. Unas Navidades todos los muchachos volvimos a la aldea. Éramos muy felices y nos lo pasamos fenomenal allí. Al final de las fiestas navideñas teníamos que regresar a Kumasi, pero mi primo se quejaba porque no se sentía bien, decía que tenía un problema de estómago. Lo llevamos a un hospital presbiteriano de Agogo y lo dejamos allí porque todos teníamos que volver al trabajo. Estaba sólo a unas 15 millas de nuestra aldea, por lo que su madre y el resto de su familia podían ir a visitarlo. Después de una semana, lo visitamos en el hospital. Tenía el estómago muy hinchado. Al cabo de otra semana, ya no estaba con nosotros.

Si yo me hubiera comido el cocoyam que esta mujer me mandó, probablemente habría pasado por el mismo proceso. Si mi madre lo hubiera traído, mi esposa lo habría utilizado para prepararme las comidas y no habría sabido de dónde provenía. Pero mi madre sabía quién era ella y lo que hacía, por lo que decidió descubrirla. No fue un accidente, lo hizo deliberadamente. No sé qué clase de rituales practica esta gente, pero puesto que la comida estaba destinada a mí, cualquier otra persona que la comiera no sufriría los efectos nocivos.

Es increíble pensar que esta mujer pudo envenenar a su propio hijo. Pero era una bruja. Ellas no actúan según la lógica o la simpatía. Ese es su juego. Hacen estos actos oscuros unas por otras. Alguien hizo algo por ella la última vez y ahora era su turno. No se puede cruzar la raya y matar al hijo de otra persona. Pero cuando hizo falta que sacrificara a su propio hijo, lo tuvo que hacer. Esa es la regla que tienen.

Tuve otra experiencia de este tipo de energía muchos años después, en Kumasi. Yo tenía una vecina, una anciana, que daba muchos problemas. Muchas veces venía diciéndome: «Hermano, hermano, hermano, hoy tengo mucho hambre. Dame algo de dinero para comprar comida». E inocentemente le daba dinero.

Después de un tiempo noté que cada vez que le daba dinero, yo tenía problemas económicos. Un día me senté, y me dije: «Me parece que tengo que dejar a un lado la simpatía y enseñarle una lección a esta mujer». Y así, la siguiente vez que vino pidiendo dinero, no se lo di enseguida. Para entonces conocía las enseñanzas de los maestros y me metí en la casa, fui a mi altar y recé a Dios: «Padre, nos has pedido que seamos bondadosos con los demás y, obedeciendo a ese mandamiento, le doy a esta mujer dinero. Pero si ella llegara a utilizar el dinero para causarme daño, que esa energía vuelva a su origen». Entonces le di el dinero.

Que Dios me perdone.

Tres días después vi a esta mujer vagando y hablando como una loca. Estaba sucia, descuidada. Me dio un vuelco el corazón; estaba en estado de shock. Me di cuenta de que la oración había funcionado. Deseaba realmente algo malo contra mí y la energía había regresado a ella.

Iba de camino al centro de la aldea, así que me detuve, di la vuelta al automóvil y volví a casa. Me dirigí a mi altar y recé a Dios para que me perdonara por la oración que había hecho y para que la perdonara a ella por lo que fuera que quisiera hacerme con ese dinero que dio como resultado el problema que tenía.

Después de tres días, recuperó la cordura. Pero creo que aprendió la lección, porque después nunca más volvió a pedirme nada.

Tenemos que utilizar nuestra discriminación Crística en nuestro contacto con otras personas. Al volver la vista atrás a ese episodio, no veo nada fuera de lo normal en la oración que hice. No sé cómo lo vea Dios, pero fue una oración genuina desde mi corazón. Quería hacer el bien, pero también quería ser protegido para que no me dañara como resultado del ejercicio del don de la caridad. Y al ver el resultado, también tuve que ofrecer esa segunda oración por compasión.

Esta experiencia me demostró que la enseñanza es verdadera. Es legítimo pedir que la energía negativa sea devuelta al que la envía y para eso sirve el decreto «Revierte la Marea».* El Maestro Ascendido El Morya ha dicho que uno no puede permitir convertirse en un saco de boxeo que reciba todas las energías negativas de la gente, así que es perfectamente legítimo el hacer que ésta regrese a su origen.

Desde entonces he adoptado la costumbre de ofrecer una pequeña oración antes de que nada salga de mí. Creo que soy

---

* Véase página 288.

responsable hacia mí mismo, hacia mi alma, de no entregarme. Mi oración es muy sencilla. «Señor, ofrezco esto desde la llama de la caridad. Si se llegara a utilizar de cualquier manera y terminara siendo algo dañino para mi alma, por favor que esa energía sea devuelta a su origen.»

Estos incidentes muestran la sutileza de los que practican magia negra. Por la forma en que se acercan, uno nunca se imagina que puedan estar haciendo esto. Uno mira a la persona y piensa que verdaderamente tiene hambre, que necesita algo. Y uno da por lástima y eso siempre es un tema delicado

Algunas veces ni siquiera piden nada, sino que dan un regalo, como mi tía, que me dio la comida. Ese es otro tipo de magia negra. Por eso siempre es importante hacer un llamado, ofrecerlo a Dios y también escuchar al Cristo interior, nuestro Santo Ser Crístico, para que nos guíe. La magia negra no tiene barreras entre países, está siempre presente en África en formas que uno no ve en ninguna otra parte.

Ser cristiano en África no es fácil. Mi tía, la que en años anteriores intentó matarme, en años sucesivos enfermó tanto que se encontró al borde de la muerte. La llevaron al hospital. Le salvaron la vida, pero entonces surgió la cuestión de pagar al hospital.

Parece que toda la familia sabía lo que ella era y nadie estaba dispuesto a ayudarla. Fui a la aldea y me dijeron lo que había ocurrido. «Es mi tía», dije, «No puedo dejarla en el hospital.» Por eso proporcioné el dinero para pagar al hospital y que ella pudiera salir.

Uno de mis primos mayores se apresuró a verme. «¿Estás loco? ¿Por qué te gastas el dinero en pagar al hospital por esa bruja? Deberías permitir que el hospital se la llevara. No nos hace falta en la familia. Cuando venga a casa causará problemas.»

Miré a este hombre, que era el anciano de la familia, y dije: «Pero hermano, ¿podemos hacer lo que dices? ¿Cómo vas a borrar en toda la comunidad la vergüenza por no haber pagado el hospital de un pariente que enfermó? No es una niña. Es una de las ancianas de nuestra familia. Por eso tuve que pagar para que pudiera salir del hospital».

Así es como los miembros de la familia pueden desarrollar actitudes hacia los que practican la brujería, cuando se los conoce abiertamente. Para la mente tradicional, ella es una bruja, por tanto, ¿por qué gastarse el dinero que tanto cuesta ganar para proporcionarle alivio? Si tiene que morirse, que se muera. Pero entonces la fe cristiana y las enseñanzas de los maestros me dicen lo que he de hacer para aliviar a los demás cuando están en situaciones difíciles. Esto no lo puedo ignorar.

«Sabes, el valor de la fe cristiana es la demostración de la caridad», le dije a mi hermano. «Y el Señor Cristo dijo que hiciéramos el bien incluso a los que nos persiguen».

En África están las creencias tradicionales en la brujería y también existe el concepto que encontramos también en la ley de Moisés, «ojo por ojo, diente por diente». Este tipo de creencia no ayuda al cristiano a practicar la caridad cristiana. Por eso digo que no es fácil ser cristiano en África. La caridad cristiana algunas veces está completamente enfrentada con lo que la sociedad puede pensar.

Capítulo 8

# El encuentro con los Maestros

Mi primer contacto con los maestros ascendidos y The Summit Lighthouse fue porque yo predicaba. Me nombraron «predicador local» de la Iglesia metodista de Kumasi en 1955 después de asistir a cursos sobre cómo predicar, después de pasar un examen y realizar una entrevista con el grupo de líderes locales.

Un domingo de octubre de 1972, prediqué un sermón en la Iglesia metodista; la iglesia estaba llena. Cuando terminó el servicio, un miembro de la congregación, el Sr. Quagraine, se encontró conmigo en la sacristía. «Paul», dijo, «por la forma en que hablas sólo hay un lugar bueno para ti, que te ayudará, que creo expandirá tu conocimiento y tu capacidad».

Yo dije: «¿Cuál es, por favor?».

«The Summit Lighthouse», dijo él.

«¿The Summit Lighthouse? ¿Qué es eso?».

Él era miembro de Summit, pero yo no lo sabía. Me habló de Herbert Krakue, que entonces era el líder de The Summit Lighthouse en Ghana. «Ve a Accra, a la oficina de la Autoridad del río Volta, y pregunta por él», me dijo.

«Lo haré», dije. Era domingo.

No tenía conocimiento de The Summit Lighthouse, ni materiales ni libros. Pero en el momento en que me dijo eso, me sentí muy feliz. Llegué a casa alrededor de la una de la tarde y me preparé. Le dije a mi esposa: «Mañana me voy a Accra».

Ella dijo: «¿A qué vas?».

«Voy a encontrarme con alguien.»

Ese lunes salí de Kumasi a las cuatro de la mañana y viajé en automóvil durante cuatro horas. A las ocho estaba en la oficina de la Autoridad del Río Volta. Esperé hasta que abrieron la oficina. Entré y dije que quería ver a ese hombre, Krakue, de la oficina de contabilidad. El mensajero me llevó. Saludé a Krakue y me presenté.* «He venido desde Kumasi para verle porque me habló de usted el Sr. Quagraine». Krakue pidió permiso a su jefe para marcharse del trabajo, y le acompañé a su casa.

Nos sentamos, hablamos un poquito y me dio el primer libro que llegó a mis manos de Summit Lighthouse, *The Overcoming of Fear through Decrees. (La superación del miedo mediante los decretos.* Este libro se convertiría más tarde en *La ciencia de la Palabra hablada.)* «Ve y lee esto», me dijo. Me habló de la Fraternidad de los Guardianes de la Llama y me dio el formulario de solicitud, diciendo: «Si quieres unirte a nosotros y estudiar las enseñanzas, rellena este formulario y devuélvemelo más tarde».

«No hace falta ir y venir», dije yo, «déjame que lo firme». Rellené el formulario, entregué la cuota y me despedí.

A las seis de la tarde estaba de vuelta en Kumasi. Llegué a casa e inmediatamente llamé a mis hijos.

«Voy a ocupar vuestro dormitorio.»

«Papá, ¿dónde vamos a dormir?».

«En el pasillo. Por la noche, poned los colchones y durante el día, enrollad los colchones y ponedlos en el dormitorio de las niñas.»

Llevé a mis muchachos al dormitorio y me ayudaron a limpiar, cepillar y desempolvarlo todo. Metí una mesita, cubierta con una tela, y encima coloqué una imagen de Cristo

---

* En Ghana es poco habitual el uso de los nombres de pila, incluso entre amigos. Si va a mi aldea y pregunta por Paul, se preguntarán a quién se refiere. Me llaman «Kyei».

en la llama trina que Krakue me había dado. Puse una vela en la mesa, y eso fue todo. A las ocho, después de dos horas, tenía listo el santuario en mi casa. Al día siguiente de oír hablar de The Summit Lighthouse, había puesto un altar en mi casa.

Comencé a leer los libros que había disponibles entonces. Cuando vi la calidad de la enseñanza, supe que eso era lo que necesitaba mi alma y quise compartirlo. Comencé a traer a otras personas. Algunas de ellas eran de la Iglesia metodista. Íbamos a la Iglesia metodista los domingos por la mañana y a las cuatro celebrábamos una reunión como grupo de estudio de Summit en mi casa.

No sé si al principio mi esposa pensó que la cosa duraría o si sería algo pasajero. Pero después vio mi compromiso y la importancia que daba a las enseñanzas: se convirtió en lo más importante de mi vida. Creo que ella siguió indecisa hasta 1976, cuando Elizabeth Clare Prophet y toda la gente vino a nuestra casa en Kumasi.

Cristo en la llama trina
La llama trina es la chispa divina en el corazón de todos los hijos de Dios que afianza en el corazón el Poder, la Sabiduría y el Amor de la Divinidad.

41

Capítulo 9

# «Prepáralo bien»

Cuando entré en The Summit Lighthouse tenía cuarenta años. No conocía a los Mensajeros Mark L. Prophet y Elizabeth Clare Prophet. Después me enteré de que existían y que daban las enseñanzas de los maestros ascendidos. Eso es todo lo que sabía de ellos. Cinco meses después, en febrero de 1973, Mark Prophet se marchó de la Tierra y nunca llegué a conocerle. Estuvo en Ghana en julio de 1972, pero yo encontré la actividad en octubre. No coincidí con él por tres meses, sólo lo conocí como el Maestro Ascendido Lanello.

Por eso Elizabeth Clare Prophet* es a quien conocí. Ella es quien me preparó. Pero antes de que tuviera la oportunidad de visitar la sede central de la organización en América o de conocerla en persona, tuve una experiencia interesante.

Era 1974. Entonces yo rezaba mucho el rosario. Madre había sacado una serie de rosarios de la Nueva Era con oraciones y lecturas de las escrituras. Tenía las grabaciones de los rosarios de una hora de duración para las mañanas y las tardes de cada día de la semana y las ponía en el santuario de mi casa a las seis, mañana y tarde, todos los días. Enseñé a mis hijos a ponerlas cuando yo no estaba.

Recuerdo que un día tenía puesto el rosario de la tarde, no recuerdo el día exacto. Sentí en el corazón muchísimo amor por

---

\* Aquellos que conocen a la Sra. Prophet como su instructora se refieren a ella como Madre, en reconocimiento a su devoción a Dios como Madre.

42

Madre. Aunque no la había conocido, sentí muchísimo amor. Tomé mi pluma y escribí una carta, presentándome y diciéndole cuánto amaba las enseñanzas, cuanto la amaba a ella, la mensajera de los maestros. Prometí dar apoyo a ella y a su ministerio, y dije que si llegara el punto en que tuviera que dar la vida para que ella pudiera seguir viviendo y enseñando, estaba dispuesto a hacerlo. Estaba dispuesto a intercambiar mi vida por la de ella. Le envié la carta por correo aéreo.

Tras unas semanas o meses tuve un sueño, un sueño muy claro. Aún lo guardo y aún puedo ver la escena. La Virgen María vino a mí. Tomó mi mano, y dijo: «¡Vamos!». Yo no sabía a dónde, pero estaba muy feliz de que la Virgen María me pidiera ir con ella.

Fuimos a una catedral enorme. El altar se encontraba al otro lado, la baranda del comulgatorio enfrente. No había nadie más en la catedral excepto un sacerdote que estaba en el altar preparándose para el servicio. A la izquierda del altar había algunas sillas. La Virgen María me llevó allí y nos sentamos. El sacerdote se dio la vuelta para mirar a la Virgen María, y ésta dijo: «Tómalo y prepáralo». Me di la vuelta para mirar el rostro del sacerdote, y era Madre. Ahí terminaba el sueño.

Entonces supe que la Madre Divina me había confiado a las manos de Madre. Esto fue mucho antes de conocerla en persona. Me di cuenta de que ella era la persona indicada para mí. Entonces no supe lo que realmente significaba, pero Madre lo sabía a niveles internos. Ella era mi Gurú.

Capítulo 10

# Los brazos de Cristo

Cuando puse por primera vez mi santuario privado, puse un altar con una imagen del Cristo en la llama trina. Después, cada vez que tenía una cita para predicar en la Iglesia metodista, iba a mi santuario. Ahí era donde siempre escribía mi sermón. Ponía la silla enfrente de la mesa del altar y colocaba la imagen del Cristo justo enfrente de mí y para poder verla. Luego rezaba y escribía mi sermón.

Una vez, cuando estaba escribiendo un sermón, vi que el Cristo de la imagen se ensanchaba y me atraía a su corazón. Su corazón se expandía y me llevaba a ese corazón y me envolvía en sus brazos.

Una de mis hijas, Unity, es artista. Inmediatamente la llamé, me rodee con los brazos, y dije: «Estoy demostrando lo que he visto. Por favor, dibújamelo». Intenté describir tan vívidamente como pude la imagen que había visto, y mi hija me la dibujó: Cristo con su corazón y los brazos extendidos, y yo envuelto por él.

Esta imagen siempre la tengo ante mí. Y cuando me encuentro en una situación difícil, en algún lugar donde no quiero estar, me veo en esa escena, en el corazón de Cristo y me pongo el tubo de luz. Entonces, haga lo que haga la otra persona, no me afecta. Cualquier energía negativa que pueda llegarme de la otra persona es instantáneamente devuelta a su origen. Es algo muy real.

Aún tengo la imagen que mi hija dibujó. La he mantenido cerca de mí todos estos años. He temido dársela a un artista profesional para que la dibuje, porque podría hacer una copia y venderla. Pero ahora creo que ha llegado el momento de compartirla con los lectores de este libro. Confío en que este libro llegue a las manos de los que realmente lo necesitan.

Un lunes estaba yo en mi tienda, el día después de haber predicado un sermón. Vi a dos jóvenes de la Iglesia metodista que estaban en la calle mirando a su alrededor. Los llamé porque nunca los había visto antes en esa zona, y dije: «¿Que buscáis?».

Ellos dijeron: «¡Ah, usted es a quien buscamos!».

«Entrad», dije yo, y los lleve a la oficina.

«¿Por qué me buscáis?», pregunté.

«Hermano, hay algo que nos preocupa y usted es el único que puede contestar a nuestra pregunta; por favor, no se enfade».

«Hemos estado en esta iglesia con usted muchos años y varios predicadores han pasado por aquí. Pero cuando usted predica, cuando se pone en el púlpito, el mensaje que escuchamos parece ser diferente al resto. Y lo que nos confunde es que hemos estado aquí con usted todos estos años, hemos crecido juntos, pero no entendemos por qué los mensajes son diferentes al de los demás».

Les miré y vi que eran sinceros. Habían venido a la aldea sin saber dónde trabajaba yo. Iban buscando y me encontraron.

«Bueno», dije, «es algo privado. Pero ahora que preguntáis, creo que es mi deber decíroslo». Y se lo expliqué en términos que pudieran entender.

«Tengo una imagen del Señor Jesús en mi casa donde rezo. Y cada vez que tengo que preparar un sermón, lo preparó con esa imagen y rezo. Por eso os diré que mis sermones son mensajes que se reciben del Cristo, porque tengo esta imagen enfrente de mí y rezo». Eso fue todo lo que dije.

«Hermano», dijeron ellos, «gracias». Y se marcharon. Y estaban contentos.

Estos jóvenes formaban parte de la banda cantora de la Iglesia. En la Iglesia metodista de Kumasi había un coro y también una banda cantora. Mientras que el coro estaba formado por gente que sabía leer y escribir, uno podía unirse a la banda cantora tanto si había ido a la escuela como si no. Normalmente no cantaban leyendo un libro de canciones. Estos jóvenes no habían estudiado, pero les hizo muy feliz entender por qué mis sermones eran diferentes a los de los predicadores metodistas «normales».

Claro que mis sermones también eran distintos debido a los maestros y sus enseñanzas. Cuando entré en la organización en 1972, compré todos los libros que la organización tenía en aquel momento y los leí. Cuando escogía un pasaje bíblico para un sermón, me iba a *Escala la montaña más alta* y otros libros de Summit para ver lo que Madre y los maestros habían dicho sobre el tema, y lo incluía en mi sermón.

A lo largo de los años he estudiado realmente lo que Madre ha dicho, sus conferencias, las enseñanzas de los maestros que se encuentran en los libros. Son diferentes. No se encuentran en ninguna otra parte. No hay resquicios, los huecos están tapados. Por tanto, estas enseñanzas son únicas, muy únicas.

Envuelto en los brazos de Cristo

Capítulo 11

# La Iglesia debe sobrevivir

Cuando era metodista, había un miembro de esa Iglesia que era director médico del hospital metodista de Wenchi. Su esposa también era médico. Trabajaba en el hospital del gobierno de Kumasi. El médico y su esposa tenían un problema entre ellos que no se resolvió antes de que él muriera.

Cuando él murió, la mujer quería estar segura de que parte de sus posesiones pasaran a su nombre y se negaba a que el cuerpo del esposo fuera enterrado a menos que antes se hiciera eso. Su decisión llegó al punto de hacer el Gran Juramento del Rey Ashanti, y los miembros de la Iglesia tenían miedo de hacer nada. Si haces ese juramento, nadie te puede tocar. Si la gente pasa por alto ese juramento, se mete en serios problemas.

Tuvo lugar una reunión de los líderes de la Iglesia metodista de Kumasi en la que se habló de este tema. No querían involucrarse. No iban a enterrar al médico. Así que dije al ministro superintendente y al Consejo: «Quiero contribuir a esta discusión. El médico está muerto, ¿quién es él para la Iglesia metodista? Es nuestro médico de gran renombre a cargo del único hospital que tenemos en Ghana. En nuestro libro de disciplina, ¿ha sido disciplinado alguna vez en esta Iglesia?».

Ellos dijeron: «No».

«¿Hay alguna queja de él pendiente ante la reunión de los líderes?»

«No.»

«¿No veis el error en que estáis cayendo?» Este hombre estaba a cargo de vuestro hospital. No ha habido jamás ninguna queja contra él que nos haya llegado, ni en el pasado ni el presente. Y ahora está muerto. En vez de enterrarlo y otorgarle todos los honores que la Iglesia exige, habéis permitido que la viuda os intimide haciendo el Gran Juramento del Rey Ashanti. Estáis todos paralizados.

«Yo mismo soy Ashanti y doy respeto a mi Rey. Eso no lo vamos a discutir. Pero la Iglesia y Dios primero. Este es un tema de la Iglesia. No concierne al Rey Ashanti. Es un tema interno de la Iglesia. Por tanto, el juramento no debería llegar hasta aquí.

«En cuanto a la Iglesia concierne, el hombre muerto era un miembro totalmente comprometido con la Iglesia, que estaba al día en todos los aspectos. Debemos otorgarle el honor que merece. Vamos a enterrarlo como a uno de nuestros miembros. Si después de enterrarlo el Rey Ashanti ve algún problema con la Iglesia, que reúna a toda la Iglesia para que le informe. Iremos y nos reuniremos con él».

Me senté y durante más de cinco minutos nadie dijo nada. El ministro superintendente no podía hablar, los otros ministros no podían hablar. Todos me miraban.

Entonces dijeron: «Iremos y lo enterraremos. Después del entierro, si el Rey Ashanti cree que hemos infringido el juramento, que hable no sólo contigo, el ministro superintendente, sino con toda la Iglesia metodista, la diócesis de Kumasi. Iremos todos allá a informarle».

Así se tomó la decisión y se escribió en el libro de minutas. La esposa del médico no estaba en nuestra reunión, por lo que fuimos a decírselo todo. Después, ella no era muy amigable conmigo. El Rey Ashanti no dijo nada.

El médico fue enterrado con todos los honores como un miembro de la Iglesia metodista. A la mañana siguiente la madre del médico vino a mi casa. Se arrodilló, y dijo: «Muchas gracias. En toda la Iglesia metodista sólo ha habido una persona con el valor de defender esto. Si no hubiera sido por usted, la Iglesia no hubiera enterrado a mi hijo». Su cuerpo habría permanecido en el depósito de cadáveres unos tres meses.

Yo les había dicho a los miembros de la reunión de líderes cuando les hablé: «Mi preocupación es la Iglesia. Somos seres humanos. Moriremos e iremos a otro sitio. Pero la Iglesia debe permanecer. Eso es todo».

Tal era la dedicación que sentía por la Iglesia metodista, y transferí esa dedicación a The Summit Lighthouse y la Iglesia Universal y Triunfante. Esta Iglesia debe sobrevivir, no el individuo.

Mi mente se retrotrae a todas las enseñanzas que los mensajeros nos han dado. Lo que vemos en la Iglesia Universal y Triunfante no es nada distinto de las antiguas escuelas de misterios. Igual que la luz sufrió oposición entonces, los oscuros se oponen a esta escuela de misterios y de formas muy sutiles hacen sus juegos.

Necesitamos a los que tienen el valor y el amor hacia los maestros y su Iglesia. Sobre estos seres sombríos he aprendido que cuando sacas pecho y les desafías, son unos cobardes. Nosotros sólo necesitamos el valor para respaldar nuestro compromiso. Eso es todo.

Capítulo 12

# La orden del Maestro

Un día de junio de 1976 marché al campo para ver un terreno que tenía. Ese día regresé tarde, por la noche. Cuando llegué mis hijos dijeron: «Papá, ha venido alguien buscándote».

«¿Quién era?», les pregunté. «¿Ha venido antes?»

«No», dijeron ellos.

«Describidlo. ¿Qué apariencia tenía?»

Mis hijos dijeron: «Un hombre mayor, delgado, tenía ojos penetrantes. Entró y preguntó si estabas. Nosotros dijimos que no, que no habías vuelto. Entonces dijo: "Bueno, entonces me voy"».

Y ellos dijeron: «Nana, ¿se quiere sentar?». (En nuestra cultura llamamos a los ancianos *nana*, abuelo.)

Él dijo: «No».

«¿No quiere agua?»

«No.»

«De acuerdo. Cuando venga papá, ¿qué le tenemos que decir?»

«Decidle que he venido. Tengo algo para él, pero volveré.»

«¿Quiere dejar lo que tiene aquí con nosotros?»

«Dijo que no, y se marchó.»

Hablé a mis hijos.

«¿Decís que no le habíais visto antes?»

«No.»

«¿No ha estado en esta casa antes?»

«No.»

«Vosotros conocéis a los ancianos de nuestra aldea. ¿Creéis que venga de la aldea?»

«No.»

¿Quién podía ser? Al no tener respuesta, me olvidé del tema.

Unas pocas semanas después, Madre visitó Ghana. Yo fui de Kumasi a Accra para verla. Había tenido aquella experiencia con Madre y la Virgen María dos años antes, pero sabía que había sido un sueño. Había escrito la carta a Madre, pero no había recibido ninguna respuesta, por lo que no esperaba nada de ella.

Fui al aeropuerto a encontrarla. Era domingo y había muchos Guardianes de la Llama. Estábamos muy contentos de que visitara Ghana. A las primeras treinta y seis personas que vio les dio cuentas rudraksha.* Las llevaba colgadas del cuello y se las fue quitando una a una para colgarlas del cuello de los estudiantes. Yo estaba delante y recibí un juego de cuentas.

La llevamos a Odorkor, donde vivía Herbert Krakue y donde teníamos el santuario de Accra. Éramos cuatro o cinco los que estábamos allí con Madre. Ella miró a su alrededor, y dijo: «¿Quién de vosotros es Ashanti?».

«Yo, Madre», dije.

Ella dijo: «Voy a tu casa».

Krakue era Fante, de la costa. Yo soy Ashanti, del centro del país. Krakue dijo: «Oh, Madre, hemos hecho preparativos para llevarte a la costa para que visites los antiguos castillos».

«No», dijo Madre, «quiero visitar Kumasi».

Me puse contentísimo. Estaba entusiasmado. «Tengo que regresar a Kumasi enseguida», dije, «para preparar la venida de Madre». El Sr. Afriyie me llevó en automóvil desde el santuario

---

* En la India se hacen cuentas con las semillas del árbol rudraksha para contar oraciones y mantras. Las semillas frecuentemente se alternan con cuentas más pequeñas de coral.

al aeropuerto. Tomé un avión y viajé a casa.

Mi esposa dijo: «Dijiste que ibas a una conferencia. ¿Por qué has vuelto?».

Yo contesté: «Todo está bien. Elizabeth viene a vernos. He venido a preparar su recibimiento».

Eso fue el domingo por la tarde. No teníamos un santuario de verdad. Nuestro grupo se reunía en mi casa y yo había desalojado una habitación para nuestras reuniones. Pero sabía que si Madre venía necesitaríamos un espacio más grande. Vendría mucha gente. Por tanto, moví todos los muebles del salón al dormitorio de los niños para tener un espacio grande disponible para el servicio.

En aquella época aún estaba en la Iglesia metodista, así que fui a la universidad Wesley College para tomar prestadas algunas sillas. Debido a mi alto puesto, no tuve ningún problema. Coloque todas las sillas en mi salón y preparé la casa.

El lunes reuní a todos los Guardianes de la Llama de Kumasi en nuestro santuario para ofrecer oraciones y decretos a los maestros durante mucho tiempo mientras esperábamos a que Madre llegara. En aquel entonces éramos unos veinte o treinta en Kumasi.

Madre, Krakue y un grupo de Guardianes de la Llama de Accra viajaron en automóvil a Kumasi. Uno de los automóviles se estropeó de camino, por lo cual llegaron por la tarde, sin haber comido en todo el día. Madre y sus acompañantes se detuvieron a vernos brevemente esa tarde y después les llevé al hotel de la ciudad donde se iban a quedar. Continuamos con los decretos en nuestro santuario hasta muy tarde, y todo el mundo se marchó a casa. El martes nos volvimos a reunir por la mañana, haciendo más decretos mientras esperábamos a que llegara Madre.

Al mediodía no había señales de ella. Fui al hotel con algunos de los demás líderes del grupo de Kumasi. El personal del hotel dijo que Madre y sus acompañantes se habían marchado. Estábamos desconcertados. ¿Dónde podía estar Madre? No sabíamos a dónde había ido. Así que regresamos al santuario y seguimos decretando.

Hacia las dos Madre finalmente llegó con todo su grupo. Algunos nigerianos también habían venido y estaban con ella. Madre explicó que había estado con la esposa del más alto comandante militar de la zona. El hermano de la esposa era Guardián de la Llama. La esposa había llevado a Madre a ver al Rey Ashanti, pero no llegó a verlo porque él no se encontraba bien. Mientras nosotros buscábamos a Madre, ella estaba con la esposa del teniente general.

Madre dirigió la oración del Decimocuarto Rosario y después el decreto al Gran Director Divino. Después de haberlo hecho unas 40 veces, nos detuvimos. Madre dijo: «Paul, ven y ponte aquí conmigo». Fui y me puse a su izquierda. Llamó a Herbert Krakue, el cual se puso a su derecha. Seguimos haciendo el decreto al Gran Director Divino.

Después de un rato, Madre dijo: «Paul, arrodíllate». Me arrodillé ante Madre. Y fue entonces cuando experimenté algo que nunca había experimentado antes, en todos mis años en la Iglesia metodista. Madre sacó su mano y la colocó sobre mi coronilla. Y comenzó a hacer llamados, invocaciones. Una cosa que dijo nunca se me olvido: pidió a Hilarión, que estuvo encarnado como san Pablo, que me diera más años de vida. Y pidió que este manto estuviera sobre mí y que yo fuera ungido como ministro laico.

Elizabeth Clare Prophet nombrando a Paul Kyei ministro laico

54

Sentí una sensación de ardor desde la cabeza a los pies; como si tomas una plancha muy caliente y la pasas por un pedazo de caucho. Tuve esa sensación en todo el cuerpo. Pensé que todo en mí se estaba quemando. Me alegró de que después retirara la mano. Me pareció que si hubiera continuado me habría vuelto cenizas. Y lágrimas, tenía la camisa toda mojada de lágrimas.

Así fue como conocí a Madre, como una persona con un enorme poder para invocar el cambio.

Después Madre se despidió de nosotros. Se ausentó por un tiempo y luego volvió. Se le había olvidado escribir el certificado que me nombraba ministro laico. Así que escribió el certificado, me lo dio y regresó a Accra. El fin de semana siguiente comenzamos la conferencia de África en la Universidad de Ghana, en Legon. Yo estuve presente. Fui con todos los Guardianes de la Llama de Kumasi.

Más tarde Madre me contó la experiencia que tuvo cuando llegó a mi casa. Alrededor de la casa hay una valla y una puerta de entrada. En cuanto pasó por la puerta de entrada, entrando al jardín desde la calle, ahí estaba el Maestro Ascendido El Morya, mi maestro patrocinador, quien le dijo: «Ve y nombra a ese hombre ministro».

Me di cuenta por la descripción de mis hijos y lo que Madre había dicho que había sido Morya quien había ido a mi casa unas semanas antes. Tenía algo que darme e iba a regresar. No se lo podía dar a mis hijos. Volvió cuanto Madre vino a Kumasi y me dio el manto de ministro laico.

Herbert Krakue ya era ministro ordenado en aquel tiempo, y había sido consagrado Obispo por El Morya el domingo que Madre llegó a Ghana. Yo me había marchado a Kumasi y no sabía nada de eso.

Krakue me dijo que cuando regresaron a Accra, le preguntó a Madre: «¿Conocías a Paul antes?».

Madre le dijo: «No, no conocía a Paul, pero el maestro si

lo conocía. Y cuando el maestro te dice que hagas algo, como mensajera no le haces preguntas».

Pero a Krakue le sentó muy mal que me hiciera ministro. Miraba mis antecedentes en la Iglesia metodista. Tenía un alto puesto entre el liderazgo del distrito de Kumasi, estaba muy involucrado en las actividades de la iglesia y Krakue no tenía esa experiencia. Pensaba que yo era una amenaza a su puesto.

Así que le pidió a Madre que nombrara más ministros laicos en Accra, algo que ella hizo.

Capítulo 13

# Haciendo crecer la Iglesia

Desde ese momento el grupo que teníamos en Kumasi se reunió en mi salón. Algunas veces teníamos de veinte a treinta personas. Accra era el punto central y por eso recibíamos todos los materiales que necesitábamos de allí: libros de decretos, casetes y focos para el altar.

Yo era dueño y gestor de dos negocios en aquel entonces. Uno era un negocio de repuestos de automóvil con cuatro empleados. El otro, una compañía de servicios de ingeniería con unos quince empleados. Por tanto, podía permitirme comprar todos los materiales. De hecho, el centro en sí no utilizaba su dinero para comprar nada. Yo compraba todo lo que hacía falta para poder tener el centro en mi casa, en Kumasi.

Nuestras conferencias trimestrales tenían lugar en Accra y yo solía asistir a todas. Acostumbraba a asistir un grupo de entre cincuenta y cien personas. Poníamos casetes de conferencias de Madre y dictados, y hacíamos decretos.

Aunque en aquel entonces era ministro laico, no hacía bautizos, estos los hacía el Rev. Krakue en Accra durante las conferencias. Yo no realizaba expansión sino que seguía rezando y decretando, y la membresía seguía aumentando. No venían en grandes grupos, sino que de vez en cuando alguien venía, preguntaba y yo le daba el folleto de Guardianes de la Llama y el formulario para que lo rellenara. Lo primero que hacía la gente era unirse a la Fraternidad de Guardianes de la

Llama.

Planificaba mi programa para las reuniones de la Iglesia los fines de semana. Compraba todos los álbumes de casetes publicados por la sede central. Los escuchaba y seleccionaba la conferencia o el dictado que se pondría el domingo. Lo escuchaba con antelación, apuntaba los puntos clave, pensaba en las posibles preguntas que pudieran surgir y trataba de encontrar las respuestas.

Nos reuníamos los domingos por la tarde para hacer decretos y escuchar una conferencia o un dictado. Los miércoles hacíamos el Servicio de Curación. Los viernes teníamos el Servicio de la Ascensión y los sábados el Servicio de Saint Germain. Celebraba cuatro servicios a la semana en mi casa.

Mi esposa, Elizabeth, es una mujer maravillosa y no le importaba. Aún iba a la Iglesia metodista con ella. En la Iglesia metodista teníamos clases sobre la Biblia durante la semana. A ella las reuniones de Summit Lighthouse le parecían como las clases sobre la Biblia. Yo aún iba a los servicios de los domingos de la Iglesia metodista, porque era el secretario de la Iglesia metodista de Kumasi.

Capítulo 14

# Un buitre debajo de la cama

Había un ministro veterano en la Iglesia metodista de Ghana que en otra época había sido el líder del seminario teológico de allí. Cuando su tiempo de servicio terminó, le enviaron a Kumasi como líder de la diócesis.

El proceso para nombramientos es que el sínodo del distrito celebra una votación para elegir al que deba ser líder de la diócesis. El resultado de esta votación pasa al comité de designación, que manda ministros a varias zonas, y el comité de designación entrega una recomendación a la conferencia nacional, que hace el nombramiento en base a esa recomendación.

En este caso, la reunión del sínodo en Kumasi votó por un ministro en concreto para ese puesto. Pero el ministro del seminario quería un tener puesto lejos de la central cuando terminara su período en el seminario, por lo que parece que habló con el secretario de la conferencia nacional de Ghana y arregló las cosas para que mintiera.

El ministro del seminario y el secretario de la conferencia eran ambos de la costa y eran Fantes. El ministro elegido por el sínodo era Ashanti, de mi zona. La Iglesia metodista de Ghana había comenzado en la costa, por lo cual los ministros de la Iglesia eran predominantemente gente costera. Se solía decir que nosotros, los Ashantis, tenemos cacao, por eso somos ricos, tenemos dinero, mientras que los de la costa no son ricos. Consideraban el ministerio como su campo de cacao y no querían que los Ashantis entraran al ministerio.

Así que el secretario de la conferencia fue al comité de designación, que envía ministros a varias zonas, y le dijo que el ministro por el que el sínodo del distrito había votado había dicho que estaba enfermo, que no tenía la salud para aceptar la designación.

La reunión de los ministros era el día antes de la conferencia nacional. Esa tarde hablé con el ministro elegido por el distrito de Kumasi, quien me dijo lo que había ocurrido en la reunión. El secretario de la conferencia dijo a los ministros: «El sínodo de Kumasi ha votado por un ministro, pero ese ministro reverendo me ha dicho que no se encuentra lo suficientemente fuerte como para aceptar la designación. Por tanto, el comité de designación lo ha sustituido con el ministro del seminario». Me dijo que cuando se pronunció esa frase, no pudo hablar por la contrariedad. Él nunca le había dicho al secretario de la conferencia que estaba enfermo.

Le dije: «¡¿Qué?! ¿Mentiras en ese nivel?».

Estaba contrariadísimo. No podía imaginar el hecho de que el secretario de la conferencia se hubiera puesto ante sus ministros en el consejo para mentirles. Era demasiado para mí.

Cuando al día siguiente esta designación surgió en la Conferencia General de toda la Iglesia metodista de Ghana, el secretario de la conferencia volvió a decir: «El sínodo de Kumasi ha votado por un ministro, pero ese ministro reverendo me ha dicho que no estaba lo suficientemente fuerte como para aceptar la designación. Por eso el comité de designación le ha sustituido por otro ministro del seminario».

Creo que el presidente de la conferencia sospechaba que algo no andaba bien, que el distrito de Kumasi podría tener algo que decir sobre la anulación que había hecho el comité de designación de lo que habían elegido. Por tanto, repitió la frase que el secretario de la conferencia había dicho varias veces, mirándome a mí. Yo era joven, valeroso y tenía a todos los jóvenes del distrito apoyándome, podía hablar. Él pensó que yo respondería, pero no lo hice. Estaba muy conmocionado.

Él repitió su frase. Y entonces, dijo: «¿Tiene alguna respuesta el distrito Kumasi?». Simplemente le miré, y no quise decir nada. La conmoción era demasiado grande, así que no hablé. Y si yo no hablaba, nadie más lo querría hacer.

El resultado fue que la Conferencia General votó a favor del envío del ministro del seminario a Kumasi como presidente de distrito de la Iglesia. Sin embargo, el proceso por el que llegó a la designación estaba basado en mentiras, por lo que yo sospeché de él desde el principio.

Cuando llegó a Kumasi se mostró hostil hacia mí. Una razón era que sabía que yo era el líder de todos los grupos juveniles del distrito y que tenía una influencia considerable a mi disposición. Intentó sustituirme en las zonas en las que servía en la Iglesia, pero no pudo hacerlo porque esos nombramientos míos estaban basados en méritos. Pero su hostilidad continuó y no nos llevábamos demasiado bien. En realidad no le di toda mi cooperación porque sabía que abusaría de ella.

Este hombre solía hacer algo muy poco habitual. Cuando abandonaba el púlpito después de un sermón, nunca dejaba de dirigir la mirada a la congregación. Siempre caminaba hacia atrás para salir del púlpito. En todos los años que le vi, nunca se dio la vuelta para salir, siempre lo hizo hacia atrás. No estoy seguro del porqué, pero a mi entender eso confirmaba mi sospecha de que había algo en él que no estaba bien.

Después de dos años descubrí lo que era. Uno de los ministros nuevos vino a mí un día a la sacristía: «Hermano Kyei, hermano Kyei, escucha. Este ministro tuyo, no es ministro».

Yo dije: «¡Shhh! ¿Qué dices? ¿Qué pruebas tienes?».

«No es ministro», susurró.

«¿Por qué?», pregunté.

«Hay un buitre debajo de su cama.»

Y entonces mi mente retrocedió a todas las veces que había

ido a visitarle a la misión. Él y su esposa vivían arriba y cada vez que yo comenzaba a subir las escaleras, la esposa decía, «¡detente, detente, no subas, espera abajo!». Yo pensaba que simplemente era maleducada. Pero este joven ministro había subido aquel día y había visto el buitre, y pensó: «Se lo tengo que decir al hermano Kyei». Y corrió a contármelo.

El ministro veterano guardaba el buitre debajo de su cama, un buitre vivo al que daba de comer. Su esposa tenía miedo de que cuando hubiera alguien el buitre saliera de debajo de la cama y se fuera al salón. Habría sido algo terrible.

Conozco a unas cuantas personas de la costa, y tienen una especie de vudú o yuyu en el que usan buitres. Algunos usan gatos, otros usan otras cosas. Pero él había elegido un buitre.* Aunque era un ministro veterano y el anterior líder del seminario, que preparaba a otros ministros, practicaba yuyu.

Entonces pensé que había llevado razón al no querer recibir nada de las manos de este hombre. Debido a la incomodidad que sentía con este ministro, nunca quise recibir comunión de él desde el principio. En aquel tiempo solía servir con los ministros que administraban el sacramento de la Sagrada Comunión. El ministro servía las hostias, yo llevaba el vino. Cuando le tocaba a este ministro servir las hostias, yo me iba a la sacristía.

No creo que nadie notara que yo no recibía la comunión de él; si lo notaban, no querían hablarme de ello. Claro que el propio ministro lo sabía. Pero debido a que él sabía lo que él era, no me podía preguntar. Las noticias sobre el buitre debajo de su cama confirmaron la sensación que tenía en mi interior, el dictado de mi alma.

La hostilidad de este hombre hacia mí aumentó con el paso de los años. Y al final decidió utilizar su magia negra para terminar conmigo.

---

\* En las tradiciones europeas de brujería un animal así se conoce como un *familiar*. El animal es la coordenada física del demonio, espíritu o elemental desencarnado que lleva a cabo los deseos del practicante de magia negra o brujería. En la cultura popular, el familiar de la bruja se acostumbra a representar como un gato negro. Los maestros han hablado del buitre como un símbolo de los ángeles caídos.

Capítulo 15

# Para que sea juzgado

Cuando Madre visitó Ghana en 1976, unos cuantos miembros del régimen militar que dirigía el país en aquellos tiempos eran Guardianes de la Llama. Organizaron una reunión entre Madre y el General Acheampong, el jefe de los militares.

Al año siguiente, Acheampong y los militares propusieron un nuevo sistema que sustituyera al gobierno militar en Ghana, que iba a ser una combinación de líderes militares y líderes civiles elegidos, pero sin partidos políticos. Lo llamaron el Gobierno de Unión.

Acheampong dijo que las personas no serían elegidas al parlamento dependiendo de su partido. No se puede estar en Accra y decir que quieres presentarte a las elecciones de este partido político para que la gente te vote por el partido al que perteneces. Si quieres ir al parlamento, tienes que ir a tu localidad donde está tu gente. Si te conocen y les gustas, si quieren que seas su representante, te han de votar para que vengas.

Acheampong pidió a Krakue que invitara a Madre a que volviera a Ghana y la invitó a que examinara esta propuesta a la luz de las enseñanzas de los maestros. Era su tercera visita, en enero de 1978. Esta vez vino como invitada del Jefe de Estado. Se alojó en la Casa del Estado.

Madre apoyaba el concepto de Gobierno de Unión. Pero a los políticos y a la comunidad universitaria les parecía una idea extraña. Querían seguir con su política y bloques de poder y

Elizabeth Clare Prophet con el general Acheampong
en Castle Osu, la residencia del Jefe de Estado de Ghana

todos se unieron para oponerse. Y hablaron contra Madre
porque ella lo apoyaba.

En aquellos días no había televisión en Ghana, no había
estaciones de radio privadas. Sólo existía Ghana Broadcasting.
Y debido a que estaba controlada por el gobierno, esta gente
no pudo utilizar la radio contra Madre. Pero los periódicos se
hincharon. Los políticos y los académicos llamaron a Madre de
todo porque apoyaba la idea del Gobierno de Unión. Dijeron
que se estaba entrometiendo en la política del país.

Fue entonces cuando tuve un atisbo del valor de Madre.
Con lo que estaban haciendo los políticos se podía pensar que
cualquier persona se habría acobardado, habría echado marcha
atrás y habría desaparecido. Pero no, ella no hizo eso. Tuvo el
valor de enfrentarse a los socialistas y los comunistas que tenían
muchísima influencia en nuestro país.

Kwame Nkrumah, el primer líder de la Ghana independiente, seguía el socialismo. Tomó el país y lo alineó con Rusia
y China. Estableció todo un instituto simplemente para dar a
sus estudiantes preparación en la ideología política.

Madre apareció ante el Fórum Socialista. «El socialismo no

Elizabeth Clare Prophet en Ghana, enero de 1978,
con el Asantahene, el Rey Ashanti (arriba);
con el Ga Mantse, Jefe de la tribu Ga (abajo)

es un sistema político», les dijo. «El socialismo es una religión de odio, y no les llevará a ninguna parte. No será de ayuda al país». Madre era muy valerosa, una mujer muy valiente. Se enfrentó a todos.

Incluso se enfrentó a los líderes militares que la habían invitado a Ghana. Destacó los defectos del Jefe de Estado. A él le gustaba ir con mujeres. Madre se paró ante Acheampong y dijo: «Trate de dejar a las mujeres en paz. No se ponga en situaciones en las que comprometa su integridad. Debería reunirse con mujeres sólo cuando haya otras personas presentes, donde la tentación de intentar comportarse mal no se produzca».

Acheampong también bebía mucho. Recuerdo un día en el que estaba retransmitiendo a todo el país y no se dio cuenta de que el micrófono estaba abierto y que estaba en el aire, en vivo. Se dirigió a una de las personas, y dijo: «Cuando bebo alcohol, digo sandeces». Eso dio la vuelta al país. Madre le dijo que si tenía que beber algo, que fueran refrescos. Si él, como Jefe de Estado, hacía eso, los demás militares se inclinarían a seguirle.

Teníamos una mensajera que era valiente. Hablaba a todo el mundo. Realmente era la portavoz de la Gran Hermandad Blanca.\* Esa fue la visita en la que ningún maestro dio dictados, excepto Morya. Los maestros sabían la reacción que esta visita produciría.

Fue durante esa visita que tuvimos un enfrentamiento con Horemheb. Horemheb era el comandante de la guardia del palacio de Egipto en la época en la que Mark y Madre estaban encarnados como Iknatón and Nefertiti. El Morya reveló a Madre que Horemheb fue el que planeó el golpe de estado y los asesinó en esa encarnación, y que había reencarnado como Akuffo, el segundo de los militares de Ghana. Ahora ella tenía que enfrentarlo de nuevo.

Acheampong estaba viajando de Accra a Tamale, en el norte de Ghana, y Madre fue invitada a conocerlo en Kumasi. Fue invitada a la residencia a almorzar con toda la jerarquía militar superior. Fuimos todos: Krakue, yo, Madre y los otros miembros del grupo.

Tras el almuerzo los militares se pusieron a la entrada del salón de banquetes mientras salíamos, y nos estrechábamos las

---

\* Los maestros ascendidos forman parte de una gran hermandad de seres espirituales y huestes angélicas que unen sus manos a las de la humanidad para trabajar por la mejoría de la vida en la Tierra. Esta orden espiritual, la Gran Hermandad Blanca, trabaja con los buscadores honestos y los servidores públicos de todas las razas, religiones y procedencias para ayudar a la humanidad en su evolución. El término «blanca» no se refiere a la raza sino al aura de luz blanca que rodea a estos inmortales.

manos. Cuando Akuffo miró a Madre, la miró fijamente con los ojos muy abiertos, escalofriantes. Tuve la sensación de que no estaba bien, pero no podía decir nada. Aquel hombre tenía unos ojos muy penetrantes que te hacían sentir incómodo cuando te miraban fijamente.

Cuando marchamos, llevamos a Madre de vuelta al hotel. «La forma en que Akuffo miró a Madre»,

Lt. Gen. Akuffo

dije a Krakue, «no me ha gustado. ¿Por qué la ha mirado así?».

Krakue dijo: «Oh, así se comporta para estas cosas. No pasa nada».

Madre, más tarde, explicó que este hombre estaba planeando un golpe de estado contra Acheampong, igual que había hecho contra Nefertiti e Iknatón, y que ella había venido a advertirle de que no lo hiciera. Desde ese momento, Akuffo se sintió amenazado por Madre.

Casualmente Akuffo provenía de un lugar donde había un santuario fetiche, a menos de treinta millas de Accra, en las montañas. Así que fue a consultar a los sacerdotes de allá para que mataran a Madre, para que convocaran a todos los dioses y fuegos ancestrales y acabaran con ella. Cuando Madre sintió este ataque, envió un mensaje a su personal, en la sede central, para que decretaran por ella las veinticuatro horas del día. Estaba batallando contra los demonios y todos los ángeles caídos de África.

Lo que no sabía Akuffo es que él se enfrentaba a la mensajera de la Gran Hermandad Blanca. Por eso no hizo caso de la advertencia que Madre le había dado. Llevó a cabo su golpe de estado seis meses después de su visita. Retiró al general Acheampong y le quitó su rango militar, todos los privilegios de

Jefe de Estado. Acheampong ya no era general, se convirtió en soldado raso y fue exiliado a su aldea. Provenía de la zona Ashanti, a unas pocas millas de Kumasi. Este Horemheb, Akuffo, se instaló en Accra como jefe de los militares, que gobernaban todo el país.

Un año después, Jerry John Rawlings llevó a cabo otro golpe militar y retiró a Akuffo. Fue un asunto sangriento. Se llevaron a Akuffo y a unos ocho oficiales militares, los ataron a unas estacas y los fusilaron. Fueron a la aldea donde Acheampong había sido exiliado, lo llevaron a Accra y también lo mataron.

Si Akuffo no hubiera llevado a cabo su golpe de estado, creo que estas matanzas no hubieran ocurrido. Pero Madre dijo que ella se encontraba allí para que se produjera su juicio. Treinta y tres siglos antes había sido responsable de la muerte de ella en Egipto.

Pocos meses después de estos acontecimientos, Sanat Kumara dio un dictado en el que habló de ellos:

> Considerad ahora el ejemplo de vuestros mensajeros y su misión en Ghana, África Occidental. Los he enviado allá tres veces... Cada vez... ellos presentaron eficazmente las incomparables enseñanzas de los maestros ascendidos. Si un número mayor de gente hubiera seguido estas enseñanzas, y especialmente los líderes, con honor e integridad, habrían evitado, mediante la ciencia de la Palabra y el amor del Espíritu Santo, el gran karma que ha descendido sobre ese país.
>
> Los mensajeros predicaron la Palabra a todas las criaturas, desde la más pequeña hasta la más grande, los poderosos en sus asientos, los humildes en sus chozas. Y hasta los que traicionan a la gente, temiendo la ira venidera, buscaron la bendición de los mensajeros (iniciación). Pero no produjeron frutos dignos del arre-

pentimiento. No abandonaron sus antiguos caminos...

Así, ha llegado a suceder que la propia Palabra se ha convertido en su juez... Si estos hombres hubieran sido hombres de Dios, su muerte física no habría alterado la evolución de sus almas; pero desde el momento de su rechazo hacia la Madre y su advertencia con respecto a la integridad moral y el auto sacrificio por el pueblo, fueron juzgados automáticamente ante la Palabra...

Que nadie se aflija. Porque cuando la Gran Hermandad Blanca envía a sus emisarios a las naciones, el juicio ha llegado. Por tanto, que la Palabra que se envía amorosamente se reciba amorosamente y todo irá bien. Ghana es una nación de los maestros ascendidos. Hasta que su gente no tome el regalo que se brinda y siga el Sendero que han conocido antaño, contra el que, sin embargo, se han rebelado una y otra vez, no realizará su destino como comunidad del Espíritu Santo o como el corazón de Afra...

La Madre desea profundamente desde los primeros años de su encarnación llevar luz a la Ghana que ama... La misma mesa que ella ofreció entonces, yo la ofrezco hoy: Ghana, toma las enseñanzas de los maestros ascendidos y vive. No dependas de salvadores, Iglesia o estado, sino que la Palabra misma, los verdaderos instructores, los maestros ascendidos, y su verdadera enseñanza, sean tu salvación.*

---

* El texto completo de este dictado de Sanat Kumara se puede encontrar en *The Opening of the Seventh Seal: Sanat Kumara on the Path of the Ruby Ray*, *(La apertura del séptimo sello: Sanat Kumara sobre le sendero del rayo rubí)*, de Elizabeth Clare Prophet (Gardiner, Mont.: The Summit Lighthouse Library, 2003), págs. 186–89, 190.

# Capítulo 16

# Regreso desde la muerte

Al ministro superintendente de la Iglesia metodista de Kumasi no le gustaba cuando había alguien más que agradaba a la gente. Por eso una de las razones por la que mostraba una hostilidad tal contra mí era que yo gustaba mucho a la gente.

Los boletines de nuestros servicios dominicales se publicaban una semana antes de tiempo y cuando se anunciaba que el hermano Kyei iba a predicar la semana siguiente, la iglesia se llenaba. El piso de abajo se llenaba, la galería se llenaba. La catedral de Kumasi era muy grande, cabían más de quinientas personas.

Cuando me preparaba para dar un sermón, entraba en mi santuario, ponía la imagen de Cristo en la llama trina enfrente de mí y meditaba en ella mientras leía la Biblia y escogía un pasaje para el sermón. Un día de junio de 1978 me preparaba para predicar el domingo siguiente. Miré esta imagen y la imagen me habló. Lo escribí todo, tal como lo recibí. Todo lo que escribí vino de la imagen.

Ese domingo di este sermón. Había allí una mujer anciana, que siempre estaba en el hospital rezando por los enfermos. Después de que terminara el sermón, vino a hablar conmigo. Estaba llorando. «Abrewa (mujer vieja)», le dije, «¿cuál es el problema?».

Ella contestó: «¿Has visto? Había ángeles y colores en la iglesia; distintos colores por todas partes. ¿No lo viste?».

Yo contesté: «Sólo sé que estaba predicando».

Ella dijo: «No, no estábamos solos. La iglesia estaba toda llena de ángeles y colores».

«Oh, ya veo», dije yo.

Al día siguiente, lunes, esta mujer le fue a contar al ministro superintendente lo que había visto. A este ministro nunca le gustaba oír cosas buenas de otros ministros. Ese era el problema.

Al mes siguiente, cuando me tocaba el turno de predicar otra vez, fui al púlpito y prediqué. Había una reunión de la Asociación de Muchachos y Muchachas Metodistas después del servicio, por lo que lo hice más corto, celebramos la reunión y terminamos. Me marché a casa. Exactamente una hora después de llegar a casa me encontraba afuera, en el jardín, y me desplomé. Creo que iba a hablarle a uno de los niños de algo, y eso es todo lo que recuerdo. Sencillamente me desplomé. Tenía cuarenta y seis años.

Mi alma abandonó mi cuerpo. Estaba feliz, volando hacia arriba, fluyendo maravillosamente, flotando. Me sentía como un hermoso pájaro que se dirigía hacia una amplia luz. Disfrutaba mucho de la experiencia.

Entonces, desde la distancia, oí la voz de mi esposa gritando; y pensé: «¿Quien está molestando a mi esposa?». Me di la vuelta para ver lo que pasaba. Entonces fue cuando volví a mi cuerpo. Abrí los ojos.

Parecía que casi todo el vecindario había venido. Mi esposa estaba llorando. El jardín estaba lleno de gente llorando. Le pregunté a mi esposa qué había pasado. «Has estado muerto durante treinta minutos», dijo ella. Al ver la gran cantidad de gente, incluso fuera de la entrada, en la calle, era fácil creer que así era. Había hecho falta todo ese tiempo para que se reuniera tanta gente.

Me ayudaron a levantarme y entrar al salón de la casa a sentarme. La gente comenzó a marcharse.

Entonces una mujer vino corriendo. Vivía en esa zona y había venido a ver lo que pasaba. Luego había ido con su automóvil a la casa del ministro superintendente a decirle que el hermano Kyei se había desplomado y estaba muerto.

Lo que el ministro le dijo la dejó conmocionada: «Ya lo sé, ya lo sé».

«Reverendo», dijo ella, «¿lo sabe?».

«Sí, lo sé.»

La mujer quedó estupefacta. ¿Cómo podía saber el ministro, que estaba en la misión, que el hermano Kyei estaba muerto?

Regresó, y cuando llegó yo estaba sentado y no muerto. «Oh», dijo ella, «hermano, no sé si llamarlo un milagro o no. Acabo de llegar de la misión. Fui allí a decirle al ministro superintendente lo que te había ocurrido. Él me dijo que ya sabía que estabas muerto».

Entonces supe que fue él. La mujer que me dijo esto también supo que era una confesión. Yo sabía que él estaba jugando con magia negra. Sabía lo que tenía debajo de la cama. Pero no me imaginaba que intentaría hacer magia negra contra mí. ¿Qué motivo podía haber para algo así?

Pero ahí estaba. Había intentado matarme. No era sólo por odio; él sabía conscientemente que estaba practicando magia negra. Y esta persona era un ministro veterano, que había sido director y profesor de la universidad donde preparan a los ministros.

Se debió sorprender al descubrir que yo estaba vivo. No me preocupaba su reacción. Pero después de eso me mantuve lejos de él tanto como fuera posible. Cuando él me llamaba, yo ponía excusas. Era el ministro superintendente de nuestra Iglesia y yo era un administrador, por lo que no había forma de evitar verlo. Pero no me ponía en situaciones en las que pudiera manipularme, ni siquiera le daba la mano.

Pocos meses después, me encontraba en la sede central de Summit, que estaba en Los Angeles en aquella época. Tuve un sueño. Madre estaba sentada en el centro de un círculo de chelas y estaba dando una enseñanza. Vi a este ministro perseguirme con una especie de fusta. Yo corrí y corrí hasta que llegué al círculo donde Madre estaba enseñando y me puse a su lado. Había un gran recipiente lleno de agua. Cuando el hombre me alcanzó, dijo: «Bueno, te atraparé en otra ocasión», y puso lo que tenía en la mano en el recipiente de agua y se marchó.

Ahora intentaba atraparme otra vez. Sabía que yo había descubierto quién era y quería matarme. El Gurú me había protegido.

Madre sabía quiénes eran estas personas. Krakue me contó una vez una historia interesante sobre eso. Una de las veces que visitó la sede central, que entonces estaba en Santa Barbara, Madre preguntó sobre un caballero en concreto, un abogado, que había sido miembro de The Summit Lighthouse en Ghana. Krakue le dijo que el hombre se había marchado.

Madre dijo: «No me extraña, ese tipo tiene un buitre debajo de la cama». De alguna forma, Madre lo sabía. Krakue dijo que estaba muy sorprendido de que Madre supiera que había este tipo de vudú que hacen en la costa, que había gente que tenía buitres debajo de la cama.

Nuestra Gurú era muy sabia.

Capítulo 17

# Summit University

Después del episodio en el que morí y regresé, repentinamente perdí peso y tenía la apariencia de alguien que había estado enfermo durante mucho tiempo, pero poco a poco mejoré. Aproximadamente un mes después recibí un mensaje de Madre en el que me invitaba a Cámelot* para asistir a Summit University.

Cuando llegué a Nueva York en julio de 1978, visité a mi primo, que vivía allí, y llamé a Cámelot. Madre no estaba. Hablé con el responsable y le dije que estaba en Nueva York y que Madre me había invitado a ir a Summit University. Esta persona no me dejaba proceder hasta que tuviera el dinero para pagar todas las cuotas de Summit University. Yo no tenía el dinero.

«He venido a Summit University por invitación de Madre», dije. Pero no me conocían y no me dejaban ir. Me pareció que debían seguir estrictamente las reglas porque Madre no estaba. Así que no había nada que pudiera hacer. Me quedé en Nueva York casi dos meses con mi primo.

Finalmente alguien habló con Tom Miller: «Tom, tú has estado en Ghana con Madre. Ahí alguien de Ghana que ahora se encuentra en Nueva York. Dice que se llama Paul y que

---

* Desde 1978 hasta 1986 la sede central de The Summit Lighthouse se ubicó en Cámelot, una propiedad de 218 acres en las montañas de Santa Monica, al oeste de Los Angeles.

74

Cámelot

Madre lo quiere aquí. Pero no le hemos permitido venir porque no tiene dinero para pagar las cuotas».

Tom Miller dijo: «¿No sabes que es amigo de Madre? De los que estáis aquí, ¿a quién ha visitado Madre en su casa? Madre ha estado en su casa dos veces. Fue Madre quien le hizo ministro laico. ¿Queréis seguir trabajando aquí? Que ese hombre venga inmediatamente. Si Madre se entera de que ha estado a la deriva en Nueva York durante casi dos meses porque no le habéis dejado venir, os tendréis que marchar». No sé con quién habló Tom, pero eso es lo que me dijo cuando llegué.

A mitad de la noche recibí una llamada. Estaba durmiendo. Tomé el teléfono y era Timothy Connor. «¿Eres tú, Paul? ¡Madre dice que vengas!»

«¿A dónde?»

«A Cámelot.»

«Gracias.» Tenía mi billete, todo estaba listo. Así que al día siguiente me subí al avión. Era septiembre de 1978.

Cuando llegué a Cámelot, Florence Miller creyó reconocerme por una foto del viaje de Madre a Ghana. Me miraba y se

75

iba a Kali Productions,* miraba la foto, volvía y me miraba otra vez. Quería estar muy segura de que era yo. Tardó tres meses en asegurarse.

Recuerdo un día cerca del final de Summit University, iba yo caminando hacia el restaurante y Florence se cruzó por mi camino corriendo. «Paul», dijo, «tengo algo para ti».

Yo pregunté: «¿Que es?».

Entonces sacó una foto y me la enseñó. Había sido tomada en el santuario de Kumasi, cuando Madre lo visitó.

Le pregunté: «¿Cómo la has conseguido?».

«Te olvidas de que trabajo en Kali Productions. En los últimos tres meses he estado mirando esta foto. Quería estar muy segura de no equivocarme. Ahora estoy segura de que eres la persona de la foto.»

Florence continuó: «¿Sabías que a los dos nos hicieron ministros en el mismo mes del mismo año?». Florence nació y se crio en Sudáfrica, y a los dos nos hicieron ministros en septiembre de 1976.

«Eso es estupendo».

Así que me dio la foto y Florence se convirtió en una gran amiga.

Cuando terminó Summit University la Recepción Presidencial se celebró en el Áshram de la Madre del Mundo, en el centro de Los Angeles. Florence se encontraba allí y hablamos. Le dije que me sentía muy feliz porque después de dos meses en Nueva York y tres meses en Summit University, volvía con mi familia, mi esposa y mis hijos. Echaba de menos Ghana. De repente, Florence se puso rígida y miró por encima de mi hombro. «¿Que hace?», Pensé.

Entonces alguien me tapó los ojos. «¿Quién es?», pregunté.

La persona quitó las manos, me di la vuelta y era Madre. Entonces todos estallamos de risa.

---

* Kali Productions era la rama de la organización que producía fotografías.

Florence dijo: «Madre, Paul dice que está muy contento de volver a casa, a Ghana».

Madre me dijo: «Oh no, no te marchas. Te quedas aquí conmigo».

La cabeza me empezó a dar vueltas, porque nunca había pasado las Navidades lejos en mi familia. Y no podía aceptarlo. «Pero Madre», dije, «la regla de SU es que en cuanto termine el trimestre, tienes que marcharte de la residencia. Me tendré que marchar».

Madre dijo: «Ven a vivir conmigo al Áshram».

Entonces se me ocurrió otra excusa. «Mi visado va a caducar y no me puedo quedar sin visado».

Madre dijo: «Ve y dile a los de inmigración que tus amigos quieren que te quedes un poquito más».

Discutí un poquito con Madre. Pero para cualquier cosa que decía, ella tenía respuesta. Al final se me acabaron las excusas, por lo que tuve que asentir a quedarme.

Entonces Madre se marchó. «¿Por qué no me dijiste que Madre venía de puntillas detrás de mí?».

Ella contestó: «No podía. Me fue imposible decírtelo». Y nos reímos de ello. Decírmelo no era una iniciación que le correspondiera.

Cuando la gente de inmigración aprobaron la extensión de mi visado, uno de los miembros del personal dijo: «Paul, creo que tienes amigos allá arriba. ¿Viste la gente que vino a la clase a llevarse uno de los estudiantes? Se los llevaron porque había caducado su visado y no les pudieron dar una extensión. Tú, sin embargo, fuiste a renovar y te la dieron». Nos reímos.

Unos cuantos días más tarde, estaba en Cámelot y casualmente me encontré con Madre fuera de la entrada de la Capilla del Santo Grial. «Paul», me pregunto, «¿te quedas?».

«Sí», contesté, «me quedo».

«¡Bien!», y se puso a dar brincos.

De repente sentí como si me quitaran un peso de encima.

El Áshram de la Madre del Mundo,
en el centro de Los Angeles

Me sentí muy aliviado, y me dije: «Ohhh, era una prueba».
Era una prueba y ni siquiera me di cuenta. Era una prueba de
obediencia, obediencia al Gurú. Y me sentí aliviado porque
había pasado la prueba y había vencido todos los obstáculos.

Pensé en Jesús y sus palabras a los discípulos: «¿Me amáis
más que a estos?». Era algo sutil y no me di cuenta de que era
una prueba hasta que la había pasado. Tenía que colocar al
Gurú por encima de mi apego al hogar y la familia.

Así que después de que terminara Summit University, dejé
Cámelot y me fui a vivir al Áshram, donde Madre vivía en aquel
tiempo. Fui la primera persona que vivió en el Áshram, en
realidad. De hecho, algunas personas del personal del Centro
de Enseñanza de Los Angeles* se pusieron un poco celosas, y le
dijeron a Madre: «Nosotros llevamos aquí todo este tiempo y

---

* El Centro de Enseñanza de Los Angeles estaba en un edificio aparte en la misma
propiedad que el Áshram de la Madre del Mundo. Como los centros de enseñanza
de otras grandes ciudades de los Estados Unidos de aquella época, era un centro
donde podían vivir los chelas de los maestros que trabajaban en la ciudad durante el
día y participaban en los servicios y las actividades de expansión por las tardes y
durante los fines de semana.

no hemos sido invitados al Áshram. Ahora llega este hombre de Ghana y tú le invitas a que se quede contigo».

Así que acomodaron un pequeño espacio en el Áshram para que el Centro de Enseñanza de Los Angeles tuviera una oficina y pudieran ir todos los días. Estos rasgos del carácter humano siempre existen, y uno tiene que saber cómo manejarlos.

Yo formaba parte del personal, más o menos. Trabajaba en el departamento audiovisual durante el día. Duplicaba casetes de conferencias y dictados. Ponía en marcha las máquinas de duplicar, hacia copias y las etiquetaba.

Después de casi un mes de trabajo, Madre me dejó volver a Ghana. No sé por qué quiso que me quedara ese tiempo. Creo que le pregunté a Annice Booth, que en aquel entonces estaba en la Oficina de Ministerio, y dijo: «No sé. Sólo Madre lo sabe. Ella es la única que lo puede explicar». Pero yo no podía ir a preguntar a Madre; eso no se hacía, así que simplemente pensé que debía ser algún tipo de preparación que quería darme.

Me marché de Los Ángeles para regresar a Ghana en enero de 1979, habiéndome sentado a los pies del Gurú para beber de su conocimiento.

Capítulo 18

# Separación de la Iglesia metodista

Cuando Madre vino a Ghana en 1976 y, con toda su gente, vino a mi casa, yo aún iba a la Iglesia metodista. Incluso después de que fuera nombrado ministro laico solíamos celebrar reuniones de Summit Lighthouse los domingos a las cuatro de la tarde para poder ir todos a nuestras iglesias antes, ese mismo día. A la gente no le parecía nada extraño ir a sus iglesias por la mañana y a The Summit Lighthouse por la tarde.

Después de asistir a Summit University y regresar a Ghana en enero de 1979, me di cuenta de que ya no podía ser fiel a ningún otro grupo. Me senté, tomé papel y lápiz y escribí una carta de dimisión a la Iglesia metodista.

«Muchas gracias», dije, «por toda la ayuda que me habéis dado. Pero creo que he llegado al punto en que debo separarme de vosotros». Dirigía entonces un grupo de estudio de la Biblia y la única propiedad de la Iglesia que tenía era el libro para la clase, por lo que dije: «Aquí dejo el libro de la clase, y esto es una despedida».

No le dije a mi esposa que había escrito esa carta. Ni siquiera lo hablé con ella. Ella no sabía nada de ello. Simplemente escribí la carta y la cerré.

Los líderes de la Iglesia metodista de Kumasi se solían reunir a las cinco de la tarde, los jueves. A las cuatro y media fui con mi automóvil a la catedral. Estaba allí sólo el custodio, pero él sabía que yo era el secretario y no pensó nada extraño al verme allí. El ministro superintendente siempre es el que preside la reunión de los líderes y como secretario, me sentaba a su lado durante la reunión. Así que entré, puse el libro sobre la mesa a la que se iba a sentar el presidente, puse la carta sobre ella y me fui a casa. Cuando mi esposa estuvo lista para ir a la reunión, le dije: «Ve tu primero, yo te sigo». Ella no tenía ni idea de que yo no asistiría.

Tengo entendido que llegado el momento de empezar la reunión, comenzaron sin mí. Aparentemente el ministro superintendente leyó la carta, por lo que sabía que yo no asistiría. Pero no lo dijo. «El secretario», les dijo, «no vendrá hoy», y nombró a otra persona para que fuera secretario. Cuando según el orden del día le tocó el turno a la correspondencia, el ministro dijo: «Bien, aquí tengo una carta»; y leyó mi carta.

Mi esposa me dijo que cuando la abrieron y la leyeron, se hizo silencio durante cinco minutos. Nadie habló. Entonces dijeron: «No lo podemos creer. ¿Qué es todo esto?». Se miraron los unos a los otros. Entonces preguntaron a mi esposa: «Sra. Kyei, esto es lo que ha escrito su esposo. ¿Qué sabe de ello?».

Ella dijo: «Por favor, no sé. No sabía ni siquiera que lo estaba pensando. Él nunca, *nunca,* lo mencionó».

«¿Cómo ha podido el hermano Kyei hacer esto sin decírselo a su esposa, a usted, la Sra. Kyei? ¿Donde está él ahora?»

Ella dijo: «Cuando iba a salir dijo, "ve tú delante, yo te sigo"».

No se lo había dicho a mi esposa porque quería que la cosa fuera totalmente clara. Quería recibir la reacción sobre mí mismo. Le preguntaron y pudieron ver que ella desconocía completamente lo que yo había planeado, por tanto, ¿cómo podían enfadarse con ella por lo que yo había hecho sin su conocimiento?

Mi dimisión provocó mucho trastorno en la diócesis de Kumasi. En aquellos días me conocían por todo el país. No había nadie que hubiera servido en la Iglesia tanto como yo. Por lo que mi marcha provocó conmoción.

Cuando se recobraron de la conmoción inicial, los líderes enviaron una delegación a mi casa, dos hombres y una señora, a hablar conmigo y a enterarse del porqué había decidido dejarlo, cuando, como ellos pensaban, yo era «el pilar de la Iglesia» en lo que se refería a los jóvenes.

Recuerdo muy bien lo que les dije: «Cada persona tiene el derecho de estar donde cree que la verdad está mejor representada».

«¿Qué quiere decir eso?»

«Los metodistas tienen una expresión para cuándo un metodista es trasladado temporalmente a otra institución. Dicen que «se le permite servir». Pues bien, a mí «se me permite servir» en The Summit Lighthouse desde la Iglesia metodista».

Se rieron y dijeron: «¿Quién te lo permitió?».

Yo dije: «Yo mismo me lo he permitido. He utilizado mi libre albedrío para venir a la Iglesia metodista y he utilizado el mismo libre albedrío para ir a otra iglesia, The Summit Lighthouse, porque considero a The Summit Lighthouse como un paso más alto».

«¿Quiere eso decir que la Iglesia metodista es inferior?»

«Yo no he dicho eso. No me atribuyas palabras que no he dicho. He dicho que "considero las enseñanzas de The Summit Lighthouse como un nivel superior". Eso es todo».

Y así, se marcharon.

Entonces enviaron una segunda delegación, que incluía al Segundo Ministro. «Hermano Kyei, ¿por qué nos dejas? Eres el secretario de la Iglesia, eres miembro del Consejo más alto de la Iglesia metodista de Ghana, que es una conferencia nacional. Eres conocido por todo el país de Ghana. La Iglesia metodista es una familia mundial y eres conocido incluso fuera de Ghana. Los miembros de la delegación de la Conferencia Británica que vienen a nuestra conferencia cada año te conocen». Trataban de atraerme con cosas mundanas.

«¿Por qué dejar todo eso y unirte a un pequeño grupo? Entendemos que The Summit Lighthouse es un grupo pequeño, como unas diez personas.»

Sonreí, le miré, y dije: «Sí, Sofo,* llevas razón. Es un grupo muy pequeño, pero me siento realmente feliz al estar con este grupo pequeño. Empecé con una gran familia, la familia metodista. El grupo grande ha perdido su atractivo para mí».

Nos sentamos y hablamos durante una hora. Trataron de convencerme de que no tenía sentido dejar un grupo grande para dirigir un grupo pequeño.

Uno de ellos me miraba y sentí su energía, su vibración, por lo que le dije: «Reverendo, no se preocupe. Soy tan normal como ustedes. No me pasa nada malo». Se sobresaltó. Pensó que podía leer su mente. Parece que pensaba que algo no funcionaba bien en mí al querer abandonar la Iglesia metodista, con todos sus beneficios, las conexiones, y al ocupar un puesto prominente en la comunidad.

«Sé todo lo que me estáis diciendo, pero mi decisión es irreversible. Me voy por ese camino.»

Un miembro de la delegación dijo al Segundo Ministro: «Reverendo, creo que es mejor que nos marchemos. Lo que había que decir se ha dicho. Lo que somos, la amplitud de la congregación, lo que vemos los domingos, todo eso ya no tiene atractivo para él. Es mejor que nos marchemos. Gracias a Dios que dije esa frase, porque entonces me dejaron en paz.

Mi marcha supuso una verdadera bomba. Sus efectos se sintieron por toda la Iglesia metodista de Ghana. La cosa llegó hasta el presidente. Muchos miembros de la Iglesia habían pasado por mis manos cuando trabajaba allí. Estuve con la Iglesia metodista durante aproximadamente veinticuatro años, y yo era muy activo y fogoso.

---

* *Sofo:* Palabra utilizada por los Akan refiriéndose a un ministro religioso.

Algo que realmente les dolió fue que pasé por todo el proceso necesario para ser aceptado en Trinity College, para ser preparado como ministro, y lo había rechazado. Había algo que me hizo retirarme, pero no podía decirlo en la reunión de los líderes. Fue por culpa del ministro reverendo que era superintendente en aquella época.

Yo había tomado todos los cursos de Wesley College, había terminado todos los exámenes y las entrevistas, y todo lo que quedaba era que este ministro firmará los últimos papeles. Acudí a él; me miró y me dijo de un modo muy sarcástico: «¿Tú también quieres ser ministro?».

Sentí exactamente lo que pensaba. Él era Fante y no le gustaba que yo fuera Ashanti.

Me fui de su oficina a mi lugar de trabajo y en cuanto llegué allí, le llamé. «Señor reverendo, por favor, destruya todos mis documentos».

«¿Por qué?», preguntó él.

«No diré nada más. Por favor, destrúyalos. He decidido no dedicarme al ministerio en la Iglesia metodista.»

«¿Qué? Casi has llegado.»

«No, lo siento. No lo haré.»

Era un tema muy serio y lo dejó boquiabierto.

Después de un año o así, enfermó gravemente. Fue admitido en el hospital, por lo que fui a visitarle con el anciano más veterano de la Iglesia metodista. En su cama de enfermo, este ministro le preguntó al anciano: «Por favor, le ruego, suplíquele al hermano Kyei que vaya a Trinity College».

Yo dije: «Muchas gracias, reverendo, pero mi decisión es irreversible. No puedo ir». Esto dejó al hombre conmocionado, realmente conmocionado.

No sé por qué estaba tan decidido en aquel tiempo. Pero ocurrió unos seis años después de que Madre viniera y me hizo ministro laico de la Iglesia Universal y Triunfante. Le dije a Madre que casi había entrado al seminario teológico metodista pero que en el último momento me había negado a seguir adelante.

Madre me miró, sonrió, y dijo: «Paul, no estabas destinado a ser ministro metodista». Esas fueron sus palabras exactas. Y yo creo que es verdad.

Algunas personas de las que asistían a mi clase de la Biblia de la Iglesia metodista ya eran miembros de The Summit Lighthouse cuando dejé a los metodistas, pero no se quedaron en Summit. Más adelante volvieron a la Iglesia metodista. No hubo un éxodo masivo de gente que me siguiera.

Creo que para las personas que están muy arraigadas en la ortodoxia, no es fácil cambiar hacia una organización esotérica como Summit. Pueden venir y quedarse sólo si es el momento y si están patrocinados por sus maestros para que lo hagan. De otra forma, se ven atraídos hacia la gran congregación y los amigos que tienen allá.

Con frecuencia, cuando me reunía con gente que había conocido en la Iglesia metodista, me decían: «Rezamos por ti. Rezamos para que vuelvas».

Y yo decía: «Entonces vais a tener que rezar una oración muy larga, porque en lo que a mí concierne, el regreso no es posible. No regresaré». No sabían que los maestros me acababan de llevar. Me guiaban en un sendero indudable en el que no miraría atrás. Y doy las gracias a Dios por que lo hicieron.

Un día, Elizabeth, mi esposa, no estaba contenta con que yo estuviera con The Summit Lighthouse, habiendo dejado la Iglesia metodista. «Elige una de las dos», le dije. «Yo estoy en Summit, y tú aún tienes esposo. Si me hubiera quedado en la Iglesia metodista, ahora serías viuda.» Por tanto, mi integración con The Summit Lighthouse también es por ella. Si hubiera estado en la Iglesia metodista, mis colegas me habrían matado con magia negra.

En esto había involucrados dos ancianos. Había una mujer a quien hicieron superintendente de la escuela dominical. Yo era el secretario de la escuela dominical así como profesor y a esta mujer yo no le gustaba. Un día hizo un comentario sobre mí que me insultó, una injuria tribal sobre los Ashanti. No me gustó. Por eso, cuando fuimos a la reunión de líderes el jueves siguiente, levanté la mano, y dije: «Tengo una queja», y les dije lo que la mujer había dicho.

El ministro superintendente se dirigió a ella con mucha severidad, diciéndole: «Mira, hay dos clases de personas en el mundo. Están los que, si los pones a dirigir una institución, reúnen, pueden unir a la gente y hacer que las cosas avancen. Luego están los que dispersan». Entonces la señaló, y dijo: «Tú eres de las que dispersa». Fue una reprimenda muy intensa. Yo no le gustaba a esa mujer y ella intentó de muchas formas librarse de mí, pero no pudo.

Luego había un hombre que era secretario de la Iglesia de Kumasi. También era político y durante uno de los golpes militares de Ghana, se escapó y marchó al exilio en Costa de Marfil. Fue entonces cuando asumí la secretaría. Al cabo de unos años, regresó y creyó que a su vuelta el ministro superintendente le pediría que fuera secretario otra vez. Pero el ministro no lo hizo.

Este hombre empezó una discusión conmigo. Era más mayor que yo, pero no era civilizado al hablar. Decía que tenía que ser el secretario.

«¿Pero por qué?», dije yo, «Has estado exiliado durante seis años. Si no hubiera dado un paso al frente para ser secretario, ¿crees que las cosas estarían como las ves ahora? Entonces, ¿qué te pasa? Si esto te parece un problema, ve al ministro superintendente y ve a la reunión de los líderes.»

De hecho, fue a poner una queja al ministro superintendente. El ministro me llamó y yo le dije lo que le había dicho al hombre.

El problema era que yo estaba a cargo de todos los jóvenes de la Iglesia y ellos me amaban porque yo era muy activo.

Dirigía la banda cantora, el coro, la sociedad juvenil, el Gremio metodista, la Brigada de los Muchachos y la Brigada de las Muchachas. Dirigía conferencias de dos, tres y cuatro días en las que aprendían las escrituras, donde había conferencistas invitados y en las que realmente les enseñábamos a dirigir la organización. Por eso los líderes de la Iglesia tenían miedo de decir nada contra el hermano Kyei para que no se rebelaran los jóvenes, y nadie quería causar problemas. Por eso no podían hacer nada.

Lo peor fue cuando ese ministro superintendente se marchó y otro vino a Kumasi, en 1977. Ese fue el que intentó matarme con magia negra.

Por todo esto le dije a mi esposa que si me hubiera quedado en la Iglesia metodista estaría muerto y ella sería viuda. Por tanto, dio gracias a su Dios y dio las gracias a Elizabeth por haberme encontrado y hacerme ministro laico de esta Iglesia en 1976.

Mi esposa cree mucho en las enseñanzas de los maestros. Aún es líder de una clase en la Iglesia metodista. Todos los domingos da clases de la Biblia. También es una predicadora laica. Cuando le toca predicar elige un texto, y me dice: «Tío, ¿qué dicen los maestros de este tema?».

Somos de la misma edad pero me llama «tío» porque ese era mi nombre en la Iglesia metodista cuando realizaba el trabajo con los jóvenes. Me llamaban tío Paul.

Nos sentábamos a hablar del tema que ella había elegido. Yo le decía: «¿Qué piensas de este tema desde su contexto metodista?» Y ella me decía lo que pensaba y también lo que los maestros decían de ellos.

Los miembros de su clase de la Biblia en la Iglesia metodista solían decir: «Nosotros creíamos que íbamos a echar de menos al hermano Kyei cuando se marchara, pero tiene a quien le sustituya».

Incluso después de haberme marchado de la Iglesia

metodista hubo un par de señoras que vinieron a preguntarme por mi opinión cuando tenían dificultades en las reuniones de los líderes.

«Este es el tema que hay sobre la mesa. Sabemos que si estuvieras allí, el tema estaría resuelto. ¿Qué dices sobre ello?»

Yo decía: «Pero no estoy allí».

«Pero no es necesario que estés allí. Sólo dínoslo. Nosotras iremos y lo haremos.»

Capítulo 19

# Forcejeo

Después de cortar mi conexión con la Iglesia metodista, no volví a ir los domingos. Continué con las reuniones de The Summit Lighthouse en mi casa. Mis ocho hijos vivían en la casa y ahora había mucha gente que venía a los servicios, y había mucho ruido. Por eso decidimos que necesitábamos salir de ahí para ir a un lugar más amplio para el grupo. ¿A dónde ir?

Yo tenía una segunda casa en Kumasi, que tenía rentada a un ministro pentecostal, así que le informé de que debía irse. Le dije que necesitaba la casa para mi Iglesia. La cosa se convirtió en un forcejeo. El hombre no se quería ir. Me senté a hablar con él para intentar hacerle entrar en razón.

«Tengo una iglesia», dije, «y mi iglesia necesita un sitio. Póngase en mi lugar. ¿Qué haría? Usted es ministro y tiene su iglesia. Tiene espacio para una misión, donde también puede vivir. Le he dado mucho tiempo para que la termine». Tuvo más de seis meses para terminar su casa.

«Pero su casa me ha traído suerte». Durante su estancia, su iglesia se había expandido, por lo que no quería marcharse.

«Eso es bueno», le dije, «pero yo también necesito un sitio para mi iglesia. No puedo hacer otra cosa». Continúe presionándole, pidiéndole que se marchara. Al final se marchó, a regañadientes, pues no le gustó nada. Dejó de hablarme.

Ahora tenía que preparar el lugar para convertirlo en una iglesia. Añadí una pequeña extensión a la casa para que tuviera una sala en la que se pudieran sentar unas cincuenta personas. Convertí una de las habitaciones en la oficina del ministro, donde guardaríamos nuestros libros, las casetes y tendríamos la biblioteca. Quedaba una habitación más para el Guardián de la Llama que vivía en la casa y cuidaba de ella.

La Iglesia de Kumasi aún se reúne en esa casa. La casa es mía, la construí yo, y he permitido que la Iglesia se reúna ahí durante todos estos años. De hecho, en mi testamento he puesto que mientras que la Iglesia quiera reunirse ahí, se le permitirá hacerlo y mi familia no le pedirá que se marche.

Capítulo 20

# El poder corrompe

Cuando conocí por primera vez a Herbert Krakue no me causó una impresión especial. Pensé que era alguien que estaba en el sendero espiritual. Me alegró conocerlo, estaba muy contento por haber encontrado el sendero y estaba dispuesto a ayudarle. Mientras fue director, le apoyé. Incluso pagué la escuela de sus hijos. Cada año viajaba a Kumasi en automóvil, venía a mi tienda, y me decía: «La escuela está abierta, los niños tienen que ir y tengo que pagar». Yo le daba un cheque.

Tenía una sensación interior de que algún día ocuparía su puesto. Pero no soñaba con ello, no lo deseaba. De haber deseado su puesto, me habría quedado en la Iglesia metodista. Lo que más les molestó cuando me marché de la Iglesia fue que, de alguna forma, me estaban preparando para el cargo de co-presidente. En la Iglesia metodista hay dos presidentes: uno, el ministro y otro, el laico. Me estaban preparando para que fuera el co-presidente laico de todo el país. Todo eso, lo abandoné.

Por tanto, no estaba interesado en ser el líder de The Summit Lighthouse. Pero tenía mucha experiencia en el gobierno de la Iglesia y puse todo eso a disposición de Krakue. Los documentos, las publicaciones, la constitución, las órdenes de la Iglesia metodista, cómo es gobernada la Iglesia metodista; todos esos documentos se los di a Krakue para ayudarle a organizar nuestras instituciones. Esto le asustó, y pensó: «Si este hombre sabe todo eso, entonces intentará quitarme el puesto».

Recuerdo un día después de la visita de Madre en 1978, cuando me dijo que ella le había pedido que fuera a Liberia a establecer un grupo allá. Madre había visitado Liberia durante ese viaje y el Presidente Tolbert, el líder del país, había abierto las puertas a las enseñanzas. Quería que Krakue estuviera allí como Obispo de África. Krakue no estaba contento. No quería ir. Eso es lo que me dijo.

Yo le dije: «No te preocupes. Yo iré. Dejaré mi negocio, que mi esposa e hijos se ocupen de él, e iré. Les ayudaré durante el período para el que él me quiera». Mi oferta no fue aceptada y al final nadie fue a Liberia. Krakue no le dio seguimiento y no sé qué excusa le dio a Madre.

El Rev. Donkoh vivía con Krakue en la misma casa en aquella época. Más tarde, después de que quitaran a Krakue y yo me convirtiera en director, Donkoh me dijo: «¿No sabías que no le gustabas?».

Yo dije: «¿Por qué no le gustaba yo? No le hice nada. Pagaba la escuela a sus hijos. ¿Por qué le caía mal?».

«Cuando te ofreciste a ir a Liberia en su lugar, él dijo: '¡Ah! Quiere quitarme el puesto'.»

«¿Eso es todo?»

«Sí. Tú no le das importancia, pero para él era como si se tratara de vida o muerte.»

Yo no pienso en los puestos. Gracias a Dios que así me hicieron los maestros. Nunca peleo por un puesto.

La primera vez que me di cuenta de que Krakue no era todo lo que parecía ser fue cuando visitó la sede central de la Iglesia, que en aquel entonces estaba en Pasadena. Iba a ausentarse durante algún tiempo. Yo pensé que iba a asistir a Summit University, pero él no me dijo lo que iba a hacer. Tenía un automóvil y dijo que quería vendérmelo antes de marcharse para dar el dinero a su esposa y su familia. Había un crédito por el automóvil de Volta River Authority, pero él me dijo que lo había pagado.

«Pero necesitarás un automóvil cuando regreses», le dije.

«No estoy seguro de cuándo volveré.»

«De acuerdo», dije yo. Me trajo el automóvil y le pagué.

Al cabo de un mes de haberse marchado, el Rev. Donkoh me envió una carta diciendo que Krakue debía muchísimo dinero por el automóvil y que si no recibía el dinero, el prestamista VRA quería el automóvil. Así que tuve que ir a VRA por el vehículo.

¿Cómo me pudo mentir así? Esa fue la primera señal que indicaba un problema, que un ministro me engañara hasta ese punto. Pero yo aún le amaba y le apoyaba como líder del grupo.

En 1980, Krakue fue retirado de su rol como Obispo de África y como ministro. Madre envió a Annice Booth y a otro miembro del personal a Accra con ese fin. La razón de esto fue que se iba con una mujer de Costa de Marfil.

Eso supuso una verdadera sorpresa para mí. En aquel tiempo yo vivía en Kumasi y no sospechaba que él estuviera haciendo algo así. Pero cuando me enteré, recordé que algunas veces, cuando me visitaba en Kumasi, me decía: «Tenemos un centro en Costa de Marfil, y lo voy a visitar y voy a celebrar seminarios allá». Pero viajaba para visitar a su novia.

Madre se enteró de esto por Joanna, la esposa de Krakue. Creo que Joanna quizá lo descubriera anteriormente y le preguntara a su esposo al respecto. Cuando se dio cuenta de que el asunto era continuo, escribió una carta a Madre. Krakue me dijo que él creía que fue Donkoh quien empujó a su esposa a escribir esta carta y que Donkoh hasta había escrito la carta por ella. No sé si eso sea cierto. Después de que lo retiraran, Krakue estaba amargado por ello, e intentó hablar contra su colega, Donkoh.

Poco después, Krakue y su esposa se separaron y Krakue se marchó de Accra y se fue a vivir a Takoradi. Joanna vino a mí para decirme que él solía golpearla. La ponía en una habitación, cerraba la puerta con llave, le ponía una tela en la boca para que los vecinos no pudieran oír sus gritos y le daba una tremenda paliza. Creo que esto tenía que ver en parte con los problemas que tenía con las mujeres.

Cuando Krakue fue despedido yo me encontraba en Kumasi. No vi a los miembros del personal llegar a Accra. Todo fue una sorpresa. Vinieron y se fueron y yo no me enteré hasta más tarde, cuando el Rev. Donkoh le dijo a alguien que viniera a contármelo. Donkoh, Paul Lartey y el Rev. Gbewonyo fueron nombrados como junta interina para sustituirle. Para ellos supuso un gran desafío sustituir a Krakue, quien había sido líder del grupo desde su comienzo, durante más de quince años.

Una de las dificultades era dónde reunirse. Teníamos para la Iglesia un hermoso edificio en Accra en aquella época. Había sido construido en 1976, para la visita de Madre, y ella lo dedicó cuando llegó a Accra. El problema era que estaba construido sobre un terreno que pertenecía a la esposa de Krakue. En el terreno tenían dos apartamentos. Krakue y su esposa vivían en uno, Donkoh vivía en el otro y el edificio de la Iglesia se construyó enfrente. La junta interina decidió que ya no podían utilizar más ese edificio, por lo que tenían que encontrar otro lugar de encuentro.

Primero fueron a la escuela secundaria Thomas Aquinas, en Cantonments, donde se reunían en una de las salas de conferencias. A finales de 1981 uno de los miembros, el fallecido doctor Edzii, que era secretario de la universidad Ghana, ofreció a la Iglesia un local abandonado en el campus universitario para que lo utilizaran como capilla, y nos reunimos ahí hasta 1985.

Cuando Krakue se marchó, dijo que el edificio de la Iglesia le pertenecía a él, que había utilizado el dinero de su esposa para construirlo y no el dinero de la Iglesia. Algunos años después, cuando yo era director de la Iglesia, una vez que él y su esposa se hubieron divorciado, el acudió a mí con muchos archivos y documentos, y con el libro de contabilidad que contenía todos los gastos de la construcción del edificio. «Estos documentos», dijo, «demuestran que utilicé el dinero de la Iglesia para construir ese edificio. Por tanto, el edificio pertenece a la iglesia». Dijo que podíamos llevar a juicio a su ex esposa y declararnos propietarios del edificio.

Yo le dije: «Krakue, te lo agradezco mucho, pero ¿no ves lo que estás haciendo? Desde el principio, cuando se podía haber llegado a un acuerdo por este asunto, negaste con firmeza que el edificio fuera construido por la Iglesia. Los miembros de ésta dijeron que ellos habían puesto el dinero. Tú dijiste que no. El trabajo de arquitectura y los planos los realizó el Rev. Gbewonyo. Tú dijiste que no».

Entonces le recordé que en Ghana hay una ley que dice que quien sea propietario del terreno también es propietario de lo que hay construido en él. Y puesto que la iglesia estaba construida en ese terreno, que pertenecía a la esposa de Krakue, la mujer tenía derecho a reclamarla. Y ahora que él ya no era parte de la Iglesia, quería cargarnos con los gastos legales que conllevaba disputar esa reclamación.

«Tú ya no estás aquí, y tu matrimonio se ha disuelto. Ahora que has perdido acceso al edificio, quieres que yo me meta en querellas, que lleve a esa mujer a juicio y reclame derecho al edificio. No tenemos el dinero para hacerlo. No lo voy a hacer. Lo siento. Me guiaré por lo que nos dijiste desde el principio.»

Acababa de ser nombrado director y tenía una responsabilidad mucho más grande que querellarme por ese edificio. Así que no me interesó. Le di las gracias. Puse a un lado el libro de cuentas, y él se marchó. Tan sólo quería castigar a su esposa.

Nunca volví a ver a Herbert Krakue. Intentó establecer una organización rival. Se reunieron unas cuantas veces. Incluso les dijo que Madre le había pedido que volviera y que recuperara su puesto como Obispo de África. Dijo que era porque yo no quería que volviera, por lo que me había negado a escribirle para darle el mensaje de Madre.

Krakue escribió a Madre pidiendo que le volviera a aceptar.

Ella le pidió cuentas por las *Perlas de Sabiduría* y todos los demás documentos y archivos que pertenecían a la Iglesia que él se había llevado cuando se marchó. «Muéstralos y consideraré tu caso.» Había quemado todo cuando le despidieron. Por tanto, Madre lo excomulgó.

Alguien vino a decirme que Krakue había dicho que Madre quería que volviera. Le dije a esa persona que Madre había escrito diciendo que Krakue estaba excomulgado de la Iglesia. Madre dijo que jamás se le debía permitir entrar a la Iglesia, jamás se le debía dejar acceder a nada de la Iglesia. Si quería regresar, no podía ser readmitido hasta que recibiremos instrucciones de ella. Dije que no me habían dado instrucciones para que le escribiera. Lo que Krakue había dicho no era cierto.

Cuando más tarde hablé con Madre sobre el despido de Krakue, ella me dijo: «El poder corrompe y el poder absoluto corrompe absolutamente». Cuando fue despedido, ella no quiso que estuviera a cargo solamente una persona.

Todo esto sucedió en diciembre de 1980. A principios de 1981 recibí una carta de Madre diciendo que debía ir a Cámelot. Cuando llegué a Accra proveniente de Kumasi y de camino a Cámelot, con mi mente inocente pensé: «Voy a ver al triunvirato para decirles que me voy».

Casualmente estaban reunidos esa tarde, así que fui allí y pedí reunirme con ellos. «Siéntate afuera», me dijeron. «Cuando estemos listos te llamaremos.»

Estuve sentado más de una hora. Cuando terminaron lo que estuvieran haciendo, me llamaron. «Madre me ha invitado a que vaya a Cámelot», les dije, «y me marcho. He venido a despedirme de vosotros».

El Rev. Donkoh era el que presidía el triunvirato, y dijo: «Se trata de un asunto personal entre tú y Madre, quien te ha invitado. Por tanto, no es nuestra responsabilidad».

«Un momento», dije yo. «No he venido aquí por dinero para el viaje. No, no necesito nada. Me he preparado. Por eso me marcho de Kumasi, me voy. Pero no sería bueno si vosotros, el triunvirato, no lo supierais. He venido sólo a decíroslo, a deciros que me voy. Debería haberos alegrado el hecho de que Madre se haya puesto en contacto otra vez con nosotros, aquí en Ghana, menos de un año después de nuestras dificultades. En vez de hacerme esperar una hora para luego actuar así, podríais haberme felicitado. En cualquier caso, todo está bien. Me marcho.»

Entonces Donkoh dijo: «Por favor, ¿te podemos pedir que lleves este informe a Madre?».

Les miré y me reí. «¿Creéis que se trata de un asunto privado entre Madre y yo y ahora queréis que lleve vuestro informe?»

Parte del problema era que Krakue había hablado a Donkoh de mí, diciéndole que no confiaba en mí, que era ambicioso, que quería su trabajo. Donkoh no me conocía de verdad, y no se sentía cómodo conmigo.

Pero no me importó. Su verdadero carácter salió a relucir al final.

Capítulo 21

# Una misión peligrosa

En junio de 1981 fui a la sede central de la Iglesia en Cámelot, donde pasé varios meses. En octubre asistí al trimestre de otoño de 1981, nivel II de Summit University, el trimestre de Kuan Yin. La sesión comenzó unas cuantas semanas después de que se anunciara la compra del rancho Royal Teton,* y Madre dijo: «Vas a ir de gira por todo el estado de Montana».

Éramos catorce en la gira, incluyendo al personal, y era «Summit University sobre ruedas». Nuestra tarea consistía en viajar por todo el estado dando conferencias sobre las enseñanzas.

Viajamos durante ocho semanas, en dos autobuses remodelados de la empresa Greyhound. El Bus Dorado lo construyó Mark Prophet para su familia. El Bus Blanco era el autobús en el que viajaba el personal para las giras de Madre en los años setenta. Yo iba en el Bus Blanco, que tenía el letrero del destino que decía «Lúxor».

El primer par de semanas consistía en poner carteles y

---

* El rancho Royal Teton está ubicado en el sureste de Montana, colindante con el parque nacional Yellowstone al sur y con el río Yellowstone al este. Después de la venta de Cámelot en 1986, la sede central de la iglesia pasó a estar en el rancho Royal Teton. Espiritualmente, la propiedad es conocida como el Retiro Interno. A principios del siglo XX, el Maestro Ascendido Djwal Kul profetizó que se establecería una escuela de misterios externa y otra interna de la Hermandad. La escuela externa había de encontrarse en las afueras de una gran ciudad, preferiblemente cerca del mar. Esto se cumplió en Cámelot. La escuela de misterios interna debía estar en una región montañosa, lejos de las grandes ciudades del mundo. Esta profecía se cumplió con el Retiro Interno.

El Bus Dorado y el Bus Blanco,
en Cámelot preparados para salir a una gira

repartir volantes para anunciar las conferencias. Luego regresábamos para dar las conferencias, en una localidad distinta cada día. Nos levantábamos a las cinco de la mañana y hacíamos decretos en el autobús. El autobús era nuestro santuario y nuestra clase, nuestro dormitorio y nuestro comedor.

La sección delantera del Bus Blanco tenía tres filas de asientos que eran los originales; ahí hacíamos nuestras sesiones de decretos y las clases de Summit University, con frecuencia mientras viajábamos. La sección central era la cocina. Una de las estudiantes fue designada como cocinera. Era la «Llama de la Madre» y tenía el derecho de elegir a cualquiera para que la ayudara. Cocinaba las tres comidas del día.

En el autobús dormíamos en literas. Detrás de la cocina se encontraba el dormitorio de los hombres, con tres literas a cada lado. Las mujeres dormían en el dormitorio al fondo del autobús, en literas que se montaban al frente por la noche.

Cada tarde había conferencia. Llegábamos temprano para organizar las inscripciones, la venta de libros, los audiovisuales y todo lo necesario para el evento. Se nombraban personas para cada una de las tareas y todo el mundo se ocupaba de su tarea metódicamente. Después de la conferencia lo guardábamos todo en el autobús y cenábamos.

Una cosa que me sorprendió era que nunca dormíamos en el centro de la ciudad. Siempre nos dirigíamos a las afueras, a menudo a un campamento vacacional donde hubiera duchas y otras instalaciones.

Fue una experiencia increíble, ocho personas viviendo en el autobús en un espacio muy pequeño y con un horario muy ocupado todos los días, desde la mañana hasta la noche. Yo había dado bastantes charlas en las conferencias y los grupos juveniles de la Iglesia metodista, por lo que la expansión no era algo nuevo para mí. Pero esto era otra cosa. Disfruté de cada momento.

Tuvimos un reto en esa gira porque había dos personas que criticaban mucho a la Iglesia que también estaban en Montana en esos momentos, haciendo campaña contra la Iglesia, intentando levantar tanto miedo, odio e ira como pudieran.

Uno de ellos había sido miembro de la organización que incluso había prestado servicio como miembro del personal de la mensajera, pero se había marchado y estaba furioso con Madre, y era un poco paranoico. Oí decir que un día fue con su automóvil a la estación de policía de Los Angeles diciendo que Madre y «esa gente» habían puesto una bomba en su automóvil. Así que la policía llevó sus detectores de bombas y examinaron el vehículo entero. No pudieron encontrar nada excepto unos trocitos de cristal roto. Uno de los policías le dijo que probablemente había pisado una botella de Coca-Cola.

Este hombre decidió intentar destruir a Madre y la Iglesia. Una vez fue a la ciudad de Red Bank, en Nueva Jersey, para visitar a los padres de Madre. Dijo que era un amigo y les convenció para que le dejaran entrar en su casa, sacar fotografías y muchas otras cosas. Recuerdo a Madre en la Capilla del Santo Grial cuando nos contó todo esto. Estaba completamente escandalizada de que alguien hubiera intentado engañar a sus padres de forma tan deshonesta. Se puso ante el altar e hizo una invocación tras otra. El Gurú sabía lo que hacía falta para consumir todo el veneno que ese hombre estaba escupiendo contra ella y la organización.

La otra persona que se pronunciaba en Montana contra la Iglesia era la madre de un miembro del personal y la campaña que los dos organizaron ciertamente tuvo sus efectos. Tuvimos experiencias interesantes al lidiar con eso y con la energía negativa que levantó.

En una ciudad en la que estábamos poniendo carteles, una mujer vino y me dijo: «¿Usted va con esa gente?».

«Sí.»

«¿De dónde es?»

«De Ghana, África.»

«¿No tiene miedo de ellos?»

«No. Es por ellos que he viajado desde África.» Más tarde vi a esta mujer escondiéndose detrás de algo, cerca de la pared, observándome. Pensé, ¿de qué tiene miedo? ¿Se cree que esta gente de California son monstruos, o qué?

Una de las paradas que hicimos fue en Missoula, que es una ciudad universitaria. Pusimos carteles en la universidad y por toda la ciudad una semana antes. Pero el día antes de la conferencia, recibimos información de que alguien había ido quitando casi todos los carteles. Pusimos cuantos carteles pudimos el día de la conferencia e hicimos decretos para liberar a la gente que debía asistir a la conferencia. Pensamos que no iría mucha gente, pero el salón estaba lleno y quedó gente de pie afuera.

En Havre, la tarde de la conferencia, había alguien protestando fuera del salón. Tenía un cartel que decía: «No entren. Váyanse», mientras intentaba detener a la gente para que no entrara en el salón. Un periodista vino y le preguntó por qué protestaba. Él contestó: «Estoy contra esa gente».

El periodista preguntó: «¿Qué han hecho?».

Él contestó: «No quiero que nadie entre y los escuche. Han mencionado a Buda y el budismo es del diablo».

A lo que el periodista replicó: «Que hay de los millones de personas que son budistas en Oriente. ¿También ellos son malos?».

Entonces el tipo dijo: «No me refiero a los de Oriente. Estoy hablando de este grupo. Son malos. Y yo tengo hijos en esta ciudad».

Como no se marchaba, inventamos una estrategia para ganarle en astucia. Uno de los estudiantes se puso a discutir con él mientras los otros dirigían a la gente hacia la entrada del salón. Cuando comenzó la conferencia, lo dejamos y entramos.

Otra conferencia era en Livingston, la ciudad más cercana al Rancho. Allí no tuvimos problemas graves, lo cual supuso una sorpresa para nosotros considerando la virulencia de la campaña contra nosotros que había en esa localidad. Creíamos que la gente no vendría, pero vinieron y se llenó el salón, aunque se trataba de una ciudad muy pequeña.

Cuando estuvimos en Helena para la conferencia, fuimos al Capitolio a visitar a un senador estatal que era miembro de Summit y que había sido elegido en 1980, antes de que se comprara el Rancho; Madre le había aconsejado que tratara de pasar más bien inadvertido. Aparcamos el autobús lejos del Capitolio y Nancy Freaner (que era el miembro del personal que dirigía la gira) y uno de los estudiantes fue a visitarlo a su oficina.

Los miembros de nuestro equipo hablaron con él de la situación con la campaña contra la Iglesia. Él dijo que había otros senadores que también apoyaban nuestra misión y eso nos dio muchos ánimos. Mientras la gente de Livingston y Gardiner habían unido fuerzas contra nosotros, teníamos amigos en Helena. Estaban en contacto con Madre y supusieron una gran ayuda para enfriar las hostilidades en el estado.

Billings fue la conferencia más difícil de todas. Antes y durante la conferencia, parte del trabajo que se hacía en cada ciudad era que algunas personas se quedaban en el autobús haciendo decretos para lidiar con la oposición. Pero en Billings, la tarde de la conferencia, parecía no ser suficiente. Cada uno de nosotros, los catorce, sentimos como si nos estuvieran arrancando el corazón.

Uno de los miembros del personal llamó a Cámelot para hablar con Madre. No sé como lo organizaron, pero en unas pocas horas trajeron unas fotos de Madre tamaño postal. Dieron una a cada estudiante. La fotografía tenía un hilo para que nos la pudiéramos colgar del cuello o llevar debajo de la ropa. Las instrucciones de Madre era que todos nos pusiéramos las fotos antes de ir a la conferencia. Madre quería estar con nosotros de una forma muy tangible, para llevar ella misma el peso de la oposición que teníamos en nuestro corazón.

Aún tengo esa fotografía, a la que atesoro tanto. La tengo en mi altar. La llevé puesta años más tarde cuando hice mi programa de televisión en Ghana y me enfrentaba a la oposición del Consejo Cristiano, y la llevo cada vez que tengo que salir a dar una conferencia de expansión.

El salón estaba lleno. Yo me encargaba de la mesa de los libros a la entrada. Una mujer dijo: «¿Usted va con este grupo?».

«Sí.»

«¿Usted cree en lo que dicen?».

Yo contesté: «¿Por qué me hace esa pregunta? ¿Cree que si no creyera en esta enseñanza y en lo que dicen hubiera comprado un billete de avión y viajado desde África, y desde California a Montana, para estar con ellos? ¿Y que vendría aquí a vender estos libros a la gente?».

Ella vio que me había puesto algo temperamental, y dijo: «No quiero ofenderle, sólo preguntaba».

Yo dije: «La pregunta no ha sido apropiada. Lo siento».

Dio una excusa, se marchó y e ingresó a escuchar la conferencia.

Dar conferencias por todo Montana fue una tarea

interesante para alguien de África. En Montana había muy pocas personas de raza negra y la gente sabía por mi acento que no era estadounidense. Mi presencia les hacía pensar.

En las contadas ocasiones en las que ciertas personas se acercaron a mí para hacer algún comentario diseñado para desanimarme, les di una respuesta fuerte. Ellos se volvían y decían: «Perdón, no queríamos ofender». No había nada que pudiera ofenderme, pero siempre tenía un corazón de León para defender al Gurú, los maestros y las enseñanzas.

Tuvimos la fortaleza de vencer la oposición inicial a nuestra misión. Y cuando la gente de Montana vio que no nos desanimábamos, vino a escuchar nuestro mensaje. Por lo que fue todo un éxito.

Cuando terminó la gira, volvimos a Cámelot. Madre reunió a todos los estudiantes y la comunidad en la Capilla del Santo Grial y nos pidió que hiciéramos nuestro informe. Los demás estudiantes me pidieron que fuera el portavoz del nivel II del trimestre de Kuan Yin. Dije lo siguiente: «El Morya dijo una vez a Kuan Yin, "Kuan Yin, no debemos fallarle a Saint Germain". Por tanto, Madre, queremos asegurar que dondequiera que nos encontremos en este planeta, no te decepcionaremos. Cumpliremos nuestro dharma, nuestra misión».

Cuando terminé Madre se levantó, y dijo: «El Morya me ha dicho que nunca ha enviado a ninguno de sus estudiantes a una misión más peligrosa que esta gira por Montana». Entonces comprendí por qué habíamos sentido nuestros corazones de aquella forma en Billings, y cuál había sido el ataque. Morya sabía que iba a ser una misión peligrosa, y yo lo vi por mí mismo; la energía en Billings nos habría matado. Fue una misión hostil, una misión muy hostil.

En una ciudad un indio americano se me acercó, y dijo: «¿Estás con la gente de Clare Prophet?».

Yo contesté: «Sí».

Él dijo: «Si tienes la oportunidad de hablar con ella, dile que estos terrenos son tierra sagrada. ¿Crees que se van a quedar sentados mientras ella viene y se los quita? Pelearán. Así que si tienes la oportunidad de hablar con Clare Prophet, díselo».

Yo dije: «Muchas gracias. Si tengo la oportunidad, lo haré».

De vuelta en Cámelot, esta conversación se me fue de la cabeza completamente y nunca se lo conté a Madre. Muchos años después ella dijo a la comunidad que había pasado años haciendo llamados para limpiar el rancho Royal Teton de indios americanos desencarnados. Por tanto, quizá sabía de esta fuente de oposición sin necesidad de que nadie le dijera nada.

Cuando volví al Retiro Interno en 1991, diez años después, me alegré muchísimo al descubrir que podía haber paz reinante en las comunidades vecinas. Nosotros pensábamos que se unirían para intentar forzarnos a que nos fuéramos. En aquellos tiempos estaban tan agitados como si estuviéramos infectados con lepra. Pero la oposición fue superada, mediante mucho trabajo espiritual y también entrando en contacto con las comunidades locales, un esfuerzo que comenzó con esa gira en 1981.

Desde ese momento he dado muchas conferencias de expansión en África. Diría que la expansión en África es más difícil. En Montana había una verdadera hostilidad por parte de algunas personas, pero nosotros éramos muchos, por tanto la carga se compartía. Cuando haces expansión en África, muchas veces estás solo, algo muy difícil. Montana fue una buena preparación para mi misión en África.

Capítulo 22

# Comunidad

Al final de la gira de conferencias de Montana, antes de regresar a Cámelot, fuimos al Retiro Interno para una semana de enseñanza de Madre. Durante la mayor parte de la semana, dio enseñanza sobre el libro *Shambhala,* de Nicholas Roerich.

Para una de las sesiones Madre nos llevó al Corazón del Retiro Interno.* Cuando estábamos allí dijo que veía a Maitreya sentado en meditación sobre una de las cimas que se levantan en el Corazón y entonces fue cuando le puso el nombre de Monte de Maitreya.

Madre quería que nos sentáramos en la hierba, pero la hierba estaba mojada. Hizo que nos diéramos la vuelta para encarar la montaña y comenzó a hacer llamados a Helios y Vesta, los grandes seres de luz que dan alma a nuestro sol físico. Casi instantáneamente vimos salir el sol, brillante, y en cuestión de segundos la hierba estaba seca. Nos sentamos y Madre se puso a enseñar.

Monte de Maitreya

---

* El Corazón del Retiro Interno es un valle hermoso, alto en las montañas, que es el centro espiritual del rancho Royal Teton.

El Corazón del Retiro Interno

Después de esta enseñanza nos pusimos todos a hablar y yo les conté a los demás estudiantes la historia de cómo había recibido una imagen de Saladino, el gobernante y general musulmán de la época de las Cruzadas.

En nuestro grupo de Ghana había un Guardián de la Llama que era comandante militar. Había sido enviado en misión de paz a Oriente Medio, a la frontera entre el Líbano e Israel. Se tomó tiempo libre y visitó Israel y fue a un museo, donde vio exhibiciones relacionadas con Saladino. Me trajo un retrato muy hermoso de él. Le pregunté quién era Saladino porque no había oído hablar de él. Les dije a los demás estudiantes que no sabía por qué me había traído esas cosas que tenían que ver con Saladino. Y entonces, en ese curso, oímos las enseñanzas de Madre sobre Saladino y aprendí que se trataba de una encarnación de Mark Prophet, ahora el Maestro Ascendido Lanello.

Madre estaba sentada a bastante distancia y no nos dimos cuenta de que estaba escuchando lo que decíamos. Entonces dijo: «Paul, ahora ya sabes quién te ha invitado a venir aquí». Así que fue Lanello quien me invitó a Summit University. No tenía ni idea de tal conexión hasta que ella dijo eso. Sólo sabía que Madre me había invitado.

Entonces Madre añadió: «Paul, por eso quiero que vuelvas

a Ghana y organices el grupo de Accra, como director». Dijo eso enfrente de todo el mundo en el Corazón del Retiro Interno. Y yo pensé: «¡Menudo dolor de cabeza va a ser esto!».

Krakue había sido excomulgado y algunos de los estudiantes se habían marchado de la Iglesia y le habían seguido cuando intentó establecer un grupo rival. Por lo que se produjo una división. Yo me dije: «Con un grupo tan destrozado, ¿cómo voy a unirlos en Accra?». Pero gracias a Dios por la oportunidad que la Iglesia metodista me dio con el trabajo con jóvenes y dirigiendo la organización juvenil, sabía como reunir a la gente, y tenía la paciencia de escuchar todos los disparates que nadie más quería escuchar. Por lo que sí tenía esa preparación a ese nivel.

Durante ese curso de Summit University también oímos enseñanzas de Madre sobre *Comunidad,* otro libro de los Roerichs. Estas enseñanzas me emocionaron mucho, porque yo pensaba en reconstruir. Desde que Madre me dijo que volviera a organizar el grupo de Accra, tenía la atención muy puesta en el intento de construir una comunidad.

Esas enseñanzas de Madre son ahora un libro, *Comunidad: viaje al corazón de la comunidad espiritual.* Lo he estudiado y lo uso como plataforma para enseñar en el grupo de Accra. Durante una visita a Sudáfrica nos pasamos toda una semana estudiándolo. Sudáfrica también tiene el problema de las tensiones interraciales y la comunidad es un tema que conviene mucho que entiendan.

Morya tenía un propósito al sacar las enseñanzas sobre la comunidad, tanto los escritos de los Roerichs como el comentario de Madre. Estaba llamando la atención a lo que había sido antes. Cuando Madre enseña este tipo de temas, yo intento ir a los recovecos más interiores de la mente, para ver si puedo recordar. Estas enseñanzas sobre la comunidad volvieron a encender en mí el recuerdo de la alegría de vivir juntos en verdadera comunidad.

Cuando enfocamos así la enseñanza, el mensaje nos llega muy hondo y no se nos olvida. Esa es una razón por la que disfruto tanto de las enseñanzas de los maestros ascendidos. Aún amo aquellas enseñanzas sobre comunidad. En lo que se refiere a Shamballa, pienso en ello con gran sobrecogimiento.* Me cuesta trabajo saber lo que ocurrió, qué lecciones hay para nosotros al volver a ese episodio.

Me nombraron ministro mientras estaba en el Retiro Interno. Fue una experiencia interior y ni siquiera me di cuenta de su implicación en aquel momento. Sólo supe que había un gran jardín a niveles internos y que Morya dirigió la ceremonia. Me desperté de ese sueño cantando la canción a El Morya, «Maestro Morya, amado».

No supe lo que significaba. Sin embargo, una vez de vuelta en Ghana, escribí a Madre pidiendo más preparación. Ella respondió: «No tengo más preparación para ti. Has sido ordenado por Morya. Utiliza el título que tienes. La gente te debería llamar reverendo Kyei».

No hubo más ceremonias externas de ordenación, sólo la

---

* En la tradición del budismo tibetano, Shamballa es un reino en Asia Central, la sede de un gran rey que surgirá en la era de oscuridad para derrotar a las fuerzas del mal y dar entrada a una era de oro. Los maestros ascendidos dicen que este antiguo foco de luz fue una vez una ciudad física sobre la Isla Blanca ubicada en el mar de Gobi (ahora desierto del Gobi). Habiendo dejado de ser una ciudad física, ahora es el retiro etérico de Sanat Kumara y Gautama Buda, el Señor del Mundo. Nicholas Roerich escribió mucho de Shamballa y su significado en la transformación espiritual del planeta.

En 1991 Elizabeth Clare Prophet habló de la época en que la ciudad y retiro físico de Shamballa fueron retirados al plano etérico. «La ciudad de Shamballa estaba intacta en la octava física en la isla del mar de Gobi aproximadamente en 9400 a. C. Ahora visitamos la escena que se nos muestra... Sanat Kumara dirige un sagrado cántico en una lengua desconocida. De repente la atmósfera se rompe debido a gritos estridentes y risas burlonas. Pertenecen a un grupo de personas que se llaman a sí mismas los «Realistas». Ya no recuerdan su hogar de Venus. Prefieren llamarlo un mito religioso. Componen el cincuenta por ciento de la población de Shamballa...

«De repente... la ciudad, el templo y todos los participantes de esta ceremonia desaparecen de la vista. Los Realistas, incluyendo el grupo que había interrumpido la ceremonia, se encuentran en medio de un desierto. Los hermosos jardines y la bella vegetación que rodeaba a la ciudad también han desaparecido. Pasan el resto de sus días como nómadas». [*Perlas de Sabiduría*, vol. 47, núm. 5, 1 de febrero de 2004] carta de Madre. Pero recuerdo la ceremonia a niveles internos con mucha claridad. No entendí la ceremonia cuando la experimenté pero cuando Madre me envió la carta, comprendí.

Volví a tener una experiencia parecida cuando visité el Retiro Interno en 2001. Fue la noche antes de una reunión con los presidentes de la Iglesia. Estaba intentando dormirme, pero creo que no estaba dormido profundamente. Vi el mismo tipo de ceremonia. El Maestro Ascendido Afra estaba ahí, que es el maestro que patrocina el continente y el pueblo de África. «Amigo», dijo a Morya, «por favor, realiza la ceremonia por mí». Y Lanello dijo: «Morya, yo te acompañaré». Fue una ceremonia de Afra, Morya y Lanello, una gran ceremonia, y hubo muchos que se reunieron. Me arrodillé. No oí lo que decían, pero hubo muchas invocaciones, muchos llamados. Cuando terminaron, Lanello dijo: «El antiguo manto ha sido restablecido».

Yo le pregunté: «¿Qué manto?». Entonces vi inmediatamente una escena que se me mostraba de 1982, cuando estaba ofreciendo la Sagrada Comunión a una niña de nuestra escuela dominical de Accra. Había tomado la hostia, la había puesto sobre la lengua de la pequeña y una especie de velo se había abierto. Me vi en vestiduras ministeriales con una Cruz de Malta delante y detrás y un cíngulo violeta. Estaba ofreciendo la misma Sagrada Comunión a la misma alma en el Templo de Lúxor, en Egipto. Nos encontrábamos en un templo exterior, de cara al Nilo.

El día después del sueño, cuando me reunía con los presidentes, les hablé de este servicio en Lúxor y la ceremonia por la que había pasado la noche anterior. Y entonces dije: «Me pregunto en qué me equivoqué hace mucho tiempo para que me volvieran a enviar en esta encarnación». Me miraron, sonrieron, y dijeron: «Esta vez, Paul, te ayudaremos».

Entonces hablamos sobre la posibilidad de que fuera ministro regional. Había hablado de esto anteriormente con la persona que dirigía la Oficina de Ministerio, quien me había pedido que fuera el ministro regional de África. Vino y firmó mi carta de nombramiento. Pensé en lo que significa ser ministro regional. Ser responsable de toda una región y de otros ministros es normalmente que corresponde al cargo de obispo. «¿Es esto equivalente a ser obispo?», pregunté. Y los presidentes dijeron: «Sí». Aunque el cargo de obispo ya no aparezca en nuestros artículos y estatutos, así se llamaría en otra iglesia. Y sonreí, porque entonces comprendí el significado de la ceremonia de la noche anterior.

Fue algo interior. Quería guardármelo, porque no conocía todas las implicaciones. También aprendí del Gurú que hay ciertas experiencias que se tienen que quedar entre el maestro y el chela y que deben seguir siendo cosas privadas. Sin embargo, ahora que tengo la oportunidad de dejar la historia de mi vida, creo que es hora de que cuente esta experiencia. Todos tenemos nuestras experiencias, interiores y exteriores, con nuestro Dios. No se limita sólo a mí. Cuento este episodio de mi sendero con la esperanza de que al leerlo, otras personas puedan recibir aliento en su propio caminar con los maestros.

Cuando volví a Ghana pedí que alguien me hiciera la vestidura con la Cruz de Malta que había visto. Cuando me puse esa Cruz de Malta, sentí su peso. Sentí que me había convertido en alguien demasiado serio para mi gusto. De hecho, me asusté. Así que me la quité y no me la volví a poner durante muchos años. Para los suficientemente curiosos que se atrevan a preguntarme, les diré que obispo no es un término que se utilice ahora en nuestra Iglesia. El cargo de Obispo no es algo externo en esta encarnación, nadie me lo dio. Es algo que traje conmigo.

Un día estaba en el aeropuerto de Kenia, en la fila, y el de seguridad que había allí me miró y miró la larga fila de gente, y dijo: «Por favor, Obispo, venga». Pasé a todo el mundo, y me dijo: «¿Es usted obispo?». «Sí», contesté. No llevaba hábito alguno, pero de alguna forma él lo sabía.

Capítulo 23

# Los dioses de mi padre

A pesar de lo que mi padre me amaba cuando era pequeño, cuando me invitaba al santuario de sus dioses, yo no iba. Mi madre iba al santuario y traía consigo trozos de kola, habiendo sido bendecida ostensiblemente por el sacerdote. La nuez de kola se masticaba y supuestamente ofrecía protección espiritual. Cuando mi madre la traía, yo se la devolvía tirándosela, incluso cuando era muy pequeño. No quería tener nada que ver con eso; jamás. Era muy consciente de ello.

La última vez que le devolví kola tenía unos trece años de edad. Mi madre estaba tan ansiosa por dármela que ni siquiera esperó hasta entrar en la casa. Estábamos en la calle y cuando le tiré la nuez de kola devolviéndosela, gritó: «Hijo mío, morirás pronto si haces eso».

Toda mi familia solía ir al santuario. Tomaban la nuez de kola del santuario. Algunas veces el sacerdote utilizaba arcilla para ponérsela en sus frentes. Ellos creían que esas cosas les protegían de la brujería y los espíritus malignos. Por tanto, si uno pertenecía a una familia así y se negaba a formar parte de esa clase de rituales, entonces uno no viviría por mucho tiempo. Pero si mi madre viviera ahora, vería que de sus seis hijos yo soy el único que ha sobrevivido.

En nuestra cultura africana, la gente cree en la brujería. Es como su religión. Incluso los que no la practican creen que existe y que tienen que protegerse de ella. Creen que hace mucho daño, y eso es cierto. La brujería existe y puede causar mucho daño. Si uno cree en esas prácticas y se deja vencer por el miedo, entonces realmente llegan a controlarlo.

La brujería forma parte de la cultura de África. Si encendemos la televisión en Ghana, veremos que hay ciertas cadenas televisivas que dan acceso a lo que llamamos «iglesias de un sólo hombre». La mayoría de las cadenas no ofrecen espacio a los que se exceden, pero hay unas pocas cadenas televisivas, y ahora están surgiendo más, que permiten a tales personas acceso porque quieren su dinero; estas iglesias pagan por su espacio. Y todo lo que predican es la liberación de la brujería.

En programas así vemos a cientos de personas congregadas, y los ministros dicen que realizan «milagros». Algunas veces es tan revulsivo que ni siquiera se puede mirar. Contaminan la mente. De vez en cuando alguien sale a desenmascarar a esos pastores, de cómo pagan dinero a las personas para que digan que han sido curadas. Esto se produce casi todo el tiempo.

Por tanto, la creencia va en las dos direcciones. La gente cree en la brujería y también cree en los que proclaman poder exorcizarla de los que se ven poseídos por ella. Y creo que tales creencias han crecido hasta el punto de que incluso han paralizado a la gente.

África no es el único lugar donde existe la brujería. En Gran Bretaña tienen festivales de brujas en los que se realizan ceremonias de brujería. En los Estados Unidos existe la Iglesia de Satanás, en el Caribe, y América Central existe el vudú. Todo eso forma parte de la trampa de los caídos para confundir y manipular a la gente con su falsa religión. Para los que asumen la brujería como su religión y creen en ella, al creer en ella le dan más poder. El hijo de la luz no cree en ella. Pero no creer en ella puede no ser suficiente algunas veces. También es necesario invocar la ciencia de la Palabra hablada para desafiar su manifestación. Entonces uno puede caminar por ella ileso.

Lo que aprendí de los tradicionalistas es la veracidad. Pero ellos no dicen la verdad porque quieren, sino porque temen. Tienen miedo de que si mienten, su Dios les matará. Por tanto, por temor tratan de ser veraces.

Cuando pienso en mi proveniencia y luego veo la imagen de Lúxor siempre delante de mí, el Templo de la Ascensión, me hace pensar. Si fui sacerdote en ese templo hace mucho tiempo y al volver a esta vida me pusieron en el hogar de estos adoradores tradicionales, ¿cuál fue mi error, mi traición o lo que fuera? ¿Qué hice para que me plantaran aquí a ver si podía salir de este abismo?

Lo llamo abismo, y es cierto. ¿Cómo se puede ir del altar del Altísimo, el altar de Luz, a una religión en la que sacrifican animales, de un extremo al otro? ¿Y cómo salir de ahí? Sin embargo, lo hice.

Tenía un tío con el que vivía cuando terminé mi preparación universitaria. Antes de que falleciera hace dos o tres años, cada vez que se encontraba conmigo se paraba, y decía: «Kyei, en el mundo hay verdaderas maravillas. ¿Cómo puede el hijo de un sacerdote fetiche convertirse en ministro del Evangelio?» Solía ver mis programas de televisión y escuchaba mis emisiones de radio. «Verdaderamente es maravilloso», ese era su estribillo. Cuando me veía, decía a sus amigos: «Dios es maravilloso. ¡Éste, mi sobrino, hijo de un sacerdote fetiche y convertido en ministro del Evangelio!».

Algunas veces digo esto: «Dios y los maestros conocen la razón por la que nací donde nací». Y creo que mi alma está tan agradecida de que me dejaran experimentar los dos extremos: servir a la Luz y también nacer en un hogar donde, aunque encontrara el hilo del sacerdocio, es un sacerdocio muy extraño, es su perversión.

Veo que tuve que esforzarme para subir desde ese nivel tan bajo por otro lado; agradezco a los maestros muchísimo que, a pesar de esto, Morya nunca me abandonara. ¿Por qué otra razón fue que, incluso de pequeño, rechacé los dioses de mi padre? ¿Por qué otra razón nunca quise tener nada que ver con las profundas prácticas de esa religión, como formar parte de las cosas del santuario?

Fui la primera persona en traer la luz de la fe cristiana a mi familia. Mi hermano mayor, Kwame Afram, se hizo sacerdote fetiche, como mi padre. Solía decir que después de él, yo debía ser el siguiente sacerdote fetiche. Incluso cuando era ministro lo decía. Me hacía reír. Nunca se me pasó por la cabeza hacerlo.

Una vez tuve una verdadera discusión con él sobre este tema. «Cada vez que dirijo un festival», me dijo, «tú nunca estás».

Me reí. Me reí de verdad.

Entonces dijo: «¿Por qué te ríes de mí? Hay una iglesia en nuestro pueblo, e incluso el ministro de esa iglesia viene a mi festival cuando le invito. Tú dices ser ministro pero no quieres asistir a mis festivales».

Me volví a reír, y dije: «Este es el sendero que has escogido. Y yo he elegido un sendero distinto».

«¡Ah!», dijo, «¡Así que crees que soy un demonio! Pero este es el sendero, la religión que nuestros antepasados nos dejaron. Esto es lo que me ha llegado. Eso significa que me rechazas a mí y a nuestra familia».

Me reí otra vez. Eso le puso furioso y se enfadó de verdad.

Yo dije: «No, no me río de ti, lo que quiero decir es que lo que dices no es el verdadero motivo. Yo he elegido este sendero y tú has elegido ese sendero. Pongámonos de acuerdo en seguir adelante así. Seguimos líneas distintas pero esas líneas nunca se encontrarán. Cuanto antes lo aceptes, mejor será para ti y para mí así como para la paz en nuestra familia».

Me reí tanto por lo que se me había mostrado. Había realizado el viaje interior al Templo de Lúxor, y a mis amigos de allá dije: «Me prometisteis que vendríais por mí, pero nunca vinisteis. Ahora he vuelto».

Ellos simplemente dijeron: «Pero siempre estuvimos contigo». Dios es un gran dramaturgo. Los maestros me colocaron en estas situaciones difíciles, pero me guiaron. Me siento extremadamente agradecido a Morya porque nunca me dejó solo. He pasado por esas experiencias. He estado donde está mi gente, y para rescatarla he tenido que crecer con ella, para experimentar todas las cosas que hace.

Capítulo 24

# Vela y reza

Caminar por el sendero espiritual y elegir estar con la Hermandad en ese sendero siempre es un riesgo. Es un riesgo calculado, pero es un riesgo que merece la pena.

Supone un riesgo porque, además de la oposición externa, los más malvados siempre están dentro del redil. En Ghana tenemos un dicho, que los insectos que pican son siempre de tu propia toalla. Siempre es así porque en el redil están los que no pueden con su propio peso. Y tienen envidia de los que avanzan dentro del redil.

Algunas veces esto se vuelve muy doloroso, tremendamente doloroso, hasta el punto de que puede desmoralizar o desanimar al verdadero buscador. Si nos encontramos en una situación así, hay que meternos en nuestro interior y apoyarnos en nuestro compromiso con la Hermandad de la Luz. Si el compromiso no es profundo y sincero, nos desviaremos. Pero si es profundo y sincero, tendremos el valor de seguir adelante, porque la Hermandad nunca nos deja solos, *nunca*.

Recuerdo algunas veces, cuando trabajaba con las congregaciones, que tenía dificultades y rezaba, me iba a dormir y veía a Madre con su espada liberándome. Algunas de esas luchas eran con miembros de la jerarquía metodista, que estaban muy descontentos porque me había marchado. Afortunadamente para ellos, o afortunadamente para mí, nunca hablé mal de la Iglesia metodista. Siempre la alabé porque me dio la oportunidad

de tener una educación cristiana. Pero debido a lo que esperaban de mí, puesto que me prepararon para ser presidente laico
de la conferencia, les dolió mucho en lo alto de la jerarquía que
me marchara. No querían soltarme, creían que podían recu-
perarme. Pero el Gurú me liberó y como dijo ella, no estaba
destinado a ser su ministro. De hecho, si hubiera sido su ministro,
me hubieran matado con magia negra. Eso lo sé muy bien.

Recuerdo que el Gurú dijo que si das todo al maestro, el
maestro te lo da todo a ti. Cuando entregué mi dimisión a la
Iglesia metodista, tuve que darlo todo a los maestros. Entonces
se ha convertido en el deber de los maestros, si tenían trabajo
para mí, protegerme y asegurarse de estar capacitado para
llevarlo a cabo. Por eso el Gurú siempre me defendía.

Recuerdo que durante una situación muy difícil Madre vino
a mí en un sueño a liberarme. Mi hermano mayor, el sacerdote
fetiche, y yo teníamos una lucha. Él estaba muy enfadado
conmigo. Yo me lo tomé a la ligera, pero me molestaba. Era una
lucha continua y constante. Cada vez que iba a la aldea, me
volvía consciente de ello. A él no le gustaba el sendero que yo
había tomado.

Recuerdo un día en que estábamos hablando de un tema
familiar, cuando dijo: «A veces no peleo conscientemente, pero
*mewuramnon*, mis maestros, a los que sirvo, pelean por mí.
Cuando ven que algo va a ir en mi detrimento, pelean por mí, y
yo ni siquiera soy consciente de ello».

Así que supe que el problema no era simplemente mi
hermano, sino también las fuerzas de su religión que a través de
él me atacaban. En mi sueño, después de que Madre me liberara
de los tentáculos de la oscuridad, ella dijo: «Paul, has luchado
tanto». Me dio la mano y me sacó de esa situación.

Recuerdo varios de acontecimientos así, y ello aumenta
mi confianza y seguridad en que, no importa lo que ocurra, la
Hermandad siempre estará ahí, lista para el rescate.

Por eso sonrío mucho, porque no importa lo que los demás

digan o hagan, sé que hay alguien que no fallará, tengo a alguien en quien puedo confiar siempre. Esa confianza jamás se puede traicionar. Rezo para que no la traicione nunca.

Siempre he tenido que llegar al punto de la posibilidad de traicionar esa confianza, ya sea consciente o inconscientemente. Al vivir en esta octava y en este planeta Tierra, no podemos sacar el pecho y decir: «YO SOY. Jamás cometería traición». Porque uno nunca sabe el momento en el que se resbala. El orgullo va antes que la caída. Esa siempre es mi preocupación, no pisar nunca el suelo resbaladizo en el que, antes de darnos cuenta, nos caemos.

Las fortunas cambian rápidamente sobre el campo de batalla. Y el peligro siempre es mayor cuando nos erguimos firmes y seguros. Entonces nos pueden sorprender con la guardia baja, e inmediatamente después nos encuentran el punto débil.

Recuerdo un día en que estaba en mi tienda de repuestos de autos. Era ministro laico en aquellos días y siempre tenía conmigo la Biblia para leerla. Un musulmán entró a comprar algo. Se puso en el otro lado del mostrador y me miró, y dijo: «¡Oiga! Cada vez que vengo a esta tienda a comprar algo, está usted leyendo su Biblia. Eso está muy bien. Pero le voy a decir una cosa, si el demonio quiere pelearse con uno, no importa lo fuerte que seamos o lo preparados que estemos, si apartamos la mirada de la batalla y él nos da un golpe, nos caeremos. Lo que le quiero decir es esto: nunca baje usted la guardia. Porque no importa lo fuerte que sea, si el demonio le da un golpe cuando está despistado, se caerá antes de poder levantarse para pelear».

Esto ocurrió en algún momento de la década de los setenta, pero aquellas palabras aún resuenan en mi mente. Aún puedo recordar el rostro del hombre así como la situación.

Ese hombre me dio algo de gran sabiduría. Quizá le enviara un maestro para que dijera eso. Él no creía en Cristo pero era la voz de Cristo. No tenía una Biblia pero entendía la enseñanza de Cristo. Era el mismo mensaje que Jesús dio a Pedro: «Vela y reza para no caer en la tentación».

Capítulo 25

# Líder de la Iglesia

Al final de Summit University nivel II regresamos a Cámelot. Una semana antes de que tuviera que regresar a Ghana, Annice Booth me llamó a su oficina. Ella era entonces la directora de Ministerio y Expansión. «Madre dice que has de volver a Ghana como director del grupo», dijo. «Sé que tu casa está en Kumasi. No vives en Accra, no eres *ga* (la tribu de la zona de Accra), pero deberías pasar dos semanas en Kumasi y dos en Accra cada mes. Cuando estés en Accra, el grupo de allí tiene que pagar todos los gastos y las necesidades.»

Así que regrese a Ghana en diciembre de 1981. El día después de llegar a Ghana, fui a la oficina de Donkoh para verle, puesto que era el presidente de la junta interina. «He vuelto», dije, «y Madre me dijo antes de enviarme que debo ser el director de la Iglesia de Ghana».

Él dijo: «¡Cheee!». En nuestro idioma, cuando algo sale mal, decimos «cheee», que significa que algo ha ocurrido inesperadamente. Estaba claramente conmocionado por la noticia. No tenía ni idea de que esto iba a suceder.

Quizá recordaba que no me había tratado bien antes de mi partida, haciéndome esperar una hora. Quizá estaba preocupado por si yo le hacía algo, pero yo no pensaba eso. Lo había olvidado.

Cuando heredas una congregación, siempre hay conspiraciones. Hay que estar siempre preparados para manejar cosas así. Están los que deben su alianza al líder anterior, por lo que intentan poner bloqueos en tu camino. Lo que deben hacer, no lo hacen; si les das instrucciones, no las obedecen.

Por eso, al principio hubo problemas. Ellos estaban en Accra, yo estaba en Kumasi. Yo era el jefe, y ellos pensaban: «Nosotros conocemos Accra, y ya veremos lo que haces». Eso no lo decían abiertamente. Pero recuerdo la primera conferencia de la que fui responsable, Pascua de 1982. Me reuní con la junta interina, y dije: «Se acerca la conferencia de Pascua que tenemos que llevar a cabo, ¿qué debemos hacer? ¿Qué programas debemos tener?».

Esperé una semana, los reuní de nuevo, y no habían hecho nada. Pasó otra semana, y aún no habían hecho nada.

Yo acababa de regresar de Cámelot, habiendo estado en todo el fuego y la disciplina de la relación Gurú-chela, y no pude soportarlo. Y pensé: «La sede central no toleraría esto, Madre no toleraría esto». Así que me senté y escribí mi propio programa para la conferencia de Pascua. Lo puse todo en orden.

Cuando nos reunimos la semana siguiente, les pregunté si habían ya hecho un esquema del programa, y ellos dijeron: «Oh, nos hace falta tiempo».

«La conferencia de Pascua se acerca», dije yo, «y veo que no estáis listos aún; aquí está mi programa. Esto es lo que vamos a hacer en la conferencia».

Uno de ellos dijo: «No, no, no. Así no hacemos las cosas aquí. Las cosas las hacemos por consenso, lo planificamos todo juntos, lo hacemos todo juntos».

Yo repliqué: «Sí, lo sé. Pero ¿queréis que espere hasta después de Pascua para hacer el programa? ¿Qué vamos a celebrar? Vi que os retrasabais y, como director, soy responsable ante la mensajera y ante vuestro comité de miembros. Si hay algo que va mal, la sede central hará responsable al director, no a la junta. Por tanto, en ejercicio de mi función, mi deber, sigo adelante. Cuando estéis listos para ir conmigo, venid, habrá espacio para vosotros. En cuanto a lo demás, seguiré adelante».

Desde ese punto tuve una cooperación a medias. Tuve que desarrollar unos pies y unas manos muy fuertes. Entonces se dieron cuenta de que este hombre es duro. Quiere seguir adelante, quiere ignorarnos. Y yo sí ignoré sus protestas y seguí hacia adelante. Gracias a Dios, gracias a la Iglesia metodista y gracias a los maestros por prepararme para estas pruebas. Los maestros sabían lo que me esperaba y dejaron que pasara por todo eso en la Iglesia metodista.

Seis meses después de estar de vuelta en Ghana, Donkoh se marchó de Ghana. Era contador y se metió en una compañía de contabilidad y se fue a trabajar a Kaduna, en Nigeria. Había estado trabajando con Krakue durante muchos años mientras yo estaba en Kumasi, y lo conocía todo sobre la organización: los archivos, los papeles, todo. Así que supuso una gran pérdida; y yo tuve que averiguar todas las cosas por mí mismo.

Cuando miro atrás a esa época, también veo la visión de Madre y estoy agradecido por la preparación que me dio en Summit University. Mientras viajábamos por Montana, algunas veces recibíamos el correo que enviaban desde Cámelot. En una ciudad recibí un correo dirigido al «Rev. Paul Kyei». Uno de mis compañeros de clase lo vio, y dijo: «Paul, ¿eres ministro?».

«Sí, soy ministro de esta Iglesia. Lo soy desde septiembre de 1976».

Él dijo: «¡Ooh! Eres ministro. Y hemos jugado juntos, hemos hecho muchísimas cosas y hemos compartido cosas con amor. Y no teníamos ni idea de que eras ministro».

Entonces la asistente de enseñanza, Nancy Freaner, dijo: «¿No sabíais que Paul es ministro? Por eso Madre me dijo que le diera la preparación *más dura*».

La miré y ella se dio cuenta de que se había equivocado. Había revelado sus instrucciones secretas, y dijo: «Perdón, perdón».

«Ah, ya está hecho», dije yo.

El Gurú sabía lo que yo tendría que hacer cuando regresara a Ghana y doy gracias a Dios por haber tenido la preparación más dura. Estaba listo para los desafíos que iban a venir. Por eso, cuando se marchó Donkoh, dije: «No hay ningún problema».

Más tarde, él también se marchó a Nigeria, lo que significó que los dos ministros laicos que estaban en la junta interina se habían marchado. Paul Lartey, el laico de la junta, se había retirado incluso antes de que yo regresara de Cámelot. Así que tuve que formar una junta completamente nueva y ahora era el único ministro que trabajaba con este grupo.

Nombré a un secretario nuevo, y desde entonces ha ocupado ese puesto. Descubrió que cuando sirvió a los maestros, tuvo una rápida subida en su servicio civil en Ghana. Ahora es el segundo a cargo de su departamento para todo el país.

Dije a los miembros que esperaba de ellos que se tomaran las enseñanzas con seriedad. Cuando algún miembro acudía a mí con algún problema, yo decía: «¿Has traído tu libro de decretos?». Si decían que no, yo decía: «Bien; te diga lo que te diga, siempre te diré que hay que hacer decretos. Si no tienes tu libro de decretos, ¿qué quieres que haga».

De esa forma intentaba ayudarles a ver que como Guardianes de la Llama, si se tienen problemas, hay que utilizar el libro de decretos. Cuando creen que han hecho todo lo que podían y necesitan más ayuda, entonces pueden acudir a mí, pero yo no lo haré todo por ellos.

Y así, tenía que consolar a la gente, pero también tenía que ser un poco severo de vez en cuando. Se dieron cuenta de que era un director que no aceptaba los disparates de la gente. Y si intentaban hacer algo que era inaceptable en la Iglesia, yo decía: «No, esto no es aceptable. No lo puedes hacer». Establecí un estándar, y ellos entendieron.

También sé que hay que alimentar a la gente espiritualmente, por lo cual solíamos hacer muchas novenas para apoyarlos con decretos y proporcionábamos muchas enseñanzas. Todos los domingos poníamos una conferencia nueva de la mensajera y hablábamos de ella; eso les interesaba. Hay que alimentarlos. Así es cómo, poco a poco, construimos la iglesia; cómo los maestros construyen su iglesia.

Algunas de las personas que siguieron a Krakue volvieron al cabo del tiempo. No fuimos tras ellos conscientemente. Pero cuando volvieron, vieron que esta era la enseñanza verdadera, vieron que se ponían las grabaciones de los mensajeros. Cuando vieron que los programas les ofrecían beneficios reales, se quedaron.

Capítulo 26

# El rayo blanco

Durante mis primeros años en estas enseñanzas pensaba que el rayo de la disciplina era el rayo azul, el primer rayo. Después descubrí que Madre decía que el rayo de la disciplina es el rayo blanco. El cuarto rayo, cuyo Chohán es Serapis Bey, es el rayo del disciplinario. Parece que yo presto servicio en el rayo blanco.

La mayoría de las personas saben que el rayo blanco es el rayo de la pureza. Yo veo el cuarto rayo también como el rayo de la transparencia. Esta transparencia se extiende a todos los aspectos de las relaciones. En este rayo no se puede esconder nada consciente o deliberadamente. Si uno camina en el rayo blanco, debe ver lo que es, así como lo que tiene que hacer para elevarse.

Como seres humanos que vivimos aquí, en el planeta Tierra, no puede haber una transparencia total. Pero la transparencia también incluye la aceptación del error y las equivocaciones. Cuando pensamos en ello de esta manera, es fácil admitir cuando hay un error y también es bastante fácil decir: «Lo siento, perdonemos y sigamos adelante». No importa el rayo en el que una persona presta servicio, si todos nos dirigimos hacia el rayo de la pureza con todo lo que ello conlleva, la vida se vivirá mejor.

Cuando queremos describir la luz de Dios, hablamos de la luz blanca. En esta enseñanza incluso explicamos que *blanca* no denota raza ni es discriminación, sino que se refiere a la luz blanca de Dios. La luz blanca forma parte de la propia creación. Había un vacío sobre la faz de la Tierra, y Dios dijo: «Hágase la luz», y hubo luz.

Consciente o inconscientemente, tanto si las personas están en el sendero como si no, a todo el mundo le gusta el color blanco, y eso es cierto incluso en la vida cotidiana. Por ejemplo, cuando alguien pierde a un pariente, la gente se viste de negro como señal de luto. En nuestra cultura las mujeres se visten de negro durante todo un año después de la muerte del esposo. Al final del año, hay una ceremonia, un pequeño servicio. Se invita a los amigos y se hace público que la mujer se quita el negro y se pone el blanco, que significa que el período de luto y dolor ha terminado. Así, cuando alguien está contento, se viste de blanco. La luz blanca y la llama de la pureza también engendran felicidad y alegría.

Cuando por primera vez asumí la responsabilidad de la Iglesia de Ghana, miré a los miembros y la respuesta que recibí de ellos no fue la que esperaba. Parecía que se distanciaban de mí.

Un domingo observe a uno de los miembros en la iglesia, y al mirarle noté que tenía un problema. Así que le llamé: «Ernest, ven. ¿Quieres hablar conmigo?».

Bajó la cabeza, miró al suelo. No dijo nada, así que dije: «Por favor, ¿puedes venir a verme el martes a la oficina?». A duras penas, asintió.

Ese martes, cuando nos encontramos, le dije: «Noté que te hacía falta hablar con alguien, que tenías un problema».

Él dijo: «Reverendo, para ser honesto no quería hablar con usted, aunque sabía que tenía que contarle mi problema. Y no soy el único. Creemos que usted es demasiado estricto, demasiado duro y de disciplina férrea».

Entonces me preguntó: «¿No ve que todos nos estamos distanciando de usted? No es que no nos guste. Usted nos gusta, pero creemos que su disciplina es demasiado dura».

«No lo sabía», dije. «Quizá si me lo hubierais dicho antes, las cosas habrían cambiado un poco.»

Entonces dije: «Pero el problema es que Madre se gastó su dinero, el dinero de la Iglesia, para mandarme por todos los Estados Unidos para prepararme y me dio la responsabilidad de encabezar esta Iglesia. Es mi deber, para con ella y con la Hermandad, asegurarme que esta Iglesia avanza.

«¿Sabías que cuando el antiguo Obispo fue retirado, la Iglesia se había debilitado? Las cosas no estaban bien en la organización y, cuando se marchó, algunas personas quisieron seguirle. Él comprometía las cosas y ellos pensaron que yo seguiría ese mismo camino. Por eso tuve que ser fuerte y tener mano dura, con disciplina. Si me encuentran demasiado estrictos, es porque se trata de un nuevo territorio que estoy trazando y debo trazarlo muy bien.

«Pero amo a todo el mundo. Porque sin las personas no puede haber iglesia. Dile a tus amigos que soy el mejor amigo que tienen».

Así me vi cara a cara con alguien que pensaba que yo quería demasiada disciplina, quizá causando la incomodidad de los que me rodeaban. Después de explicarle que no era tan estricto que no me preocupaba la gente, que me preocupaba cada uno de ellos, él no se volvió un «amigo», por decirlo así. Pero su actitud estuvo bien, se volvió más activo en la Iglesia. Yo también cambié un poco mi perspectiva.

Por ejemplo, antes, cuando alguien acudía a mí para quejarse de lo que otra persona había hecho, yo solía decir: «Bien, voy a llamar a tal persona». Ponía a las dos personas juntas en la sala. «¿Me puedes decir delante de él lo que me has dicho antes?». Esa era la forma en que manejaba con los chismes. Ello hizo que dejaran de acudir a mí para hablar de otros miembros de la iglesia. Pero algunos no les gustaba la forma en la que hacía las cosas.

Ahora, si alguien acude a mí con una situación como ésta,

en vez de llamar a la otra persona inmediatamente, escucho lo que me tienen que decir. No actúo inmediatamente. Dejo que pasen algunos días, trato de saber si tengo que ver a la otra persona y hablar con ella en privado sobre el tema. Intento ser más diplomático, en vez de ser tan directo en la forma de hacer las cosas.

Al mismo tiempo, sin disciplina habría caos. Es por disciplina por lo que tenemos leyes y normas en la sociedad. Si todo el mundo hiciera las cosas a su manera, sería un caos. Por eso debe haber disciplina para regular la conducta. Esa es mi opinión.

Madre enseñó que al empezar un nuevo movimiento debe haber una espiral de disciplina y orden muy cerrada. Poco a poco, con el tiempo, se irá relajando pero si al principio no se la mantiene cerrada, al final estará muy relajada y la dispensación se puede perder.

Capítulo 27

# El peso del manto

Cuando llegué por primera vez a Cámelot en 1981, busqué a Madre. Quería encontrarme con ella y decirle que había llegado. En aquel entonces ella vivía allí, en el campus. Fui al edificio donde vivía y le dije a su secretaria que quería verla. La secretaria dijo que no podía.

Allí estábamos: yo estaba suplicando a la secretaria y ella no me permitía que viera a Madre. Incluso intentaba decirme que Madre no estaba. Entonces, de repente, vi a Madre venir del piso de arriba. Me di la vuelta para verla, y la muchacha me miró. Su historia había sido desmentida.

Cuando Madre bajó, se acercó a mí y me tomó las manos. Normalmente, cuando Madre se encontraba conmigo, me abrazaba. Pero esta vez estiró los brazos para tomar mis manos y me llevó a su oficina, que estaba al otro lado de la entrada.

Me hizo unas seis preguntas seguidas. Yo tan sólo la miraba, preguntándome a cuál contestar.

Entonces dijo: «Sabes, estoy pasando por una iniciación con Saint Germain. Por eso no podía abrazarte». Esto era mucho después de que Saint Germain ayudara a Madre a saldar el resto de su karma. Me dijo que el contacto de cerca con la gente no era seguro. No me atreví a preguntar si es que no era seguro para ella o para la otra persona.

Entonces me sentó, y dijo: «Herbert Krakue estaba metido en una conducta mental mala, trataba de suprimir a todo el mundo con su conocimiento». No quería que nadie más pudiera avanzar. Y yo lo creía así, porque había visto cómo lo intentó conmigo.

«Pero sabes, Paul, si no hubiera hecho lo que hice con Krakue, si no le hubiera apartado como Obispo de África, tú no habrías podido venir aquí por segunda vez.» No sé por qué, Madre no me explicó más.

«Lo que los maestros hacen», continuó, «es que cuando la persona que debería mantener cierto puesto no está lista, colocan a otra hasta que la persona correcta madura hasta el punto en que puede ocupar el cargo, y lo restituyen».

Casi no puedo describir mi reacción. ¿Estaba sorprendido? Porque enseguida entendí que lo que Krakue temía era verdad. De alguna manera él sentía en su interior que yo iba a ser el que le remplazaría, y así era. Esa fue la revelación que me dio el Gurú, aunque aún no sabía lo que quería decir estar «listo», ni cuándo ocurriría.

Los acontecimientos demostraron que Herbert solamente cuidaba u ocupaba temporalmente el puesto. Ahora está claro que el maestro esperaba a que el antiguo manto fuera restablecido, algo que se me reveló en esa gran ceremonia de la que fui testigo cuando estuve en el Retiro Interno veinte años después de esto.

Me alegró mucho escuchar esa revelación de Madre. Pero he de decir que también estaba un poco asustado. No sé exactamente lo que me asustaba, pero quizá, incluso entonces, tenía cierta comprensión de lo que el antiguo manto traería consigo, su peso, que experimenté físicamente cuando encargué que hicieran la vestidura y me la puse. Quizá también tenía cierta sensación de haber perdido el manto en el pasado y lo que me costó haber fracasado entonces.

Aunque Krakue ocupaba el puesto temporalmente, su alma también recibía la oportunidad y en cualquier momento podía haber escogido doblar la rodilla y pasar sus pruebas, ya fuera antes o después de ocupar el cargo. Pero se equivocó mucho. Y de todos los que fueron nombrados ministros laicos bajo su recomendación, sólo quedaron Kobina Donkoh, Grant Gbewonyo y Appoh, un anciano. El resto desapareció. Todos fueron nombrados ministros laicos, y cuando Krakue ya no estaba, todos se fueron.

La gente me ha preguntado: «Morya nombró a Krakue Obispo y Madre nombró a todas estas personas ministros laicos y, aun así, se marcharon. ¿Sabía Madre que sucedería eso? ¿Lo sabía Morya?».

No puedo responder en lugar de Madre. Sólo puedo explicar las circunstancias bajo las cuales estas personas fueron llevadas ante Madre para que las nombraran ministros.

Desde el principio, debido a toda la experiencia que yo tenía como líder en la Iglesia metodista, Krakue temía que yo llegara a ocupar su puesto. Cuando Madre lo consagró como Obispo de África y al día siguiente me nombró ministro laico, creo que él sintió que sus temores se empezaban a materializar.

Protestó ante Madre porque me nombró ministro. Cuando descubrió que mi nombramiento había sido a órdenes de Morya, no pudo decir nada. Así que dijo: «Bien, no tengo ministros en Accra. ¿Por qué no nombras a algunos ministros laicos aquí?».

Madre dijo: «Los maestros no me han dado instrucciones sobre quiénes deban ser. Tú estás aquí y conoces a la gente. Dame recomendaciones».

Krakue hizo una lista de unas veinte personas a quienes quería como ministros. Eran sus amigos, hombres y mujeres de peso. Madre nombró ministros a algunos de ellos.

El primer problema era que la mayoría de ellos no tenían la inclinación hacia el ministerio. Les nombraron ministros porque Krakue lo quiso. Él no tenía ninguna indicación de que tuvieran el deseo de ser ministros, ni la aptitud para el ministerio.

En segundo lugar, pensaba que si yo era el único ministro

de Ghana además de él, me verían como su sucesor en el curso natural de las cosas pero yo estaba en Kumasi y él, en Accra, y si podía tener a todos estos ministros en Accra, formarían como un cerco a su alrededor para evitar que yo entrara. Por eso la motivación por la que los llamó no era íntegra.

Más allá, muchos de estos ministros laicos tenían lazos con Krakue en vez de tenerlos con los maestros, la misión, la mensajera. Esto lo vemos en muchas organizaciones. Si el líder no es abnegado, crea una situación en la que las personas que son elevadas a ciertos puestos en la organización le deben su nombramiento. Si no hacen lo que él quiere, creen que perderán su condición de favor y el puesto que ocupan. No dicen nada, aunque lo que haga el líder no esté bien.

Para tales personas también cobra un interés principal asegurarse de que el líder se quede. Si se queda, entonces su puesto está garantizado. Si se marcha, su puesto está perdido. Eso se convierte en un culto a la personalidad.

Al estudiar el carácter y comportamiento humanos, descubrimos que algunas de las personas nombradas de esta forma reciben la luz y la verdad y comienzan a seguir la luz y la verdad. Después de cierto período, se desilusionan con el líder. Se atreven a asumir una postura y la relación entre ellos y el líder se rompe. En esa situación, cuando el líder es retirado, ellos permanecen para defender la verdad sobre la cual la organización fue fundada, como hicieron Donkoh, Gbewonyo y Appoh.

Los que no están vinculados con una causa superior, sino sólo con el que les da los favores, con frecuencia se marchan cuando el líder lo hace. Toda la estructura está basada en favoritismos, por lo que no está bien cimentada. Cuando el líder desaparece, los seguidores no tienen una base sólida y vacilan. Ni siquiera pueden cumplir los requisitos de los cargos que ocupan. Los honestos se retiran. Los demás no cumplen con sus obligaciones, por lo que tienen que ser despedidos. Eso es lo que ocurre.

Un sistema así se cae a menos que haya gente fuerte, gente que crea en la autoridad de la organización y decida sostenerla.

Como Krakue, esos ministros laicos tuvieron pruebas y oportunidades. Si El Morya sabía cuál sería el resultado, no lo sé. Pero los maestros muchas veces dicen que aunque la posibilidad de fracaso para una persona en particular sea alta, ellos no contemplan eso en su visión. Ponen su atención en la victoria y tratan de ayudar a cada alma a que alcance esa meta.

Capítulo 28

# Dos pilares

El reverendo Kobina Donkoh era mi amigo. Ya ha fallecido, pero no creo que le importara si cuento esta historia de su vida y de nuestro trabajo juntos.

Cuando regresé de Cámelot a Ghana, Donkoh no pronunció abiertamente su disgusto porque me nombraran director, aparte del golpe inicial cuando lo escuché. Su reacción fue marcharse del país a Nigeria y creo que eso le hizo bien, porque tuvo tiempo para reflexionar. Después de doce años volvió como una persona cambiada. Hubo otras cosas que también ayudaron a construir nuestra relación.

En 1985 trabajé con su hija como mi secretaria. Nada tenía veinte años entonces, y cuidé de ella como si fuera hija mía. Realmente mostré un cuidado paternal hacia ella. Al ver esto, creo que Donkoh pensó que Kyei, probablemente, era un buen hombre.

Lo segundo que ocurrió fue que su hijo murió. Fue algo repentino e inesperado. Donkoh estaba en Nigeria y su hijo en Ghana. Su hijo era soldador y estaba trabajando con un automóvil. Empezó a llover, por lo que se detuvo y apagó la electricidad. Cuando dejó de llover quiso continuar con lo que estaba haciendo, encendió la electricidad y se metió debajo del automóvil. No saben exactamente lo que ocurrió, pero se electrocutó. Fue algo muy repentino y murió en seguida. Esto fue muy doloroso para Donkoh. Era su único hijo.

El Rev. Kobina Donkoh

Donkoh regresó a Ghana. Yo estuve a su lado, presté ayuda. Pasé mucho tiempo con él intentando consolarle. Recuerdo que en el cementerio casi se derrumbó. El dolor era demasiado. Yo estaba muy cerca, le sostuve y le consolé. Él se dio cuenta de que yo era muy generoso y que estaba ahí para apoyarle.

No se lo dije y quizá él no lo sabía, pero lo apreciaba mucho por quién era. Donkoh entró en las enseñanzas muchos años antes que yo. Cuando me inscribí y fui desde Kumasi para asistir a mi primera reunión con The Summit Lighthouse en Accra, Donkoh fue la primera persona a quien conocí. Me recibió con amor, con alegría hacia una persona nueva que llegaba. La forma en la que me recibió me dio una muy buena impresión y creo que eso, junto con mi propia preparación interior, me animó a quedarme en estas enseñanzas.

La otra cosa que contribuyó a la percepción que Donkoh tenía de mí, fue que cuando regresó a Ghana y vio que la Iglesia estaba creciendo. Vio gran alegría y grandes mejoras comparado con la época en la que él se marchó. Vio el gran avance que mostraba de la Iglesia. Recuerdo que en una de las reuniones hicimos una apelación para recibir fondos y la respuesta fue tan buena, que realmente le dejó sorprendido. Y dijo: «Durante la época del anterior Obispo, él apelaba pero no había mucha respuesta». Todas estas cosas en conjunto, creo, le ayudaron a entender que teníamos que unirnos y hacer que las cosas avanzaran.

En 1996, después de haber sido director de la Iglesia en

Ghana durante catorce años, hicieron Director a Donkoh. Yo estuve encantado de darle el relevo.

Cuando asumió el cargo, una de las cosas que Donkoh cambió fue que detuvo la expansión pública que hacíamos. Creía que era una pérdida de tiempo y dinero porque como resultado no había mucha gente que viniera a las enseñanzas. Yo pensé que la decisión era miope, pero Donkoh era el líder de la Iglesia, el Director, y no quería dar la apariencia de ninguna controversia o desencuentro entre nosotros. Así que simplemente dije, está bien. Guardé todas mis notas de conferencias, casetes y todo lo que utilizaba para la expansión y lo mandé a Kumasi, que es mi campo base. Quería verdaderamente retirarme y sentarme en mi casa.

Cuando la expansión se había detenido durante un año o así, los miembros empezaron a preguntar por qué se había hecho eso. Creían que porque yo ya no era el Director de la Iglesia, no quería hacerlo más. Cuando se enteraron de que no había sido mi decisión sino más bien una política del actual Director, empezaron a presionar a Donkoh para qué reanudara el programa.

Después de algún tiempo Donkoh vino a verme una vez que yo visitaba Accra, y me pidió que le ayudara con la expansión. Le dije que debido a la decisión que él había tomado, yo me había retirado e incluso había dejado de pensar en la expansión pública y otras cosas que solíamos hacer.

Entonces me dijo que había recibido un sueño en el que debía haber dos pilares en la Iglesia para su crecimiento. Vio que yo sostenía la llama Alfa y que él sostenía la llama Omega, y que debíamos unir fuerzas para ayudar a la Iglesia a crecer. Entonces dijo: «Por favor, te ruego que permanezcas fuerte y que cooperemos y construyamos juntos». Lo decía de verdad. Aún recuerdo dónde se sentó en el salón de mi casa en Accra. Se sentó junto a mí y hablamos. Yo sólo observé y escuché mientras él hablaba.

Luego dije: «Durante catorce años los maestros me han utilizado para construir la Iglesia. Cuando ocupé el cargo, Krakue seguía presente intentando dirigir su propia organización. Pero fuimos fuertes y construimos la Iglesia. Tuvo que marcharse. Volviste y viste el progreso que habíamos hecho. Viste la Iglesia más fuerte de lo que la dejaste. Cuando fuiste Director quisiste hacer las cosas a tu manera y pareció que no querías me ayuda. Por lo cual, tuve que darte una oportunidad. Yo había servido durante mi período, ahora te tocaba a ti y no quería interferir en lo que intentabas hacer.

«Si deseas que ahora trabajemos juntos, estoy muy dispuesto a ayudar. Si surge algún problema entre nosotros, la cosa se acabará. Si quieres volver a hacer expansión y estás dispuesto a gastarte el dinero para contratar el salón, bien, tengo una comisión de la mensajera y no puedo negarme a llevarla a cabo».

Así que regresé a Kumasi y devolví mis notas y materiales de expansión a Accra, y comenzamos de nuevo. Abrí mi corazón y trabajamos juntos. Desde aquel momento no hubo una sola decisión que, como Director, tomara sin consultarme. Siempre compartí mis ideas con él. Así que verdaderamente trabajamos juntos; y en 2001, cuando me nombraron Ministro Regional, se convirtió en mi mano derecha, mi principal consultor. La cooperación se volvió incluso mayor para poder hacer avanzar a la Iglesia.

Creo que Donkoh encontró las enseñanzas en 1964. Un año después el centro de Accra fue reconocido con un certificado. Mark Prophet lo llamó la primera Iglesia Summit Lighthouse de África y había sido un gran pilar de la Iglesia desde aquel tiempo. Durante el período de liderazgo de Krakue, y después de que yo lo remplazara, él siguió ahí. Trabajamos juntos. Cuando el programa ministerial se estableció en África en la década de los noventa, fue una persona muy importante para su éxito.

El Rev. Kyei y el Rev. Donkoh en 2009

Miré su servicio, lo que contribuyó a lo largo de los años, y creí que debía ser ordenado ministro (aún era ministro laico). Yo era el único ministro ordenado de África en aquel momento, creía que necesitábamos más y él lo merecía. Por eso en 2005 escribí una petición al Consejo Ministerial recomendando que se ordenara a Donkoh, quien estuvo de acuerdo. Le pidieron que fuera al Retiro Interno para ser ordenado. Yo fui con él al Retiro Interno durante la conferencia de julio de 2005. Fue su primera y única visita al Retiro Interno y él fue el único a quien ordenaron en esa conferencia.

Los dos éramos los únicos ministros ordenados de esta Iglesia en África y así fue hasta que Donkoh murió en julio de 2010. Tenía setenta y tres años.

Ahora volvemos a tener sólo un ministro ordenado en África. Espero ver que los nuevos ministros laicos de África también avancen para que los ordenen.

# Capítulo 29

# Magia negra

No se puede ser ministro en África sin entrar en contacto con la magia negra. Hay gente que la practica por todas partes y me he encontrado con gente así muchas veces durante mis años de servicio. He aquí algunos de esos incidentes.

Cuando me nombraron ministro, en 1976, tenía una relación cercana con una prima mía, era como una hermana. Una de sus mejores amigas, también prima mía, acudió a mí para avisarme sobre ella: «Observa a tu hermana con mucho, mucho cuidado. Mantente lejos de ella».

Yo dije: «Pero es mi hermana».

Y ella dijo: «Si supieras lo que tu hermana ha estado planeando para ti, pondrías millas y más millas entre tú y ella».

«¿Es cierto eso? No sé. Creo que si fuera necesario, Dios pondrá el doble de millas entre nosotros para que no me alcance». Y recé para que Dios me guardara.

No se por qué hacían eso, pero creo que esta prima y sus amigas habían estado practicando brujería y habían planeado hacer un *kebab* de mí para las Navidades. Eso es lo que habían planeado en sus reuniones de brujas, utilizar la brujería para matarme.

Yo siempre rezo pidiendo protección, la de mi familia, mi esposa y mis hijos, la protección de mi comunidad, los miembros de la Iglesia, la protección de los portadores de luz. Eso es lo que más me preocupa. Por tanto, si las brujas quieren reunirse por mí, es asunto suyo. Creo que el Arcángel Miguel luchó una buena batalla por mí en esta situación. Es sorprendente. Esta prima decía ser católica. Un día fue a misa temprano, se levantó para rezar en la iglesia y se derrumbó. La enviaron al hospital, y eso fue todo. Estaba muerta.

La prima que me había avisado de ella, oyendo esto, vino a verme cuando yo iba a la aldea, y dijo: «Tu Dios es un Dios fuerte. Luchó por ti».

Yo dije: «El Arcángel Miguel se ocupó de ella. Le devolvió lo que ella había intentado enviarme».

Una vez, en 1985, fui a visitar Lagos, en Nigeria. Me alojé en una casa de huéspedes que pertenecía a alguien a quien había conocido allá. Aparte del edificio principal había un lugar separado que era el apartamento familiar, y ahí ocupé una habitación para huéspedes.

Había un balcón fuera de la habitación, saqué una silla y me senté mucho tiempo antes de volver a la habitación a dormir. No sabía nada de lo que la esposa del dueño estaba haciendo en su habitación, pero creo que tenía la visita de un amigo.

Aparentemente ese hombre se ofendió porque yo me quedara allí tanto tiempo, evitando que pudiera salir de la habitación de la mujer. Y era un mago negro, de otra forma no hubiera hecho lo que hizo después. Esa noche me desperté sintiendo como una aguja en la columna vertebral, entre los omóplatos. Era grave.

Dondequiera que voy siempre llevo conmigo una imagen tamaño billetera del Yo Divino que pongo sobre la mesa del dormitorio, apoyada contra algo para que se quede levantada, y eso se convierte en mi altar. Me levanté de la cama y fui a este altar. Decreté desde la una hasta las cinco de la mañana, revirtiendo la marea. El dolor desapareció. Me sentí aliviado. Todo estaba bien.

Ese mismo día debía regresar a Ghana. Por la tarde, hacia

las dos, bajé a la oficina a despedirme de la esposa del dueño de la casa de huéspedes. Abrí la puerta de la oficina y ahí estaba el hombre que había pasado la noche con ella. Cuando me vio, se cayó.

Le miré y enseguida me di cuenta de que era el hombre que me había atacado aquella noche. Me quede ahí, mirándole, y la señora estaba sentada en su silla, también mirándole. El hombre yacía postrado, en el suelo. Me quedé ahí durante lo que me pareció quince minutos. La mujer no podía hablar. Sólo me miraba a mí y al hombre que yacía en el suelo.

Entonces dije: «He venido a despedirme. Regreso a Ghana. Muchas, muchas gracias por su hospitalidad». Así que me despedí de ella y me marché.

Ese hombre pensó que me había matado. Se quedó conmocionado al verme vivo. Y la energía que había enviado no pudo realizar su función por lo que, por ley, tenía que volver a él. Eso fue lo que pasó.

Después, ese mismo año, Madre fue de gira por Europa. Yo fui a verla a Londres. Desde Londres todos íbamos a viajar a Flevehof, en Holanda, donde Madre iba a dar un seminario.

Cuando llegué a Londres me quedé en casa de una prima. La hija de su esposo no era una buena muchacha y, aparentemente, no gustaba de mi presencia en la casa. Una tarde estábamos viendo un programa de televisión y se ofreció a hacer té. Pensé que podía poner algo en el té, así que le dije: «No te molestes». Pero me hizo té de todas formas, y yo me lo bebí. Después de un rato me sentí muy incómodo, por lo que me fui al dormitorio e hice llamados, muchos llamados, y decreté unas horas antes de irme a dormir.

Al día siguiente todos marchábamos rumbo a Holanda. Me levanté y me preparé. Cuando salí de la habitación, esta muchacha me vio. Salió corriendo a su habitación. Estaba asustada porque aún seguía vivo.

Al cabo de una semana volví, después del seminario, y

pregunté a mi prima: «¿Donde está tu hija adoptiva?».

Ella contestó: «La mañana en que te marchaste se fue de la casa y jamás regresó».

Algunas veces la magia negra se manifiesta de formas muy extrañas. Hace poco fui a mi aldea en donde había un incidente entre una viuda y sus hijos. Sabíamos que esa mujer había estado jugando con estas prácticas oscuras. Los hijos, en especial los dos varones, pensaban que tenían dificultades en la vida debido a eso. Iban a una iglesia donde el pastor dice que puede manejar estas cosas. Llevaron al hombre a su casa y él dijo que se llevaría toda la brujería que había allí. Pidió una cabra y 500 dólares.

Primero tenía que apaciguar a la mujer. Fueron a su casa y ella señaló cierto lugar. Intentaron cavar y dijeron que lo que intentaban encontrar estaba bajo tierra. Cavaron en tres sitios distintos y, finalmente, lo encontraron. El pastor intentó sacarlo del agujero que habían hecho y lo electrocutó, le dio como un shock eléctrico. Al final pudo meter la mano en el agujero y sacar una vasija de loza.

Cuando intentaron abrir la vasija se quedaron sorprendidos al ver que no podían romperla. Finalmente intentaron romperla a disparos. Dispararon tres balas hasta que la vasija se rompió. Dentro había una mezcla de varias cosas, incluyendo sangre humana y algunas conchas cauri. Encendieron un fuego, lo quemaron todo y tiraron las cenizas al retrete.

Tales acontecimientos no son poco frecuentes en África. No sé si será verdad en otros países, pero en la mayor parte de África la gente tiene mucho miedo de los magos negros y su brujería. La gente está muy asustada.

Todavía me acuerdo de la cara de uno de los Guardianes de la Llama a quien conocí en el Congo en 2011. Después del seminario que celebramos allí hubo la oportunidad de que la gente hiciera preguntas. Un hombre estaba muy preocupado por la magia negra y la brujería que practicaban contra él. Habló de lo que le daba miedo en su lugar de trabajo, después habló de su familia. Dijo que su esposa era comerciante y que creía que alguien estaba utilizando yuyu para que no prosperara, para que no tuviera éxito en el comercio. El hombre preguntó si era bueno rezar por ella.

«Ella es su esposa», dije yo, «usted está vinculado kármicamente a ella. Ella tiene intereses en la fortuna de usted igual que usted los tiene en la de ella. Por tanto, si reza por su propia protección, entonces tiene que rezar por la protección de su esposa y lo que ella haga».

El hombre dijo que no sabía si estaba bien hacer eso.

«¿Por qué no?», contesté. «Está bien rezar por ella.»

Él dijo: «De acuerdo. ¿Le puedo enseñar cualquiera de los decretos? Puesto que no es Guardiana de la Llama, ¿está bien que recite los decretos?».

Yo dije: «Claro que sí. Es una oración, se lo puede enseñar».

Entonces él dijo: «De acuerdo. Enséñeme qué decretos le tengo que enseñar para que cesen las fuerzas de magia negra y brujería que evitan que la gente compre, para que ya no la molesten más. También los utilizaré para mí, para poder tener éxito también».

Eso me enseñó muchísimo. Dondequiera que uno vaya en el continente africano, es lo mismo. Existe un gran miedo a la brujería y la magia negra y la gente anhela ser libre de todo eso y quiere saber cómo se puede proteger.

La práctica de la brujería en África, y creo que por extensión en el Caribe y otras zonas, no es un juego de niños. Es real y los que se meten en eso pueden hacerle la vida imposible a los que no tienen la ciencia de la Palabra hablada, que es el antídoto de todo eso. Así que las personas necesitan que se les enseñe continuamente a defenderse utilizando las herramientas espirituales que tenemos. Los médicos africanos tradicionales dicen ayudar a la gente a liberarse de las actividades de los brujos y su magia negra. Ellos sólo pueden proporcionar una cura temporal, en el mejor de los casos. Pero cuando la gente encuentra las enseñanzas de los maestros, las personas que se lo toman en serio y hacen los decretos ven que pueden conseguir su libertad.

Cuando viajo por África veo que la magia negra y la brujería varían en su intensidad igual que lo hace el nivel de creencia de las personas. En algunos lugares la creencia es tan profunda que llega al punto de que la gente vive aterrorizada. En Ghana, sin embargo, aunque existe la creencia, no es tan pronunciada comparada con otros países africanos en los que he estado.

Creo que esto se debe a que en Ghana las enseñanzas de los maestros han existido y los decretos se han hecho desde marzo de 1964, cuando The Summit Lighthouse fue fundada en Accra. Por tanto, durante todos estos años, esos decretos continuados, con seguridad han hecho algo para mejorar el ambiente del país.

Otra diferencia que hay en Ghana es que nosotros tenemos ministros de nuestra Iglesia. Estoy yo, estaba el Rev. Donkoh, está el Rev. Gbewonyo, así como todos los ministros laicos más recientes. La gente tiene a quién acudir si les preocupa la magia negra. Nosotros hacemos los llamados y también les enseñamos a hacer sus propios llamados.

Todos los domingos, después del Ritual Sagrado y los anuncios, hacemos decretos. Después ofrecemos a todas las personas de la congregación la oportunidad de acercarse al altar, fila tras fila. Se arrodillan frente a la estatua de la Virgen María que está en la cueva erigida cerca del altar del santuario. Les damos tiempo mientras ponemos grabaciones de las invocaciones de Madre. Ellos hacen sus oraciones, por la necesidad del momento o por cualquier agravio que hayan tenido durante la semana. Eso les ayuda y les encanta hacerlo.

Intentamos traer pequeñas invocaciones al servicio para que se alegren, para que se sientan parte del servicio. Y necesitan estas enseñanzas todo el tiempo.

Pero veo que sin un ministro se perderían muchísimo. En África el ministro es una fuerza unificadora. La gente siente un gran amor hacia el ministro y un gran respeto.

Capítulo 30

# La sabiduría de la Madre

En la década de los ochenta solía dar conferencias públicas. Cada tres meses hacíamos una conferencia pública en Accra e íbamos rotando por los distintos locales de la ciudad. En una de esas conferencias había un hombre que era presentador de un programa de televisión de Ghana Television, la cadena nacional dirigida por el gobierno.

Más tarde me dijo que lo que más le sorprendió de nuestro evento fue que mi conferencia comenzó a tiempo. «¿Cómo es que este hombre ha dicho a las dos en punto», pensó, «y a las dos en punto está en el estrado dando la conferencia?». Nunca había asistido a una función que comenzara a tiempo.

En África es costumbre —creo que hasta una enfermedad crónica— que las cosas no comiencen a tiempo. En broma decimos «hora de África». Es difícil encontrar una función que comience a tiempo. Cuando dice a las tres, podemos estar seguros de que empezará aproximadamente a las cuatro, algunas veces incluso a las cinco. Pero con las conferencias de nuestra Iglesia hemos llegado a un punto en el que cuando decimos a las tres, empezamos a las tres. Aunque sólo haya una persona, empezamos a las tres.

Aquel día estaba en el estrado a las dos menos cinco. Exactamente a las dos, me levanté. «Por favor, pónganse en pie. Oremos.»

Cuando este hombre vio lo que hice, se dijo: «Debo

146

acercarme a este hombre. Debe tener algo realmente bueno». Hizo arreglos para conocerme, me entrevistó y me pidió que apareciera en su programa como uno de los contertulios. Así fue como empezamos en la televisión en Ghana.

El programa se llamaba *Contemplación*, y se centraba en temas religiosos. Grabamos previamente el programa durante la semana, que se emitía el domingo por la tarde. En el programa había ministros de varias congregaciones y yo fui un miembro principal durante muchos meses.

Este programa contribuyó mucho a pacificar la hostilidad que los políticos y el personal universitario generaron contra Madre cuando ella nos visitó en 1978. En aquella época la gente en realidad no conocía, o no quería conocer, el mensaje de nuestra Gurú. Pero con este programa muchas personas supieron que ella realmente tenía algo maravilloso para las personas y que los que habían evitado que las masas la escucharan cuando estuvo en Ghana tenían sus intereses para hacerlo.

Sin embargo, desde algunos puntos se produjo mucha oposición hacia el programa. Éramos muy directos con la gente. Les decíamos que el poder, Dios, el Cristo, está en su interior. Y a las iglesias convencionales eso no les gustaba. Decían que la enseñanza que dábamos hacía rebeldes a sus miembros. Creían que la enseñanza de los maestros daba demasiada libertad a las personas, porque les decía lo que podían hacer para ser verdaderos cristianos, si querían.

Entiendo que hubiera disputas en la junta de la Corporación de Emisiones de Ghana, el grupo gobernante que dirigía GTV. Había una señora en la junta que realmente se oponía al programa y decía que había que dejar de emitirlo.

Creo que la oposición se centraba en que el Rev. Kyei estaba ahí. Estaban los que me conocían como Sr. P. K. Kyei, que trabaja con los jóvenes de la Iglesia metodista. Ahora este hombre sale en la Televisión de Ghana, en la televisión nacional, y dice que es un reverendo. Se ha transformado en un ministro que da una enseñanza bastante extraña.

Por eso intentaba preguntar: «¿Dónde se preparó? ¿Cómo se hizo ministro?». Desafortunadamente, calcularon mal. «Bien», les dije, «recibí mi preparación aquí, asistí a un curso allá... ». Enumeré toda mi preparación y mis cualificaciones. Eso detuvo ese argumento, pero la oposición continuó.

Casualmente tengo un amigo en la junta de GTV que me contó todo esto. Nos reímos de ello. «Bueno», dije yo, «si salgo en la televisión o en la radio y no te gusta lo que digo, apaga la radio o la televisión. Pero no evites que los demás escuchen».

Incluso intentaron dictar qué contertulios debían estar en el programa. Sin embargo, el hombre que hacía el programa no estaba de humor para esas cosas. Prefirió retirarse antes que permitir ser manipulado de tal forma.

Después de haber estado en el programa aproximadamente un año, otra persona asumió la dirección. Cambió el nombre del programa a *Sobre la vida*. Incluso más que antes, llamaba al programa a personas que pertenecían a los movimientos esotéricos, porque sabía que las enseñanzas esotéricas eran diferentes a lo que se ofrecía a la gente desde los púlpitos de las iglesias ortodoxas y convencionales. Había un moderador y dos contertulios, e invitaba a budistas, krishnas, rosacruces, mucha gente distinta.

Lo extraño era que nunca había musulmanes. No sé si los musulmanes se negaban a asistir, pero no recuerdo a ningún musulmán en el programa durante todo el tiempo en que estuve.

Era un programa de tertulia. El moderador traía las preguntas, ponía un tema sobre la mesa y nos pedía que habláramos de él y que diéramos nuestros puntos de vista. Yo siempre decía: «Esto es lo que dicen los maestros sobre este tema en particular», y daba esa perspectiva, que era bastante diferente de lo que la gente ortodoxa decía sobre el tema en cuestión, y eso lo hacía bastante interesante y atractivo para la gente.

Recuerdo que una vez había un sacerdote católico en el programa. Ahora es el Obispo, en Accra. Estábamos hablando sobre el demonio, y yo le dije: «En inglés *mal (evil)* es *vive (live)* escrito al revés. L-i-v-e, leído desde el otro lado, es e-v-i-l».

El sacerdote dijo: «Sí, todos estamos aquí para aprender».

El director de la cadena se interesó tanto en nuestras conversaciones que le dijo a su secretario personal que me pidiera que grabara una serie de segmentos cortos para emitir cada noche en GTV antes de que se cerrara la emisión, una oración o una corta charla sobre las enseñanzas de los maestros.

Este hombre organizó todo el equipo electrónico y a todo el grupo de trabajo para que grabaran estos segmentos. Afortunada o desafortunadamente, ese día era cuando teníamos el servicio en memoria de Samora Machel, el presidente fallecido de Mozambique. Así que el equipo de trabajo de la televisión se fue a grabar eso. El director de la cadena no era una persona de inclinaciones religiosas, en general, por lo que la gente creyó que estaba más interesado en grabar a los políticos que en hacer un programa religioso, pero tengo entendido que se enfadó mucho con ellos por no grabar las sesiones conmigo.

Así fue como nos perdimos esa oportunidad de oro de dar las enseñanzas de los maestros cada noche en GTV como la última oración antes de que la cadena cerrara. Por lo que sé, no me buscaron más para grabar esos segmentos. Fue una verdadera oportunidad perdida. GTV es la única cadena que tiene cobertura en todo el país. Más tarde tuvimos nuestros propios programas en cadenas de televisión privadas, pero éstas no tienen la amplia cobertura que tiene GTV.

*Contemplación* y *Sobre la vida* hablaban de temas muy distintos desde todos los puntos de vista. El presentador de *Contemplación* dijo una vez estar sorprendido al oírme hablar de todos esos temas. «En tu iglesia», dijo, «parece que habláis de todos los temas religiosos. Y cuando te hago preguntas, no vacilas, todo fluye, simplemente sale. ¿Cómo lo haces?».

Sonreí, y dije: «Es la sabiduría de la Madre». Eso fue todo lo que respondí.

En lo que a mí respecta, como persona, no sé nada. Pero las respuestas fluyen cuando preguntas, porque son la verdad. Es la sabiduría de la Madre.

Capítulo 31

# El papel de la Iglesia en tiempos difíciles

Antes de marchar de Cámelot, después de terminar Summit University nivel II, Madre celebró una recepción para los estudiantes, un almuerzo en su casa para nuestro grupo. Recuerdo que se sentó a la cabeza de la mesa.

Después de hablar con cada uno de nosotros, dijo: «Algunos de vosotros vais a experimentar acontecimientos muy desagradables en vuestros países». No dijo qué países. Llegué a Ghana a finales de diciembre de 1981. Exactamente una semana después de que regresara, se produjo otro golpe militar, el segundo por parte de Jerry John Rawlings. Entonces recordé lo que dijo el Gurú y me di cuenta de que su profecía se había cumplido.

Era una época peligrosa en Ghana. Donde yo vivía, en Accra, estaba muy cerca de los estudios de la Ghana Broadcasting Corporation, y una mañana me desperté y encontré un cartucho vacío de pólvora enfrente de mi garaje. Si el tiroteo se hubiera producido durante el día, alguien podría haber muerto.

Ghana estuvo bajo el gobierno de Rawlings y su régimen militar durante los siguientes once años, y fue una época de disturbios. Los partidos políticos fueron proscritos. Los medios de comunicación fueron silenciados y la crítica al gobierno o a su programa de revolución izquierdista fue suprimida. Se establecieron tribunales públicos para juzgar a los acusados de acciones «antigubernamentales». Algunos oponentes al gobierno incluso fueron torturados, asesinados o encarcelados sin juicio. Aún quedan unas doscientas personas desaparecidas.

En una de nuestras conferencias estábamos poniendo los dictados y conferencias de la Clase de los Elohim. En una de esas conferencias Madre habló durísimamente de los comunistas. A algunos Guardianes de la Llama de Ghana eso no les gustó, y creo que informaron de mí a los militares. Uno de los Guardianes que hizo eso vino y me dijo: «Me han pedido que te advierta».

Yo dije: «¿Quién te ha pedido que me adviertas?».

«Los conoces», dijo ella, «esa gente».

«¿Y qué dicen?», pregunté.

«Han dicho que te estás metiendo en política en la Iglesia y que te tengo que advertir».

Yo dije: «¿Eso es todo? Ve y diles que no les tengo miedo, ni siquiera un poquito».

Ella dijo: «¡Director! ¿Quieres que les diga eso?».

«Sí», dije yo, «eso es lo que quiero. Ve y diles que no les tengo miedo, ni siquiera un poquito. La grabación que estamos poniendo no son mis palabras. Son las palabras que la mensajera, nuestra Gurú, nos ha dicho y lo estoy poniendo para que todos lo oigáis. Si en cualquier momento a esa gente no le gusta lo que digo, es asunto suyo, no mío. Pueden reaccionar como quieran a lo que digo, eso también es asunto suyo, no mío. Yo me ocupo de dar la enseñanza de los maestros. Si no les gusta, es asunto suyo. No es asunto mío».

Y ella dijo: «¿Qué pasa si esos militares, si alguien entra en la sala y te dispara?».

«No es ningún problema», dije. «Es un problema para el que entra a dispararme. El mío es dar la enseñanza de los maestros. Si no le gusta y saca un arma para dispararme, es asunto suyo, no mío».

Me miró, y dijo: «De acuerdo».

«Bien, puedes marcharte».

Al mirar atrás veo que no tenía nada de miedo de los militares cuando dije esas cosas. Realmente no les temía. En primer lugar, estaba preparado para todo. En segundo lugar, estaba convencido de que el sendero que habían tomado buscando el socialismo y el comunismo no era lo correcto para nuestro país.

En una situación distinta puede que hubiera reaccionado de otra forma, pero eso fue lo que creí que debía hacer en aquellas circunstancias. Creo que los maestros siempre nos darán la dirección que necesitamos; en cualquier situación, recibimos la guía para manejar las cosas. Creo en eso. Lo que hice fue la necesidad del momento. Los militares intentaban suprimir a todo el mundo en aquella época.

Después de eso empezaron a investigar nuestra Iglesia, y a mí en particular. No vinieron a mí, pero intentaron hacer averiguaciones a través de otros miembros del personal de la Iglesia. No lo hicieron abiertamente, sino detrás de escena. Estaba todo diseñado para que nos acobardáramos.

En 1989 llegaron al punto de establecer un comité gubernamental que investigara a todas las iglesias de Ghana. Lo llamaron el Comité de Asuntos Religiosos. El Estado quería interferir en la manera en que las iglesias estaban dirigidas. Las iglesias tenían que registrarse en el comité y recibir aprobación de él, de otra forma podían ser clausuradas y sus propiedades confiscadas por el gobierno. Diseñaron un programa e invitaron a todas las iglesias del país a que aparecieran ante el comité. En este caso, doy el mérito al Consejo Cristiano de Ghana, que se negó a registrarse. A nosotros y a otras iglesias más pequeñas, intentaban intimidarnos.

El primer paso fue que cierta señora vino, y me dijo: «Reverendo, si tiene usted problemas con el comité, no se preocupe. Yo puedo interceder».

Yo dije: «¿Usted interceder ante quién? ¿Rawlings? ¿El presidente del comité? ¿O quién? Muchas gracias, no necesito la intervención de nadie». Aquella fue la primera respuesta hostil que di.

Si el comité estaba asustado de mí o no, no lo sé, pero fuimos casi la última iglesia a quien invitaron a reunirse con ellos. Yo fui con el Rev. Gbewonyo. Llegamos al lugar de la reunión y su asistente anunció que el Rev. Kyei, de la Iglesia Universal y Triunfante, estaba esperando. Tardaron casi una hora en invitarnos a entrar después de que nos anunciaran. No sabían quién tenía que presidir la reunión y hacerme las preguntas. Tenían un presidente, pero aparentemente no quería hacerlo. Al final un conferencista universitario que trabajaba en el comité fue elegido como presidente de la reunión y el presidente de verdad se sentó a un lado. Así que entré con el Rev. Gbewonyo.

La primera pregunta fue: «Bien, ustedes son de la Iglesia Universal y Triunfante».

«Sí.»

«De la profetisa Clare.»

«No, no, no», dije yo. «Su nombre es Prophet. No es un título que se haya puesto».

«De acuerdo», dijo él.

Aquella fue la primera afirmación errónea que hicieron, y yo corregí al presidente.

La siguiente pregunta fue esta: «Su iglesia, ¿cómo está gobernada? ¿Los líderes son elegidos?».

«El gobierno de la Iglesia Universal y Triunfante», repliqué, «tiene una forma teocrática».

Había un hombre musulmán Ahmadiyya en el comité quien dijo: «¿Teocrática? ¿Teocrática? ¿Qué significa eso?».

Entonces el conferencista universitario que presidía la reunión dijo: «Quiere decir que el gobierno de su iglesia recibe su autoridad directamente de Dios, y no de los hombres».

Yo dije: «Si, es correcto. Nuestra mensajera es nombrada por los maestros ascendidos y deriva su autoridad de lo que dicen los maestros. Por tanto, no celebramos elecciones para elegir a nuestro mensajero».

El representante musulmán dijo: «Entonces su iglesia no es democrática en absoluto».

Y yo repliqué: «¿Cómo puede usted, un musulmán, sentarse ahí a hacer juicios de valor sobre una organización cristiana? ¿Cómo puede el gobierno hacer eso? Están ustedes intentando asfixiar a las iglesias».

Y él dijo: «No, no es el gobierno. No meta usted al gobierno en esto».

Yo dije: «¿Cómo así? Ustedes no están aquí por su cuenta. Están nombrados por el gobierno por lo que, si hay responsabilidades, la autoridad que les ha nombrado tiene que asumirlas. Ustedes actúan en nombre del gobierno. Y están diciendo que mi religión, mi iglesia, no es democrática. Y cuando me dicen eso, en un sentido el gobierno me lo dice a mí.

«Si uno no elige a sus líderes, no quiere decir que no sea democrático. La Iglesia Católica Romana no celebra elecciones. Pero no se puede decir que la Iglesia Católica no sea democrática. Creo que esa suposición es equivocada.

«Permítanme una pregunta: ¿Ustedes, los musulmanes, van a una reunión y votan para elegir a su líder, a su imam o comoquiera que lo llamen? Llevo en este país desde que tengo vida y nunca he visto u oído que los musulmanes vayan a una reunión a elegir a su líder. El que les dirige siempre está ahí porque lo nombra el líder en Pakistán».

A lo que el conferencista universitario dijo: «No, no, no. No queremos discutir con usted este tema, por favor. Dejémoslo». Así, abandonaron el tema.

Entonces dijeron: «Bien, Clare Prophet vino a Ghana y habló sobre un gobierno de unión. Intentó interferir en el gobierno de nuestro país».

«Bueno», dije yo, «no sé lo que quiere decir con interferir. Elizabeth Clare Prophet es la mensajera de la Gran Hermandad

Blanca. Tiene una rama de su Iglesia aquí y la Iglesia está formada por personas. Ustedes, el gobierno, están ocupados en hacer leyes y reglas para el bienestar de la gente. La mensajera o, a todos los efectos, cualquier líder religioso, también se ocupa de la gente. Por eso, se podría decir que el gobierno y la iglesia van hacia la misma meta, el mismo propósito, que es el bienestar de la gente.

«La iglesia de Elizabeth Clare Prophet tiene miembros que son de Ghana, entre los que me encuentro yo. Y a ella le preocupamos nosotros, los miembros, igual que al gobierno le preocupa la población. Por tanto, si Elizabeth Clare Prophet habla de cualquier cosa que afecte a la gente, está en su derecho de hacerlo».

«De acuerdo, de acuerdo. No queremos discutir con usted de este tema».

Era un gran drama. Para cualquier cosa que decían, yo tenía una respuesta que les devolvía la pregunta. Y decían, «bien, no queremos discutir con usted de este tema».

Y así seguimos durante casi una hora.

Al final, dijeron: «Puede usted marcharse. Si le necesitamos, le llamaremos otra vez».

Y eso fue todo.

Afortunada o desafortunadamente, después de nuestra aparición, el comité fue disuelto. Creo que fue su juicio. Estoy sorprendido por el valor que tuve en aquel momento, pero eso fue exactamente lo que hice.

Creo que los ministros deben tener el valor de defender a los maestros y su enseñanza. He descubierto que cuando hacemos eso, los oponentes dan marcha atrás, se retiran. Cuando defendemos la verdad, tenemos el apoyo de los maestros.

Hace muchos años, cuando era líder de los jóvenes de la Iglesia metodista, invitamos a un experimentado predicador que se había doctorado en teología para que hablara al grupo. Se llamaba reverendo Agdeti. Le hicieron una pregunta sobre el deber de un cristiano bajo un gobierno totalitario, y él dijo: «La mejor forma de que un cristiano muestre su lealtad a un gobierno totalitario es desobedeciendo las leyes injustas».

Eso me gustó, pero lo encontré un poco extraño. Sonaba raro. ¿Cómo se muestra lealtad desobedeciendo?

Y él dijo: «Cuando nos damos cuenta de que esas leyes no son para el bien del país, demostramos nuestra defensa del país, nuestra lealtad al país, desobedeciendo esa ley y haciendo lo que creemos que está bien».

Nos reímos. «Pero al desobedecer esas leyes», dijo, «nos arrestarán».

«Sí», contestó él, «pero al desobedecer esa ley, al violar esa ley, a ellos les llegará el mensaje de que la ley no está bien».*

Para nosotros eso era una idea muy revolucionaria. Pero como hombres jóvenes, simplemente nos reímos de ello y creo que la mayoría de nosotros no le dio mayor importancia. Pero se me quedó grabado. Y eso fue lo que salió cuando me presenté ante el Comité de Asuntos Religiosos.

La cuestión tenía otro lado, es decir, si la ley es la ley general del Estado, al desobedecerla, ¿no nos expondremos a una persecución y a sanciones? ¿De qué forma limitará eso nuestra misión en esta vida?

También pienso en las palabras de Jesús del Evangelio de Marcos: «Dad al César lo que es del César y a Dios lo que es de Dios». A través de su mensajera, Jesús también nos ha dicho que debemos obedecer las leyes de los países, aunque sean injustas y si queremos cambiarlas, debería ser desde el marco que provee la estructura de gobierno. El único punto de la ley al que nos llamó es el derecho a practicar nuestra religión libres de

---

* Uno de los proponentes de esta filosofía fue Mohandas Gandhi, quien combinó los principios de desobediencia civil con *ahimsa* (no violencia y compasión hacia la vida) para asegurar una transición pacífica hacia la independencia de la India. La desobediencia civil basada en principios es muy distinta a la violación de una ley simplemente para obtener beneficios o como gratificación. En este último caso la persona quiere evitar el castigo. En el primero, la persona está dispuesta a afrontar las consecuencias legales de sus acciones.

persecución así como el derecho a diseminar las enseñanzas de los maestros.*

Si nos encontramos en una situación en la que el gobierno parece entrometerse en esos derechos, creo que la persona tiene que decidir entre ella misma, su Ser Crístico y su Presencia YO SOY qué dirección seguir. Siempre debe existir el recurso a la Hermandad. Debemos depender de nuestro ser interior para saber a dónde ir. En aquella ocasión estaba desafiando al Comité de Asuntos Religiosos y no tenía ninguna duda y no tenía ningún miedo, porque en mi interior había decidido no cooperar con el régimen militar en su persecución de las iglesias de Ghana.

Esta valentía interior proviene de un poder otorgado por el Espíritu. Si no hubiera acudido a mi interior, a los pies de la Hermandad, no estoy seguro de que hubiera tenido el valor de hacerlo.

Durante más de veinte años la Iglesia de Ghana afrontó tiempos difíciles. Durante ese período descubrí que cuando te plantas y te enfrentas a los tiranos, ellos se retiran. Los que tuvieron el valor suficiente para enfrentarse al régimen militar no sufrieron ningún daño.

También me di cuenta de que en momentos de dificultad, la gente, ya sea cristiana o no, busca en la iglesia el liderazgo al que seguir. Busca en la Iglesia su portavoz ante las autoridades y su intercesor ante Dios.

Para poder realizar esa misión, la Iglesia debe reconocer la naturaleza del desafío y decidir afrontarlo con valor. Debe hacer intensos llamados sobre la situación, utilizando insertos específicos escritos que abarquen todas las áreas de interés. La Iglesia también puede hacer un detallado informe por escrito al Consejo Kármico,† llevando ante él todas las injusticias y los

---

* El dictado de Jesús del día de Navidad de 1993, «Dad al César lo que es del César y a Dios los que es de Dios», publicado en las *Perlas de Sabiduría*, vol. 36, núm. 72.
† El Consejo Kármico es el consejo de maestros ascendidos que adjudican karma, justicia y misericordia en este sistema de mundos.

errores y pidiendo su adjudicación e intercesión.

La Iglesia debe asegurar a los miembros que la Hermandad, al final, ganará, mientras les anima a que hagan su trabajo espiritual que permitirá que los maestros entren y produzcan esa victoria. La Iglesia ha de proporcionar información a los miembros sobre la situación y también guía y consejo espiritual cuando sea necesario.

Hay que estar concentrados y sintonizados. No distraerse con los intentos de gente bien intencionada de ponernos en contacto con personas «influyentes» del gobierno que puedan ayudarnos. Tales personas podrían tener sus propias inclinaciones e intenciones. No hay que confiar en el brazo de la carne. Los maestros deben ser nuestros consultores, abogados y protectores. En tiempos difíciles, es necesario confiar en los maestros de manera absoluta.

Capítulo 32

# «Llevarlo al Señor en oración»

Las cuestiones de conciencia surgen de muchas formas distintas cuando seguimos el sendero espiritual. Con frecuencia es un reto saber el camino correcto, cuándo asumir una postura por principios, cuándo intentar encontrar algún medio para evitar una confrontación innecesaria.

Los problemas de principios con frecuencia son más difíciles cuando ocurren dentro de la propia Iglesia. De vez en cuando, dada la naturaleza humana, encontramos en cualquier organización que las personas toman decisiones equivocadas. Algunas veces se embriagan con un poquito de poder y entonces debe haber una forma eficaz de detenerlas. Por eso existen pesos y contrapesos en los documentos fundadores de la mayoría de las organizaciones.

Si las cosas se dirigen en la dirección equivocada, nuestra lealtad, nuestro compromiso con los maestros, con el Gurú, no nos permitirán seguir. Pero uno no se levanta un día y dice, «voy a desobedecer». Estamos en la Iglesia y deseamos ser fieles a ella, a sus líderes, sus artículos, sus estatutos, a la misión y los mensajeros.

Como seres humanos, puede que la tendencia sea decir «si no estás de acuerdo con nosotros, abandona el redil». Nosotros podríamos desear hacerlo algunas veces y, en algunas ocasiones, puede que retirarse sea el mejor camino. Pero la responsabilidad que tenemos nosotros es seguir fieles a nuestra conciencia.

El instructor que nunca nos abandonará es nuestra conciencia. Si nos marchamos cuando aún podríamos hacer algo para ayudar, o si comprometemos nuestro honor, nuestra integridad, quedándonos sin decir nada, es a riesgo de ser acusados todos los días por nuestra conciencia. Y nuestra conciencia nunca dejará de acusarnos hasta el día en que muramos, o hasta que nos liberemos del peso de una decisión equivocada, cuando hayamos perdido perdón y transmutación, cuando hayamos hecho las paces con nuestro Dios y veamos que el karma ha sido saldado.

Para aliviar la carga, hay que llevarlo al Señor en oración. Hay una canción en la Iglesia metodista que dice: «Oh, qué innecesario dolor hay que llevar, todo porque no lo llevamos todo a Dios en oración». Y cuando nos enfrentamos a una situación así, verdaderamente hay que llevar las cosas al altar. Creo que lo mejor es escribir una petición a los maestros y ponerse cierto número de días para una novena. Cada día hay que leer la petición y hacer la novena. Al final de la novena, hay que quemar la petición y los maestros actuarán con mucha rapidez. Lo hacen de verdad.

Si hay un problema en la Iglesia, hay que decidir que la cosa no salga del círculo de la Iglesia, que no salga al dominio público. Eso es lo que uno se debe prometer a sí mismo. Es un tema interno. Porque hay otras fuerzas y personas fuera a quienes les gustaría sacar las cosas de quicio, utilizar cualquier cosa para interferir con el trabajo de los maestros.

Después de llevar el tema al altar, el segundo paso es mirar al interior de la organización y decidir quién es la persona o cuál es el cuerpo en cuya área de responsabilidad yace el problema. Hay que acudir a ellos con el problema. Encontrar formas y caminos de señalar el error, haciendo saber a la gente que el paso dado es un paso equivocado. Y algunas veces, si no se actúa con rapidez, un día nos despertamos y vemos que las cosas han alcanzado un punto muy difícil de corregir. Pero hay que recordar que muchas veces hay que lidiar con temas así de una forma muy cautelosa y diplomática.

Yo diría que primero hay que dialogar. Este diálogo tiene dos propósitos. El primero es hacer ver a las personas responsables lo equivocado de la acción o el camino que están tomando. El segundo es que en lo interior, eso sirve para revertir la marea, haciendo retroceder el veneno que hay detrás de la acción equivocada.

Aunque lo enfoquemos de forma muy diplomática, podemos recibir una reacción negativa, incluso un ataque personal. No podemos hacer que la gente no diga lo que quiera sobre nosotros o que no haga lo que quiere hacer. Pero siempre la podemos derrotar, y la forma de hacerlo es acordarse de ir al altar.

Cuando encontremos un problema, el altar es el lugar donde tenemos el arma más poderosa para afrontarlo. Y hay que ser siempre específicos. Si se ha tomado una decisión equivocada o si las cosas parecen ir en la dirección errónea, hay que pronunciar los nombres de todas las personas involucradas ante el altar. Ahí es donde encontramos siempre la victoria.

Al continuar haciendo nuestro trabajo espiritual sobre el tema, hay que estar agradecidos por las informaciones que nos lleguen. No hay que asustarse. No importa lo que oigamos ni lo malas que parezcan las cosas, hay que recibir la información que nos llegue como la oportunidad de hacer nuestra entrega perfecta a la Hermandad ante el altar.

Capítulo 33

# Extensión de mi vida

Mi primera visita a la sede central de la Iglesia en los Estados Unidos fue en 1978. La siguiente vez fue en 1981, cuando Madre me invitó a asistir a Summit University nivel II. En 1991 había estado lejos mucho tiempo y necesitaba volver. Siempre he sentido que espiritualmente el Retiro Interno es nuestro hogar y no se puede estar lejos del hogar durante diez años. Necesitaba volver y ver qué había, como para refrescarme. Así que escribí a Madre para dejarle saber que había hecho planes para viajar y que estaba pensando en asistir a Summit University nivel III.

Había sido Director de la Iglesia de Ghana y de toda África desde enero de 1982 y también sentía la necesidad de retirarme y permitir que otra persona se subiera a la montura y continuara con la misión. Cuando llegué al Retiro Interno, fui a la Oficina de Ministerio para hablar con Annice Booth, que era entonces la directora. «Annice, estoy pensando en retirarme.»

Ella dijo: «¿Qué? ¿Acaso tienes 144 años?».

«No», dije yo, «tengo cincuenta y nueve».

Y ella dijo: «Tienes que pasar doce años en cada línea del reloj. Y si no lo has hecho, entonces no pienses en retirarte. Yo tengo doce años más que tú, pero sigo trabajando, no pienso en retirarme». Los dos nos reímos.

Eso se me quedó grabado. Doce años en cada línea del reloj, menuda cosa sería eso. Pero si eso es tan obvio, ¿por qué Dios dijo setenta en la Biblia? Y seguía reflexionando sobre eso en mi corazón. Llegué a la conclusión de que con diligencia y por la gracia de Dios, y sólo por su gracia, nuestra vida se puede extender más allá de los setenta años de edad.

Cuando Madre me estaba bendiciendo como ministro laico, uno de los llamados que hizo a Hilarión fue que me alargara la vida. Cuando lo oí me puse muy feliz. Desde entonces siento que los maestros me han protegido; y he rezado, especialmente a la Virgen María, para que mi vida se alargue. Y cada vez que hago esta oración, siempre digo: «Pero que esos años estén llenos de fortaleza, determinación y compromiso para hacer el trabajo de los maestros».

# Capítulo 34

# La verdad retransmitida

En el año 2000, después de hacer mucha expansión con conferencias públicas, sentíamos la necesidad de llegar a una audiencia más grande. Habíamos visto el éxito que habían tenido nuestros programas de televisión en la década de los ochenta y decidimos intentar introducirnos en la radio. Tomamos la decisión en una reunión de la Junta de la Iglesia de Ghana.

Antes, yo había ido con el Rev. Donkoh a visitar unas cuantas estaciones, pero no recibimos una buena respuesta de ninguna de ellas. Así que enviamos a uno de nuestros voluntarios del equipo de trabajo para que fuera a hablar con las estaciones de radio, para ver si alguna nos recibía.

Encontró una estación que respondió favorablemente, Canal R, y volvió para decirnos que nos teníamos que reunir con ellos e intentar hacer un buen trato. Fui a encontrarme con el director comercial de la estación de radio. Nos sentamos y hablamos. Él dijo que no quería nada controvertido. Yo dije: «No se preocupe, la palabra de Dios no puede ser controvertida. Puede que otros tengan temas controvertidos, pero no esta Iglesia Universal y Triunfante».

Así que hicimos un trato. Él puso el precio, y firmamos un contrato de seis meses. Enviamos un cheque y pagamos por toda la serie de veintiséis programas.

El programa de radio se emitía en directo todos los

domingos por la mañana, a las seis, durante treinta minutos. El programa se llamaba *Las llaves del reino*. Yo hablaba de veinte a veinticinco minutos y el resto del tiempo era para llamadas. Fue realmente maravilloso. La gente llamaba con toda clase de preguntas sobre las enseñanzas de los maestros, lo que había oído y lo que probablemente había leído en otra parte. Y contestábamos a todas ellas.

Las cosas iban muy bien hasta que una semana prediqué sobre el karma y la reencarnación, el eslabón perdido del cristianismo. Di las enseñanzas de Madre sobre el tema. Expliqué que el propio Jesús enseñó la reencarnación y que está en la Biblia. En Mateo, capítulo 11, Jesús dice que Juan el Bautista es Elías que ha vuelto. Y dije que los pastores y los ministros no decían la verdad y que la gente quería que sus pastores les dijeran estas cosas.

Ese programa en concreto creó bastantes problemas entre uno de los ministros de otra iglesia y su congregación. Tengo entendido que una persona de esa congregación preguntó al ministro: «He oído esto y esto en el programa de radio del Rev. Kyei. ¿Es cierto todo lo que dijo?».

El ministro dijo: «Sí».

El hombre replicó: «Entonces ¿por qué no nos lo había dicho?».

Eso provocó un montón de controversia en esa iglesia. Parece que el Consejo Cristiano también se sintió amenazado, por lo que utilizaron sus conexiones con el propietario de Canal R para que cancelara nuestro contrato. Fue una decisión unilateral. No me lo dijo hasta que llegué para hacer el programa un domingo por la mañana. «Lo sentimos, pero ya no puedes hacer la emisión.»

«¿Qué?», dije yo. «Hemos pagado por todos los programas. No les debemos dinero. La estación nos lo debe a nosotros. ¿Quién ha tomado esta decisión?»

«El director.»

«Ni siquiera ha tenido la cortesía de decírmelo con antelación. Ustedes tienen mis números de teléfono. Al menos podrían haberme informado.»

Cuando surgió controversia sobre ese tema, me retiré. Cuando Madre visitó Ghana en 1978, el Consejo Cristiano produjo oposición. Y ahora, muchos años después, cuando se dieron cuenta de que era el mensaje de Elizabeth Clare Prophet lo que salía en la radio, se levantaron en contra otra vez.

Canal R nunca me devolvió el dinero y nosotros no lo buscamos. La actitud del director de la estación fue tan repulsiva que ni siquiera quise sentarme con él.

Así que fuimos a buscar otra estación, y encontramos Elección FM. Tuvimos una larga entrevista con el director comercial, que se entusiasmó de veras. Creía que quizá tuviéramos un buen mensaje para la gente.

De hecho, la estación fue más allá. Me invitaron a asistir a un programa de radio producido por la propia estación. Yo, medio en broma, dije: «Bueno, cuando yo aparezca en su estación con mi programa, ustedes me cobrarán. Por tanto, si quieren que yo aparezca en su programa, yo debería cobrarles a ustedes».

Ellos dijeron: «No, no, no. ¡Es para promover su programa!».

Por tanto, mientras hacía mi propio programa de radio, también asistía al de ellos, un programa de tertulia sobre temas religiosos. Estuve en esa estación durante más de seis meses, una vez a la semana. Asistíamos al programa de tertulia gratis, pero pagábamos 600.000 cedis de Ghana por cada uno de nuestros programas. Era mucho dinero para nosotros, más de 6.000 dólares por toda la serie, pero vimos la respuesta que dio la gente que llamaba y el entusiasmo por las enseñanzas, y pensamos que el gasto merecía la pena.

Después de haber hecho nuestro programa de radio durante varios años, pensamos en intentar entrar en televisión. En 2005 estuvimos seis meses en Metro TV y otros seis en TV3. Fue a la misma hora, los domingos por la mañana a las seis, durante media hora, y ese programa también se llamó *Las llaves del reino*. ¡Y cuántas llamadas! La gente que se sintonizaba estaba realmente interesada en lo que decíamos. Incluso cuando dejamos el programa, me encontraba con gente en la calle que me reconocía, y me preguntaba: «¿A dónde se fue?».

Yo decía: «Seguimos aquí».

«¿Qué le ha pasado al programa de televisión?»

«Vamos a volver."

«¿Se paró por culpa del dinero?»

«En parte.»

«Entonces apelen a la gente. Nosotros contribuiremos.»

Pero no fue sólo por dinero por lo que lo dejamos. Exigía mucho trabajo y tiempo. Hay que investigar, hay que asegurarse de que lo que se le dice a la congregación es correcto. Cada semana, durante un año, fue mucho. Pero en general impresionó a la gente. Esa era la época en la que si se mencionaba la Iglesia Universal y Triunfante, la gente decía: «Oh, la Iglesia del Rev. Kyei». Así se nos llegó a conocer. Fui un personaje mediático por un tiempo.

Llegamos a la mayor parte de Ghana con este programa de televisión. El personal de TV3 dijo que su audiencia era más de ocho millones de personas. ¡Imagínese! En treinta minutos, llegas a ocho millones de personas con las enseñanzas de los maestros.

Una vez estaba visitando Nigeria, lejos de Ghana, y sonó el teléfono. Descolgué y ahí estaba la voz de un hombre, que preguntó: «¿Es el Rev. Kyei?».

«Sí», dije yo.

«Buenos días. He estado siguiendo su programa.» Se presentó y dijo que nunca se había perdido mi programa de televisión. Pensaba que todo lo que decía en ese programa era verdad, aunque él era musulmán. Y en lo que a él se refería, sólo había tres ministros a quienes merecía la pena escuchar, y el Rev. Kyei era uno de ellos.

Yo dije: «Alabado sea Dios y gracias a él, porque el mensaje es la verdad».

Los maestros verdaderamente poseen las llaves de la vida. Porque en las enseñanzas de los maestros no hay controversia, no hay duda. No hay diferencia entre la verdad que la Iglesia debe predicar y lo que es verdad en el corazón de la gente.

Mucha gente me ha hecho el comentario de que en esta Iglesia, al escuchar las palabras de los maestros, inmediatamente uno siente en su corazón que es la verdad.

Capítulo 35

# Cincuenta y siete años

Mientras hacíamos nuestro programa en TV3, la estación también me pidió que asistiera a un programa social que se emitía por la noche. En ese programa hablábamos de problemas familiares, especialmente del matrimonio. Con frecuencia hablé de la forma adecuada de enfocar el cortejo, la dote y otras cosas.

En uno de los programas dije que si alguien contempla el matrimonio, tiene que decidirse por tener una relación que dure toda la vida. No es una cuestión de probar, como algunas personas creen en estos tiempos, para ver si les gusta: si no encaja conmigo, lo dejo. «Nosotros no hacemos eso», dije. «Llevo casado cincuenta años», los años que llevaba en aquel entonces.

La presentadora del programa dijo: «¿Qué ha dicho?».

«Mi esposa y yo llevamos casados cincuenta años».

«¡Cheee!»

«¿Qué hay de malo en eso? Así debe ser. Ella es mi compañera para toda la vida.»

«¡Cincuenta años!», dijo ella. «¡Cheee!» No se lo podía creer. Se le había olvidado que estaba en un programa de televisión. Tenía menos de treinta años de edad.

Le dije: «El matrimonio es una sociedad de por vida. Por eso hay que tomarse el tiempo necesario para encontrar a la persona adecuada. Los dos acuerdan juntos compartir su vida.

Es una amistad. Si uno quiere un verdadero amigo en este mundo, un amigo en quien se puede confiar, además de Dios, ese amigo es la esposa o el esposo. Si uno tiene otros amigos con prioridad sobre esa relación, el matrimonio no funcionará. Vendrán los celos, se producirán chismes y murmuraciones innecesarias».

Mi esposa, Elizabeth, es mi compañera. Cuando trabajaba en el campo de los negocios, llegaba a casa y, si tenía problemas con el negocio, me sentaba tranquilamente y ella se daba cuenta, y esperaba. Después de cenar me sentaba a ver las noticias en la televisión. Ella venía y se sentaba a mi lado, y decía: «Tío, ¿qué pasó cuando fuiste al trabajo?».

Yo decía: «No pasó nada».

Y ella decía: «Creo que algo pasó, porque no estás como siempre. Estás demasiado callado. ¿Quieres decirme lo que ocurre?».

Me seguía preguntando hasta que yo le decía lo que había pasado. Entonces me decía: «Eso no es ningún problema. Hazlo de esta forma, hazlo de aquella forma, hazlo de esta otra forma».

Doy gracias a Dios por haberme casado con esta mujer. Yo aplicaba las sugerencias que me daba, y tenía mi paz y mi libertad. Sus soluciones funcionaban. Ha sido una verdadera amiga. Algunas veces me decía: «Te olvidas de lo que me dijo tu madre».

«¿Qué dijo mi madre?»

«Cuando tu madre se marchaba de Nsawam, en la estación del ferrocarril dijo que tenía que considerarte como mi padre, mi tío, mi hermano, mi todo.» Y se le quedó grabado. Así que, aunque vivimos como hombre y mujer, ella no piensa en nosotros como hombre y mujer, piensa en mí como su hermano.

Ha sido una buena compañera y llevamos casados cincuenta y siete años. Nunca nos hemos peleado, ni una sola vez. En nuestra cultura es muy habitual encontrar a las mujeres siempre protestando de sus suegras, de sus suegros, de sus parientes, de sus amigas y sus esposos. Pero Elizabeth no lo hace. Si hay algo que no le gusta, me lo dice. Hemos aprendido que sea lo que sea que te preocupe, se habla y se afronta. No se guarda.

Elizabeth es una buena mujer. Nunca les contaba sus problemas matrimoniales a sus amigas. «¿Os creéis que soy tonta?», les decía. «¿Qué matrimonio no tiene problemas? Vosotras tenéis vuestros propios problemas, ¿y queréis que os cuente los míos?» Eso es lo que les decía a sus amigas.

Por tanto, al mirar atrás, estoy muy agradecido a Dios por haberme casado con esta mujer.

Capítulo 36

# «Depende de ti»

Una vez oí de un sacerdote católico una historia interesante sobre el poder de la oración.

Había una señora mayor católica en Kumasi que era muy respetada en la comunidad. Todas las mujeres y las muchachas jóvenes de esa zona confiaban en ella y le daban sus joyas para que las cuidara. Lo más valioso para las mujeres de África son sus joyas, y esas muchachas sabían que fueran a donde fueran, al regresar esa señora estaría ahí y sus joyas estarían seguras.

Cada mañana, a las cinco, la señora caminaba más de dos millas para ir a la catedral católica de Kumasi y asistir a la misa. Un día se levantó, fue a la catedral y volvió. Cuando se marchaba o regresaba a su casa, lo primero que hacía era mirar donde tenía las joyas. Ese día, cuando volvió, las joyas no estaban.

No hizo ningún ruido. No le preguntó a nadie en la casa qué había pasado. Simplemente se dio la vuelta y se fue caminando otra vez a la catedral. Fue y se arrodilló ante la estatua de la Virgen María, y dijo: «Madre, cuando volví esta mañana de misa, las joyas de las jóvenes que guardaba habían desaparecido. No estaban. Tú sabes que esas joyas no son mías. Son de las muchachas. De ti depende si las joyas aparecen o no, y de qué forma aparezcan».

Cuando el cura me contó esta historia, al llegar a este punto sonreí. Era una oración tan sencilla. «No se ría», dijo, «es la oración más sencilla que se puede ofrecer».

173

Después de que la anciana dijera su oración, se levantó y volvió a casa. En los tiempos que corren los carismáticos dirían que lo que sucedió a continuación fue un milagro.

Cuando estaba a punto de entrar en su casa, vio a un joven que llevaba algo sobre la cabeza. Se acercó a ella, y dijo: «Anciana, cuando salió esta mañana vine por esto, pero ahora lo devuelvo». Era un montón de joyas. Había estado vigilando atentamente durante algún tiempo y aquella mañana se las había llevado.

Ella le miró, y dijo: «Ve y ponlas donde las encontraste». El hombre entonces entró en la casa, devolvió las joyas y se marchó.

La señora se fue derecho de su casa a la misión católica y le dijo al cura lo que había ocurrido. Más tarde, ese mismo día, yo me reuniría con él y hablaríamos de la eficacia del rosario. «Es cierto», dijo él, «el rosario es muy poderoso». Y me contó esta historia. Es muy cierto, algunas veces la oración actúa muy, muy rápidamente y eso confunde a la mente.

Yo sonreí, y él dijo: «¿Por qué sonríe?».

«Usted es sacerdote católico. Pero le diré que yo esto lo sé incluso mejor que usted. La Virgen María actúa, y lo hace con mucha rapidez. Si confiamos en ella, es verdaderamente una madre. Pero hay que decírselo. Ella lo ve, ella lo sabe. Pero espera la oración específica. Si no se lo decimos, no ocurre nada».

No sé qué le ocurrió al hombre que robó las joyas, pero algo sucedió porque la anciana le llevó el asunto a la Madre Divina, diciendo: «Depende de ti»; en ashanti, «eto gye woara». Así pone todo el desafío sobre la Madre Divina.

Cuando hizo esa oración, creo que inmediatamente la energía malintencionada regresó al hombre que había robado las joyas, que aún llevaba el bulto, aún no lo había soltado. La injusticia no puede perdurar: Dios ya ha pronunciado el juicio sobre ella. Invoca el juicio, que descienda.

Capítulo 37

# Curación

Cuando visité Nigeria hace varios años, había una persona de la congregación cuya esposa era la comisionada de la policía. Pregunté a este Guardián de la Llama dónde estaba su esposa y él me dijo que se encontraba en el hospital. Le pregunté si podía visitarla, y él asintió. Así que allá fuimos.

Allí estaba la mujer, que era la comisionada de la policía, y los médicos le habían dicho más o menos que no le sería posible volver a caminar. Nos sentamos a charlar. Hablamos durante un buen rato. Le pregunté cómo había enfermado.

Había trabajado en un alto puesto como comisionada de la policía y, como mujer que había llegado a un puesto tan alto, estaba claro que se había convertido en enemiga de las fuerzas que querían cometer crímenes. Y por las circunstancias que ella me contó de su enfermedad, y por el conocimiento que tengo de África y lo prevalente que es esta práctica, me di cuenta de que había sido víctima de magia negra.

Algunas veces mi Santo Ser Crístico me dice que pregunte algo y, en esas situaciones, hago preguntas directas y raras. Por eso dije: «Comisionada, ¿quiere usted volver a casa a cuidar de su esposo y sus hijos?».

Creo que no se esperaba esa pregunta y tan sólo me miraba. Yacía en la cama y no me contestó. Su esposo se sintió muy incómodo y empezó a gritarle: «¿Has oído lo que ha dicho el ministro». Así que repetí la pregunta dos veces más.

Ella me miró, y dijo: «Esto es lo que me han dicho los médicos: es imposible que vuelva a caminar. Pero claro que me gustaría volver a casa, si puedo. Me gustaría. Está bien».

Charlamos un rato más y dijimos: «Vamos a rezar».

Y rezamos. Creo que fue una de las que denomino mis «oraciones inusuales», cuando se me pone la voz profunda, se me saltan las lágrimas y siento dentro de mí que mi oración llega a su objetivo, que lo que quiero que haga la oración ha sido aceptado. Yo pensaba que había sido víctima de magia negra, por lo que pedí al Arcángel Miguel que la ayudara y pedí a la Elohim Astrea que prestara su ayuda. Concretamente, si me enfrento a temas de brujería y magia negra, siempre llamó a los Elohim. Siempre me digo a mí mismo que hacen falta los Elohim para desplazar a estos caídos. Con frecuencia incluyo un llamado al Elohim Ciclopea para que me dé la visión de cuál es la causa y el origen del problema. Por supuesto, acudo a María y a Kuan Yin para que intercedan y para que la llama violeta se lleve el pecado, la causa y el núcleo de cualquier karma que haya involucrado.

La oración terminó después de dos o tres minutos. Entonces la mujer se incorporó y empezó a mirar debajo de la cama.

El esposo le dijo: «¿Qué buscas?».

«Mis zapatillas.»

«¿Tus zapatillas? ¿Para qué las quieres?»

«Necesito mis zapatillas.»

El esposo encontró las zapatillas y se las dio.

Después de un rato, dije: «Quisiera despedirme porque mañana tengo que regresar a Ghana».

La mujer dijo: «Le acompaño a la salida».

Mi cara reflejó sorpresa, porque esta persona había estado en cama al menos dos meses y los médicos habían dicho que no era posible que volviera a caminar. ¿Acompañarme a la salida?

Se levantó, se puso las zapatillas y caminó; no de prisa, pero nos siguió hasta la puerta del hospital, que estaba a bastante distancia.

El esposo no podía expresar su sorpresa. Durante dos meses había estado yendo y viniendo para visitar a su esposa, yendo y viniendo cuidando de sus hijos en casa él solo. Se había convertido en la madre de sus hijos así como en el padre. Y aquí estaba ella caminando.

Al día siguiente viajé en avión a Ghana. Una semana después le llamé para ver cómo estaba su esposa. «Mi esposa», me dijo, «¡está conmigo en casa!».

«¡¿Qué?!», exclamé.

«Reverendo», dijo él, «el día después de marcharse usted, le dieron el alta en el hospital». Un verdadero milagro. Una rareza.

No creo que sólo me suceda a mí. Cuando alguien acude a mí para que le dé consejo o cuando hablo con una persona, intento sintonizarme. Me pongo en su lugar para sentir el origen de su problema. Me siento tranquilamente y observo a la persona, y la dejo hablar. Escucho con todo mi ser. Cuando ha terminado de hablar, me doy cuenta de la situación.

Recuerdo una señora que acudió a mí. Hablamos y luego le hice una pregunta muy brusca. «Le voy a preguntar lo siguiente, pero perdóneme y no se enfade conmigo. ¿Ha tenido alguna vez un aborto?»

No conocía a su esposo ni a ninguno de sus parientes. Pero cuando habló conmigo me sentí impulsado a hacer esa pregunta porque parecía que albergaba una sensación de culpabilidad, y no hablaba de ello.

Bajó la mirada. Estaba bastante impactada. Observé su reacción, y dije: «Lo siento. Perdóneme. No se sorprenda, pero creo que ahí está el problema. Se siente culpable de algo. Por eso pensé que debía preguntarle.

«¿Sabe que eso puede ser la causa de que no tenga hijos en esta vida? Pero es joven y aún no ha llegado a la fase en la que ya no puede tenerlos. Por eso sugeriría que se tome su tiempo, que hable con su Dios y pida que la perdone por ese aborto. Pídale a su Dios que la perdone. Dígale a Dios que esta vez tiene la voluntad de ser una madre de la vida. Dios la perdonará».

Se levantó y nos separamos. Vi que estaba aliviada y feliz. No he averiguado si recibió otro hijo o no, pero al menos quedó aliviada de ese peso.

Como ministros, puede que mucha gente acuda a nosotros con temas que les abruman. He aprendido que si tenemos paciencia y permitimos a la persona que hable con todo su corazón, recibiremos la respuesta al problema a raíz de lo que diga.

Con frecuencia les pido que escriban una carta de perdón. Recuerdo que Madre dijo que al dirigirnos a la Divinidad, el primer paso en cualquier situación es pedir la ley del perdón. Nunca se me ha olvidado eso.

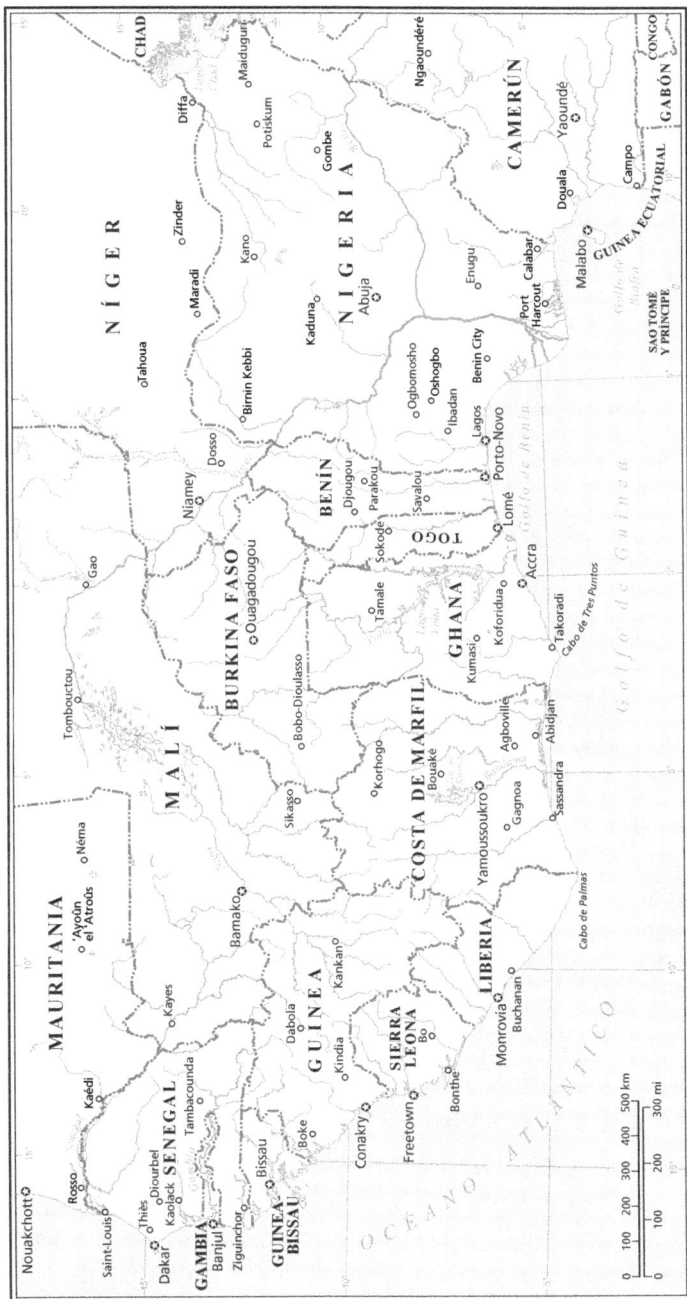

Capítulo 38

# Trabajo de misionero

Ser misionero en África no es fácil. En muchos lugares falta seguridad. Por ejemplo, en Nigeria Oriental, viajar por carretera no es seguro. Tienen rebeldes, algunos los llaman terroristas, que luchan contra el gobierno por el dinero del petróleo. Secuestran a la gente y piden recompensas. La única forma de viajar con seguridad es volar de ciudad a ciudad.

En diciembre de 2010 me encontraba en Calabar, en el este de Nigeria, y querían que fuera a otro centro. Varias veces había estado allí con anterioridad, pero ahora no era seguro. Le dije al líder: «Lo siento, no puedo ir. La red de carreteras no es buena, las carreteras están en mal estado. En segundo lugar, están secuestrando a la gente. Yo no soy de esa zona. Si me secuestran, ¿quién pagará la recompensa por mi libertad?». Es muy arriesgado para las personas de raza blanca. Es arriesgado incluso para los africanos.

En una visita anterior a Nigeria volé a Lagos, la capital, y pasé algún tiempo allí. Después viajé a la parte oriental del país y visité cuatro estados para hacer expansión: el estado de Ríos, el estado de Cross River, el estado de Akwa Ibom y el estado de Abia. Se habían hecho ya los arreglos para contratar los salones donde se iban a dar las conferencias y encontrar al público.

En esa ocasión volé a Nigeria solo, pero siempre viajo con alguien cuando llego a las zonas rurales. Así, cuando dejé Lagos para ir al este, Edna y Joseph, dos Guardianes de la Llama nigerianos, fueron conmigo. Yo fui en avión, pero ellos fueron por carretera y se encontraron conmigo cuando llegué a mi destino.

Me pusieron en un hotel. Nos sentamos todos, charlamos y hablamos de los temas que había. Entonces Joseph y Edna se marcharon a su alojamiento y me dejaron solo en el hotel. Creo que era mi tercera visita, por lo que no esperaba que sucediera nada fuera de lo común.

Sin embargo, poco tiempo después, estaba en mi habitación cuando la recepción llamó y me dijo que tenía visita. No esperaron a preguntarme si quería recibirla o no. Entonces oí como llamaban a la puerta. Abrí y vi a un hombre de gran tamaño, que dijo: «¿Es usted el Rev. Kyei, el hombre de Ghana?».

«Sí», respondí.

«Reverendo, ¿puedo entrar?»

«Entre, por favor.»

No conocía a ese hombre de nada y no debía hacer eso, no era seguro invitarle a mi habitación, pero no esperaba que ocurriera nada raro. Creía que estaba interesado en las enseñanzas y que había visto un cartel afuera. Así que le dejé entrar.

Empezó a preguntarme por qué estaba allí, de dónde era. Luego dijo: «¿Tiene algo de coca?».

«Quizá deba preguntar en recepción, puede que la vendan», dije yo.

«No, no me refiero a la bebida Coca-Cola. Quiero decir coca.»

Le dije: «¿Qué coca?».

Creía que se refería a la Coca-Cola, pero hablaba de cocaína. Al decir yo eso, se dio cuenta de que estaba tan verde, que ni siquiera sabía de lo que hablaba.

Entonces cambió de tema. Empezó a hablar de lo que yo iba a hacer allí y de cuál era la naturaleza de nuestra enseñanza así como otras cosas en general.

Tenía una pequeña cámara y me preguntó si podía sacar

fotografías, porque pensó que pudiera haber cocaína escondida en la cámara. Así que saqué algunas fotos.

Después de eso dijo: «Señor, vengo de el SSS (el Servicio de Seguridad del Estado). Teníamos información de que había llegado un visitante y debido a la naturaleza de la información dada, me enviaron a que le llevara del hotel a la estación del SSS».

Al verme se dio cuenta de que no era la clase de persona que manejara esas cosas, por lo que decidió sentarse y hablar, y después de preguntarme todas esas cosas se dio cuenta de que yo no hacía eso.

Antes de marcharse, dijo: «Cuidado con la gente de la recepción del hotel. Ellos me enviaron aquí».

Fue una experiencia muy desagradable. El SSS nigeriano puede llegar a ser muy rudo. Tiene fama de ser muy rudo. La gente de Nigeria sabe que la mayoría de los hombres de la seguridad del estado no son nada amables. Si ese hombre hubiera tenido la más pequeña de las sospechas, me hubiera llevado a la estación para ser interrogado. Pero los maestros me protegieron.

Al agente del hotel no le dije nada. Esperé hasta que Edna llegó desde donde se alojaba. Le conté lo que había ocurrido. «¿Por qué me pusiste aquí? Si sabías que la seguridad no era normal en esta zona, ¿por qué me dejaste solo en este hotel? Si ese hombre se hubiese comportado con dureza y hubiera seguido sus instrucciones estrictamente, me hubiera llevado a la estación. Ninguno de mis amigos hubiera sabido dónde estaba. Si fue el hotel quien dio la información, seguramente habrían dicho: "Oh, ha salido"». No les habría importado. Estaba un poco enfadado con Edna.

Edna fue a ver al director del hotel y a su personal, y se puso muy seria con ellos. Estaba furiosa. Les dijo cosas muy fuertes. Nos marchamos del hotel inmediatamente y me registré en otro. De hecho, estaba tan molesto por lo que había pasado que, de no haber estado tan decidido a continuar con lo que tenía que hacer, lo habría cancelado. Pero celebramos la expansión como estaba planeado y no dijimos a los otros miembros del grupo lo que había ocurrido hasta que estábamos a punto de marcharnos.

Así son las situaciones a las que algunas veces nos enfrentamos cuando vamos por África, porque en muchos países tenemos, a falta de un término mejor, líderes y gente con poder que no quiere compartirlo con nadie. Tratan a su gente muy mal. Se convierten en tiranos y tienen policía de seguridad, que también se comporta de forma muy ruda con su propia gente. Es un problema en muchos países.

Camerún es el siguiente país al este de Nigeria. Allí había un Guardián de la Llama con quien había mantenido correspondencia a lo largo de los años. Una vez le pedí que organizara una visita para poder hacer una conferencia pública e inaugurar oficialmente el grupo. Tenían unas seis u ocho personas que se reunían regularmente para hacer decretos.

Estábamos a punto de establecer la fecha para mi viaje al país, cuando le pregunté si estaba seguro de que mi visita era buena idea. «Oh, reverendo», dijo, «creo que debemos esperar un poco».

«¿Por qué?», pregunté.

El problema era que el grupo no se podía reunir en un sitio más de una vez. Tenían que reunirse en un sitio una semana y en otro la semana siguiente. Si te reunías en el mismo sitio, a la tercera tenías a la policía secreta llamándote. Así que movían sus reuniones de un lugar a otro.

Le dije: «No me quiero arriesgar. Tengo mejores cosas que hacer que arriesgarme en una situación así en ese país».

Así que lo cancelamos. No sé si él sigue allá o si ha sido trasladado o que le ha pasado. Nunca volví a saber de él.

He estado en Sudáfrica y Kenia, y no he tenido ningún problema en esos países. Me invitaron una vez la República

Democrática del Congo\*, pero era en la zona donde tenían la guerra civil y no era seguro.

Por mi experiencia, los países de habla francesa son muchas veces donde la gente tiene menos libertad en sus sistemas políticos. Incluso justo al otro lado de la frontera de Ghana, en Togo, no es seguro tener un grupo. Si eres católico o de una de las iglesias ortodoxas, la policía irá a averiguar lo que estás haciendo. Y si descubren que la organización tiene sus raíces en los Estados Unidos, el problema es aún mayor. En algunos países africanos la palabra CIA se ha convertido en algo aterrador y creen que cualquier conexión con los Estados Unidos es indicativo de una involucración con la CIA.

Algunas veces los problemas que hay actualmente en esos países tienen su raíz en cómo fueron fundados. Existe violencia porque la fundación fue violenta. El primer líder de Congo Kinshasa fue Patrice Lumumba, que fue entrenado en una escuela de luchadores por la libertad de Ghana.

Kwame Nkrumah, el primer presidente de Ghana, estableció ese campo de entrenamiento. Cuando enviaban a la gente allá, la ponían en un avión y volaban en círculos para que pensaran que habían estado viajando todo el día, fuera de Ghana. Entonces aterrizaban por la noche y se los llevaban al campo de entrenamiento. Estaba bastante cerca de mi aldea, un antiguo lugar minero a unas dos millas de la carretera campestre. Estaba cercado para que nadie pudiera entrar.

Patrice Lumumba fue entrenado ahí, y fue al Congo a provocar agitación en favor de la liberación de los belgas. Los belgas tenían sus propios secuaces y también conspiraron contra Lumumba. Fue un tema violento, le torturaron. Él tenía a los que le apoyaban, y se produjo una guerra civil.

El país fue fundado sobre violencia y nunca han conocido la

---

\* La República Democrática del Congo se conocía anteriormente como Zaire, y antes de eso como el Congo Belga. Este país también es comúnmente conocido como Congo Kinshasa, siendo Kinshasa la capital. La vecina República del Congo, anteriormente una colonia francesa, es conocida también como Congo Brazzaville.

paz desde que se independizaron en 1960. Este país está al nivel del chakra del plexo solar del continente africano. El chakra del plexo solar es el chakra del sexto rayo, el rayo de la paz, que es lo que debería haber en ese país. Sin embargo, existe agitación y guerra. El informe de las Naciones Unidas sobre la guerra civil decía que muchas de las mujeres habían sido violadas por los rebeldes e incluso por las tropas del gobierno. Asesinaron a algunos soldados de Ghana que se encontraban allí como parte de una misión para mantener la paz.

El Congo va por el mismo camino que Somalia, pero en una escala distinta. Es un país muy grande, enormemente rico en recursos naturales. Si sus portadores de luz se pudieran levantar y derrotar a las fuerzas de la oscuridad que los han oprimido, si pudieran limpiar los registros del pasado con la llama violeta, su país podría ser una gran fuerza para la luz del continente de África.

# Capítulo 39

# Nuestro hermano Afra

A alguien que nunca haya oído hablar del Maestro Ascendido Afra diría lo siguiente:

Sabemos que a las personas con frecuencia se les pone el nombre de algún gran hombre, que incluso pudiera ser un miembro de la familia, un tío, un abuelo. Igual ocurre con las naciones. Y así, África es un gran continente que lleva el nombre de un alma muy, muy grande que tuvo una vida de virtud, amor y compasión, una vida de hermandad.

Este gran hombre se llama Afra. Dicen que le llaman *«frater»*, el término latino que significa «hermano». Este hermano vivió hace mucho tiempo y enseñó a la gente a amarse mutuamente y a considerar a todo el mundo como hermanos y hermanas. Le encantaba enseñar a los hombres la unidad que debería existir por encima de todo. Eso fue lo que mostró a la gente y de lo que habló y predicó.

Es un gran hombre y su grandeza no la puede igualar nadie en nuestro continente actualmente. Es amoroso y muy guapo. Si usted viera su cara sabría que es el rostro de amor y compasión. Si todos los que vivimos sobre suelo africano, y no sólo en África sino por todo el hogar planetario, siguiéramos su enseñanza, habría paz en todas partes.

Pero igual que con otros grandes hombres, ni él ni su enseñanza gustó a algunas personas. Igual que conspiraron contra el Señor Jesucristo, conspiraron contra Afra, y lo mataron, como hicieron con Jesús. Nos dicen que este acontecimiento ocurrió hace más de medio millón de años.

Afra llegó a ser un maestro ascendido y puedo decir que está vivo y muy involucrado con la gente y los acontecimientos actuales de África. Usted puede ponerle a prueba pidiéndole, «hermano Afra, ayúdame a ser amoroso y compasivo como tú». ¿Quién sabe? Quizá realmente se haga amigo suyo.

Hay una pequeña aldea en la región de Volta, en el lado oriental de Ghana. Allí había una mujer comerciante que era muy generosa y que ayudaba mucho a la gente. Un día recibió a un visitante que se quedó con ella dos días. Cuando el hombre se marchó, la señora le preguntó su nombre. «No importa», dijo él. No le dijo su nombre y se marchó.

Al año siguiente, en la misma época del año, este visitante volvió, se quedó con ellos una semana y se marchó. Una vez más que ella le preguntó su nombre, y él repitió: «No, no importa».

Hay una montaña cerca de esta aldea así como una cascada, muy hermosa. Ella pensó que quizá el hombre buscaba cascadas o lugares que pudieran visitar los turistas.

El tercer año, en la misma época, se quedó con ellos otra semana. Esta vez, antes de marcharse, pidió a la mujer que le llevara al jefe de la aldea, cosa que ella hizo.

El hombre le dijo al jefe de la aldea: «Cuida de esta mujer, porque ella es un punto de unificación y es capaz de unir a toda la gente». Le dijo al jefe que ese lugar sería en el futuro un centro donde todas las aldeas de los alrededores podrían reunirse para el desarrollo de la zona. El jefe le dio las gracias.

La mujer llevó al visitante de vuelta a su casa. Cuando el hombre se despidió de ella y estaba a punto de marcharse, ella dijo: «Esta vez me tienes que decir tu nombre. ¿Cómo te llamas?».

Él dijo: «Afra». Y le dio a la mujer un trozo de tela como regalo. El hombre no esperó más. Dijo cuál era su nombre, le dio el regalo y se marchó. Ese trozo de tela me llegó a mí, y aún lo tengo.

Esto sucedió hacia el año 2000. Fiel a lo que dijo Afra, la aldea se está expandiendo. Tienen una junta turística que ha desarrollado la cascada como atracción turística y están recibiendo más visitantes. La mujer es la madre de uno de nuestros ministros, y falleció en 2010.

Algunas veces la gente me pregunta: «¿Has visto a Afra? ¿Lo puedes describir?». Y yo digo: «Sí». Ocurrió en Sudáfrica.

En una de mis visitas hace pocos años, estaba hablando de Afra a la comunidad. Y, he aquí, él apareció: alto, de constitución media, muy, muy hermoso. Y su presencia se expandió para llenar casi toda la sala, como si todos viviéramos dentro de él.

Sonreí y dije: «¿Ven a Afra?».

Todos parecieron sorprendidos. Yo lo vi con mi ojo interior, pero nadie más lo vio.

Este hermoso hombre, cuando se le ve la cara, es tan serena, llena de calma. Su amor y su gran corazón se pueden ver en su rostro. Si usted lo viera creo que lo amaría a primera vista. Así es Afra. Tenía la misma apariencia que el retrato que tenemos nosotros, excepto que la cara era un poco más ancha que la de la imagen.

Cuando lo vi, y cuando después oí la historia de que Afra apareció en el este de nuestro país, mi mente regresó al dictado que Afra dio en Ghana en 1976, en el que dijo: «Camino por las calles de Accra todos los días. Cuando veo la falta de unidad entre la gente, me rasgo las vestiduras».

Entonces pensé en la tragedia que por desobediencia llevó a la caída del hombre. Una tragedia muy grave porque toda la belleza y alegría de las que podríamos haber disfrutado todo este tiempo se perdieron.

La verdadera y exclusiva revelación del Señor, el Ser Crístico, la Poderosa Presencia YO SOY, la belleza del más allá,

El Maestro Ascendido Afra

no se puede describir con palabras aquí en la Tierra. La serenidad y la sensación de gozo en el corazón de cada ser en las octavas superiores va más allá de lo que encontramos en el mundo físico. En el cielo no hay pretensiones por parte de las personas. No hay luchas. No hay que pensar en la forma de proceder, porque la forma es natural. En el más allá, la alegría y la belleza son el flujo natural de la vida.

Capítulo 40

# El Buen Pastor

Cuando se quiere establecer un nuevo grupo para estudiar las enseñanzas de los maestros, creo que se empieza con la conversación. Cuando tenemos a un amigo o a alguien que creemos que está interesado en el sendero esotérico, entablamos conversación con él. Tenemos un libro que creemos le interesará a él o a ella y se lo prestamos por un tiempo.

Si parece que la persona tiene interés, se organizan visitas con ella, se le hacen unas cuantas preguntas sobre el libro y sobre lo que ha leído. Siempre miramos el nivel de interés que hay. Si la persona no expresa ningún interés, no hay que presionar. Si lo hacemos, lo estropearemos todo. Por eso hay que ir con mucho tiento. Si descubrimos que hay un verdadero interés, entonces podemos invitar a la persona a que vea un vídeo.

Sugiero que vean algo con la mensajera para que puedan verla. Madre es un alma hermosa y al verla hablar, no podemos más que quedar impresionados. Yo preferiría que los que buscan tengan un contacto cara a cara. Esto puede tener lugar en casa, de una forma informal. Si el ambiente es demasiado formal, se pueden sentir incómodos. El vídeo no debe ser largo; media hora es suficiente. Si el vídeo dura más, hay que pararlo después de una media hora o así para que les queden deseos de ver más.

Se trata de un período de prueba. Lo llamo la etapa de exploración, en la que se intenta descubrir el nivel de interés genuino que hay por las enseñanzas. Hay que animarles a que hagan preguntas. Si no las hacen, puede ser señal de poco interés, en cuyo caso no hay que seguir intentándolo.

Sin embargo, hay personas que no hablan mucho y necesitan que las animen, porque algunas personas que están buscando, cuando por primera vez se presentan las enseñanzas de los maestros, pueden sufrir confusión. Hay tanta profundidad en las enseñanzas que puede que hasta se queden como alucinados. Hoy día esto se da particularmente en África, donde tenemos tantos carismáticos poniendo basura en la mente de la gente.

Hay que introducir a la gente a las enseñanzas de una forma muy gradual. Si la persona muestra un verdadero interés, se continúa. Entonces podemos buscar a otra persona. Cuando tenemos a dos o tres, podemos formar un grupito que se reúna cada semana a una hora determinada. Ponemos un vídeo de media hora. Animamos a las personas a que hablen y a que hagan preguntas. Aunque tengan conocimientos espirituales, las enseñanzas de los maestros son distintas a lo que puedan conocer. Por eso las animamos a que hablen para que nos digan lo que piensan. Estas reuniones no deben durar mucho tiempo, entre cuarenta y cinco minutos y una hora. Si duran más, que sea porque las personas lo desean.

Al formar un nuevo grupo, siempre hay que animar a los miembros a que participen activamente. El líder no tiene que preparárselo todo a ellos. Tienen que tomar decisiones. Cuando se ven involucrados, se ponen contentos. Cuando saben que la decisión es suya, suyo el pensar que establece la dirección, quieren participar.

Desde esta etapa de exploración, les animamos a que se inscriban como Guardianes de la Llama. Les damos el folleto de los Guardianes de la Llama para que lo lean después de uno o dos vídeos o de una o dos sesiones, cuando estamos seguros de que tienen interés. La duración de la etapa de exploración depende de la gente. Están los que ya han pasado cierta etapa en lo interior, que vienen y después de dos o tres sesiones preguntan si pueden inscribirse. Otros necesitan un período de introducción más largo.

La mayoría de la gente de Ghana va a la iglesia los domingos por la mañana, por lo que los domingos por la tarde son convenientes al principio para hacer reuniones semanales. La gente puede ir a sus iglesias los domingos por la mañana y después reunirse en Summit por la tarde. Desde esa etapa, el resto depende de ellos. ¿Qué quieren hacer? Llegados a cierto punto, podrán dirigir eventos de expansión en su localidad para atraer a más gente.

Hay que tener el trabajo espiritual o la cosa no durará. La gente también tiene que aprender en cada reunión. Si la reunión dura una hora, yo utilizo los primeros quince minutos para hacer trabajo espiritual, aprender cosas sobre los decretos y hacerlos juntos. Utilizó la siguiente media hora para los estudios. El libro *La ciencia de la Palabra hablada* es bueno para empezar. En los últimos quince minutos presento un decreto más, y así se va creando su experiencia con decretos gradualmente.

Cuando introducimos un decreto nuevo, hay que primero dar enseñanza sobre él. Entonces la gente entiende por qué se hace el decreto. El primer decreto que yo enseño es el tubo de luz y llama violeta de «Decretos de Corazón, Cabeza y Mano». El segundo decreto debe ser un decreto de protección al Arcángel Miguel. «Protección de viaje» está bien porque todo el mundo la necesita y pueden hacer el decreto con facilidad, incluso cuando van de sus casas a sus lugares de trabajo. En África todo el mundo quiere protección porque saben que hay tanta magia negra. Después hay otros decretos de llama violeta, como «La Ley del Perdón», «Oh Saint Germain, Envía Llama Violeta» y «YO SOY la Llama Violeta».*

---

* Estos decretos y muchos más pueden encontrarse en *Oraciones, Meditaciones y Decretos Dinámicos para la transformación personal y mundial*, publicado por The Summit Lighthouse. www.TSL.org. Véase «YO SOY la Llama Violeta» en pág. 290.

Al reunirse una vez por semana, también deberían saber que aún están en el principio. Les hemos ofrecido un programa introductorio. Hay que decirles qué más hay a su disposición y dejar que elijan lo que quieran como añadidura. El servicio de curación de los miércoles gusta a mucha gente, porque todo el mundo quiere curación. Puede que quieran reunirse más de una vez a la semana o, si eso es demasiado, una vez cada dos semanas o una vez al mes. Dependiendo de cómo se ha presentado el tema, se explica el rayo verde y la llama de curación, lo que hace, lo que esperamos de ella. También es el rayo de la abundancia, algo que a todo el mundo le encanta tener. ¡Se pensarán que es una varita mágica y que el dinero se les manifestará!

El libro de decretos cubre todas las necesidades del hombre en el planeta Tierra. Lo que la gente busca en su mayor parte es protección, abundancia y la sangre de Jesús, que es la llama violeta. Su necesidad es la de ser sellados en el tubo de luz, por eso deberían conocer los decretos de protección y llama azul. Sin embargo, uno puede sentarse y pedir protección así como hacer esos decretos veinticuatro horas al día, pero si el organismo está contaminado y no se ha limpiado, no será suficiente. Han de saber que la llama violeta funciona de verdad, y en África con frecuencia lo entienden mejor cuando es la sangre de Jesús. Desafortunadamente, los carismáticos y los pentecostales de África han hecho de la sangre de Jesús algo desagradable, por lo que para explicarlo hay que ir más allá.

Esta enseñanza funciona maravillosamente allá donde las personas tienen a alguien que las enseñe. Especialmente lo que necesitan entender las personas son los fundamentos de los decretos. Para que esta enseñanza funcione la gente necesita aprender. Para que cualquier grupo sobreviva, sea firme, se expanda, debe haber un aprendizaje.

Para dar comienzo a un grupo desde cero, hay que aprovechar la oportunidad de hablar de las enseñanzas con los amigos. Algunas personas se sienten demasiado tímidas con eso, por lo que es importante aprender a hablar con los demás de las enseñanzas. Creo que el primer paso siempre es apelar al Espíritu Santo para que nos guíe. Si tenemos el deseo de compartir las enseñanzas con los demás, hay que hablar al Espíritu Santo diciendo: «Señor, esto es lo que deseo, compartir las enseñanzas con los demás. Tengo el deseo pero ni siquiera sé cómo empezar. Señor, ayúdame».

Busque la guía del Espíritu Santo. Haga amistad con el Señor, el Maha Chohán, el representante del Espíritu Santo para la Tierra, y propóngase conseguir el Espíritu Santo. Y hágase muy conscientemente discípulo de su propio Santo Ser Crístico. A él es a quien siempre tenemos. Él tan sólo espera que le pidamos algo.

Algunas veces descubrimos que incluso mientras dormimos, enseñamos o somos enseñados. Cuando tenemos esas experiencias, incluso cuando dormimos, es importante ponerlas por escrito, porque nos van a servir de guía. Nos pueden recordar algo importante.

El grupo de estudios es la plataforma básica para establecer las enseñanzas y es desde el grupo de estudios que se crece para llegar a ser un centro de enseñanza, que es un nivel más alto de compromiso y que recibe un mayor patrocinio de los maestros. Al nivel del grupo de estudios, es como si fuera kindergarten o una clase de primer curso. Si el profesor es bueno y da las bases, las lecciones son fáciles para los alumnos. Pero si se pierden las bases, es difícil recuperar y pueden producir tonos musicales muy erróneos. Por eso tienen que escuchar a Madre.

Por toda África (y por todo el mundo) hay gente que podría estar interesada en las enseñanzas, pero necesitan un líder. Algunas veces ni siquiera saben que están buscando a alguien que sea el pastor. Pero la mayoría de las personas que pertenecen a grupos religiosos quieren que alguien sea el líder, que organice, que arregle las cosas. Simplemente quieren ir, escuchar y marcharse. Por tanto, al establecer un grupo en una zona nueva, lo primero que se necesita es alguien que sea el líder.

Recientemente realizamos una expansión de dos días en Bolgatanga, en el extremo norte de Ghana. Al final del segundo día, mientras terminábamos, una de las personas preguntó: «Por qué no podemos tener un grupo aquí? Debemos tener un grupo». Asumió la responsabilidad de formar un grupo y convenció a unas cinco personas más para que se reunieran con él. Había otras personas en la zona que tenían algún conocimiento sobre The Summit Lighthouse y este hombre se ofreció para ponerse en contacto con ellas, decirles que se había establecido un centro e invitarlas a que fueran.

Una persona así probablemente haya pasado cierto nivel de compromiso con el sendero en lo interior, y está lista para seguir avanzando. Los maestros tienen sus discípulos por todo el mundo. Muchos sólo esperan que alguien provea el contacto que despierte la llamada interior.

Capítulo 41

# Viajar en África

A principios de 2010 me invitaron a visitar un grupo de Guardianes de la Llama en Congo Brazzaville. El Rev. Emmanuel Asiedu-Mante y mi ayudante, Nada Donkoh, fueron conmigo, y volamos primero a Lomé, la capital de Togo. De ahí viajamos a Malabo, en la Guinea Ecuatorial, que es donde empezaron nuestros problemas.

Llegamos allí y estábamos pasando por inmigración cuando uno de los agentes, creo que era de la policía de aduanas, tomó nuestros pasaportes. No nos dijo nada. Le seguimos y nos acomodó en una gran sala donde había mucha gente. Cerró la puerta que tenía un cerrojo electrónico con código. Una vez que entras, no puedes salir. Nadie nos dijo nada. Otra muchacha llegó y recogió nuestros billetes. Ahora no teníamos ni pasaportes ni billetes.

Nos las apañamos para encontrar al agente que se había llevado nuestros pasaportes, y le preguntamos: «¿Dónde están nuestros pasaportes?».

«¿Ustedes no hablan francés? Yo no hablo inglés.»

«Pero usted entendía inglés cuando recogió nuestros pasaportes. Ahora queremos saber qué ha pasado con ellos.» Fingió que no nos entendía así que nos sentamos un rato más.

Entonces buscamos a la muchacha que se había llevado nuestros billetes, pero no la pudimos encontrar. Finalmente se les ocurrió que tendríamos hambre, así que nos llevaron a un restaurante a comer y luego nos llevaron de vuelta. Emmanuel fue a preguntar a uno de los agentes sobre los pasaportes pero no le hicieron caso.

Entonces vi al agente que se había llevado nuestros pasaportes. Habíamos llegado a las dos y ya eran las cinco o las seis. Le quería preguntar qué teníamos que hacer si cerraban. ¿A quién le pediríamos entonces nuestros pasaportes? Al menos nos debían decir algo.

Había allí algunos caballeros y creí que uno de ellos pudiera hablar inglés. Así que acudí a él. Le pedí que averiguara lo que le había pasado a nuestros pasaportes.

El hombre me preguntó: «¿Usted no habla francés?».

Yo contesté: «No».

«¿A donde van?», preguntó.

«Al Congo.»

«Si no hablan francés, ¿por qué van al Congo?». Y se marchó. No me quería ayudar. En esta parte de África, se piensan que eres torpe.

A Emmanuel y a Nada les dije: «No os preocupéis. Sentémonos aquí. Al menos, cuando se haga de noche, estaremos bajo techo. No nos echarán afuera».

Nos quedamos allí hasta las nueve o las diez antes de que alguien viniera y nos preguntara: «¿Son suyos estos pasaportes?».

Finalmente nos dieron nuestros pasaportes.

«¿Dónde está el avión que nos debe llevar al Congo?», preguntamos. No lo sabía.

Habían apagado todos los letreros, así que no sabíamos nada sobre los vuelos. Sólo nos quedaba esperar.

Finalmente, anunciaron un vuelo. No sabíamos a dónde iba, pero dije: «Pongámonos en fila. Si no es nuestro vuelo nos dirán que nos marchemos».

Nos pusimos en fila y dio la casualidad de que era nuestro vuelo. Así que embarcamos y viajamos al Congo, a la ciudad de

Pointe Noire. En vez de llegar a las cinco de la tarde, llegamos a la una de la mañana. Afortunadamente, Barnabe, el líder del grupo, aún nos esperaba en el aeropuerto.

Pasamos por aduanas. Allí, igual que antes, el tipo de la cabina recogió nuestros pasaportes. No nos dijo nada. Así que esperamos. Finalmente el resto de la gente del avión se había marchado, y el funcionario nos dijo: «Vuelvan mañana».

Nosotros dijimos: «¿Qué? ¿Por qué mañana?».

Por suerte, Barnabe estaba con nosotros en la sala de llegadas y fue a preguntarle al funcionario lo que ocurría. El agente dijo que nos habían dado un papel como visado y que tenía que investigarlo y sellar los pasaportes después, y que teníamos que regresar al día siguiente. Barnabe nos aseguró de que no pasaba nada.

Por tanto, fuimos a recoger nuestro equipaje. Todo el mundo había recogido su equipaje, pero el nuestro no estaba. No había ningún equipaje. Fuimos a las oficinas correspondientes para quejarnos de haber perdido el equipaje. Vi a un hombre en el mostrador, y dije a Emmanuel: «Ese tipo es un guardia de seguridad, está vigilando. No sabrá nada de las maletas». Emmanuel dijo: «Es el que está en el mostrador, hablemos con él».

Así que dijimos al hombre del mostrador que nuestras maletas se habían perdido. Fue hasta su computadora y regresó. «¿Qué clase de maletas tienen?» Nos dio un catálogo y señalamos las maletas que se parecían a las nuestras. Volvió al mostrador, pasó un tiempo en la computadora y regresó. «¿De qué color son las maletas?»

Emmanuel me miró: «No me mires», le dije. «Ya te dije antes que este hombre no es el que se ocupa del equipaje». Le dijimos el color. Volvió a la computadora y trabajó en ella un poco más.

Volvió, y dijo: «¿Cuánto pesan?».

Emmanuel dijo: «Vámonos. Este hombre no nos va a decir

nada».

Así que nos llevaron al hotel. Ahí estábamos, en el Congo, sin equipaje, sin nada más que la ropa que llevábamos puesta desde Accra. Y todas mis notas para la conferencia de los dos días estaban en mi maleta.

Al día siguiente llamamos a la oficina de las líneas aéreas. «¿Por qué no llama usted a Malabo», dije, «donde nos quedamos durante ocho horas. Pídales que miren si las maletas están allí». El hombre de la oficina de equipajes dijo que ya les había enviado tres correos electrónicos, sin respuesta.

Debíamos salir en un vuelo ese domingo, después de que terminara el evento. El viernes le dije a Barnabe: «Ve a la oficina de las líneas aéreas y asegúrate de que nuestro vuelo sale cuando debe».

Barnabe dijo: «Oh, no te preocupes. Lo hará».

«Oye», dije yo, «no me digas que lo hará. Ve allí personalmente y compruébalo». No quería ir. «De acuerdo», dije, «iré yo mismo». Estaba preocupado por el seminario, pero debido a las dificultades que habíamos sufrido para llegar al Congo, también me preocupaba cómo volver a casa. Quería adelantarme a los problemas.

Así que fuimos a la oficina de las líneas aéreas, donde dijeron: «Oh, no viajarán el domingo. El vuelo se ha retrasado hasta el miércoles. No hemos podido informarles». En esta parte del mundo es posible que esperen unos días si no tienen suficientes pasajeros para el vuelo. Vuelan cuando tiene suficiente gente. Tenían todos nuestros números de teléfono, pero nunca nos llamaron.

El seminario comenzaba el sábado. Por fortuna he dado estas conferencias muchas veces, por lo que tenía la mayoría de las ideas en la cabeza. Pude dar las conferencias de memoria utilizando unas pocas notas que pude escribir, y todo fue bien.

A la conferencia pública asistió mucha gente, la sala se llenó. Teníamos un intérprete. El domingo hicimos un servicio y la sala donde lo realizamos también se llenó. Tuvieron que poner más sillas afuera. Después del servicio, hicimos lo que denomino un «foro abierto», una oportunidad de que la gente haga cualquier pregunta. A muchas de las personas les preocupaba la brujería y la magia negra, lo cual es normal en lo que respecta a muchos africanos. La gente de África vive todo el tiempo con miedo hacia estas fuerzas. Yo les dije que hay una salida a todo eso. Tenemos la ciencia de la Palabra hablada.

El seminario terminaba el domingo. Nos quedamos otros tres días y nos marchamos de Pointe Noire el miércoles. El avión nos llevó a Brazzaville, donde nos detuvimos para recoger a más pasajeros, y de ahí a Malabo. Allí encontramos a alguien que hablaba inglés y le pedimos que encontrara a alguien con quien pudiéramos hablar sobre el equipaje. «Esperen aquí», dijo, «encontraré a alguien que hable con ustedes».

El hombre nos trajo a un agente a quien explicamos el problema de nuestro equipaje. El agente desapareció durante un par de horas y después regresó con las maletas de Nada y las de Emmanuel.

Yo dije: «¿Y las mías?».

«Bueno, su maleta no llegó. Quizá tenga que preguntar en Lomé.»

«Por favor, ¿puedo ir con usted a la sala donde están las maletas para buscar yo mismo?»

Así que me llevó allí. Ni siquiera tenían una habitación donde almacenarlas. Habían tirado las maletas en la oficina donde trabajaban. Ahí vi la mía. Estaba sucia. «Esa es mi maleta.»

«De acuerdo, llévesela».

Así fue como recuperamos nuestras maletas. Habían estado ahí, en Malabo, una semana. Pero nuestros problemas aún no se habían terminado.

Nos montamos en el avión para volver a casa y nos dijeron que el avión no iba a Accra.

«¿A dónde va el avión?»

«A Togo. Se tienen que bajar en el aeropuerto de Lomé.»

Nosotros dijimos: «¿Pero cómo llegamos a Accra? Está a más de cien millas».

Ellos dijeron: «Cuando lleguen a Togo, ya hablaremos de eso».

Nos bajamos del avión en Lomé y fuimos a la sala de llegadas. Alguien se nos acercó y preguntó: «¿Dónde está su tarjeta amarilla?».

«¿Dónde está qué?»

«Su tarjeta amarilla.»

Por primera vez en este viaje levanté la voz (lo siento por el hombre), y dije: «¿Quién es usted para pedirnos una tarjeta amarilla? ¿Para qué quiere una tarjeta amarilla? Por favor, no nos moleste». Yo estaba enojado, y él se marchó.

Fuimos a la oficina de las líneas aéreas y vimos a una agente a quien le contamos nuestros problemas. Le dije a Emmanuel que estaba harto de esta agente y que debíamos negociar con ellos. Así que Emmanuel habló con ella. Finalmente ella estuvo de acuerdo en pagar un taxi para que nos llevara a Accra.

Llegamos al taxi y descubrimos que lo que las líneas aéreas habían pagado era inferior a la tarifa del taxi. Emmanuel quiso pagar la diferencia. Habíamos llegado a Togo a las dos de la tarde y eran las cinco cuando organizamos el viaje en taxi.

Guardamos todas nuestras cosas en el taxi, pero cuando empezamos a salir, de repente un policía empezó a gritarnos, dando golpes al taxi y diciéndonos que nos detuviéramos. Otro policía sacó su arma.

El conductor se detuvo, y dijo: «¿Cuál es el problema?».

«¿A dónde se dirigen?»

El policía había estado al lado del automóvil mientras cargábamos el equipaje sin decir nada. Esperó hasta que nos íbamos a marchar y sólo entonces nos mostró quien tenía el poder. Le pidió al conductor que diera marcha atrás.

El conductor dijo: «Nos va a detener. Quiere dinero. Ustedes son mayores. Vayan a hablar con él».

Le dije a Emmanuel: «No quiero saber nada de esto. Ve tú y habla con él».

Emmanuel fue y habló con el conductor del taxi, y el taxista negoció con el policía cuánto dinero hacía falta para que nos dejara marchar. Emmanuel dio el dinero al conductor y éste se lo dio al policía. Entonces nos dejó marchar.

El taxi nos llevó a la frontera entre Togo y Ghana. La frontera es tan sólo una línea en la carretera que tiene a un lado la oficina de inmigración de Togo y al otro la de Ghana. Así que salimos del taxi y cruzamos del lado de Togo al de Ghana. El agente de inmigración de Ghana dijo: «¿Tienen sus pasaportes?».

«Sí.»

«¿Han terminado con esos tipos?»

Nosotros dijimos: «Sí».

«Por favor, pueden irse.»

Por cierto, esta es la misma frontera en la que no dejaron cruzar a Madre cuando estuvo en Ghana e intentó viajar por carretera a Nigeria. Tuvo que regresar a Ghana porque se negó a pagar el dinero que querían los agentes de aduanas de Togo para que pudiera cruzar a su país.

Regresamos a Accra en otro taxi alrededor de las ocho. ¡Tuvimos una experiencia llena de retos!

A pesar de todos los desafíos del viaje, la visita al Congo fue un gran éxito para los maestros y su misión. Se podía ver que la gente estaba muy interesada. Realmente quería las enseñanzas. Mi mente mira atrás para recordar sus rostros, su alegría, su deseo por las enseñanzas, cuánto más querían saber. Eso compensó con sobras los problemas que afrontamos.

Capítulo 42

# La necesidad de tener una base sólida

En años anteriores teníamos muy pocos miembros en Kenia. De vez en cuando recibía correspondencia suya, pero nunca era suficiente para que me animara a pensar seriamente en ir allá. Entonces, un año, fui a la Conferencia de julio en la sede central y conocí a un brasileño y su esposa quienes vivían en Kenia. El hombre me dijo que tenía un grupo, de unas cuarenta personas. Les había enseñado a decretar y lo hacían todos los días. «Es muy bonito escuchar lo que estáis haciendo», le dije. «Veamos lo que podemos hacer para ayudar.»

Ya de regreso en Ghana, este hombre me escribió sobre el grupo y me pidió que les visitara. Querían una inauguración del grupo formal, y les dije: «De acuerdo, iremos».

Me preparé, y Emmanuel, Nada y yo fijamos la fecha. Kenia y Ghana son ambos países pertenecientes a la Comunidad Británica de Naciones, por lo que no nos hizo falta ningún visado. Nos montamos en el avión de Kenya Airways, vuelo directo, seis horas desde Accra a Nairobi, y el brasileño estaba en el aeropuerto esperándonos. Fue fácil.

Había una Guardiana de la Llama en Nairobi que tenía una gran mansión, la casa de su familia. Su esposo se había marchado y vivía con otra mujer. La mujer había entregado parte de la propiedad a un hotel, y ahí fue donde nos alojamos.

Nos reunimos con el grupo. Primero nos encontramos para una reunión formal. Había mucha gente. Hablamos y permitimos que hicieran preguntas. Era el primer día.

El viernes hicimos el primer seminario al que asistieron bastantes personas. Kenia es una sociedad multirracial y muchos de los que llegan son paquistaníes e indios. Eran una mezcla de hindúes, musulmanes y cristianos. Yo diría que estos eran los musulmanes «liberales».

Era muy interesante ver la versión que tenían cuando hablábamos de karma, porque no esperaban que una iglesia basada en el cristianismo hablara de karma. Eso les intrigaba. Estaban contentos y muy interesados.

Creo que los problemas políticos del país pueden haber sido un factor para que tantos indios y paquistaníes se interesaran en las enseñanzas. Son un porcentaje pequeño de la población y existe desconfianza entre ellos y los africanos, que son principalmente cristianos tradicionales.

Parte del problema es que los asiáticos habían colaborado con los británicos en contra de los africanos de Kenia cuando se produjo la revuelta de Mau Mau, un período de la historia de Kenia terrible y sangriento. Así que a los africanos no les gustaban los asiáticos y cuando cambiaron las suertes y el poder político cambió, se apoderaron de muchos negocios que poseía la comunidad asiática. En el país vecino, Uganda, ese loco llamado Idi Amin confiscó los negocios de los asiáticos y forzó a muchos a marcharse del país. Algunos no se fueron, pero quedaron rastros de temor y desconfianza en los dos lados.

Por tanto, cuando los asiáticos de Kenia nos encontraron, una iglesia cristiana que venía a hablar de karma y reencarnación, creyeron que sería algo distinto. No tenían miedo. Pensaron que no se encontrarían con la animosidad que despertarían en una iglesia africana normal.

Hicimos nuestro segundo seminario el sábado. Nuestro evento duró dos días y la gente se quedó todo el tiempo. Eran una docena y si hubiera podido continuar con ellos, habría habido más.

Un ministro vino al evento. Tenía su iglesia y había viajado cuatrocientas millas por carretera hasta Nairobi para asistir a nuestro seminario. Tardó unos dos días. Estaba muy, muy contento. «Esta es la enseñanza para mí», dijo.

Dijo que quería que se impartieran las enseñanzas a la gente de su zona. Hablamos de ello y nos pusimos de acuerdo en que durante mi próxima visita a Kenia, visitaría su zona. Había formado un grupo de iglesias allí, como un consejo, y les iba a hablar de nosotros. Nosotros fijaríamos la fecha y lo haríamos como una cruzada. Todas las iglesias se reunirían y yo me dirigiría a ellas.

El domingo nos reunimos en el santuario que utilizaba el grupo. Inauguramos formalmente el grupo y nombramos a representantes y una junta directiva. Habían rentado un sitio donde se reunían. Era bastante caro pero estaba en una buena zona. Tuvimos un servicio bonito, pero hubo un desafío. Justo en medio del servicio se fue la electricidad. Hicimos llamados y decretos hasta que volvió la luz. Continuamos hasta el final y luego bautizamos a niños y adultos.

Fue un buen día. La gente tenía buenas perspectivas. Pero descubrimos que el líder no comenzó el grupo con buen pie. Tenía la costumbre de ayudar a la gente a llegar al grupo proporcionando el dinero para el transporte. De otra forma no podían permitirse las tarifas para ir hasta el centro y volver a sus casas, pero eso no estableció una buena base para el grupo.

Aproximadamente una semana después de que consagraremos el centro, el brasileño fue trasladado a Israel. De allí me escribió sobre la discriminación religiosa que encontró. No quieren que los judíos abandonen la fe judía ni que acepten otra fe.

La situación en África es parecida. Algunas veces las presiones familiares del entorno no ponen las cosas fáciles para que la gente acepte otro sendero aparte de su fe tradicional. Los indios de la India no aceptan las enseñanzas cuando éstas se dieron allá. Los indios de Kenia están lejos de casa, por lo que se sienten más libres de seguir un sendero distinto.

Cuando aquel brasileño se marchó de Kenia, el grupo tuvo grandes dificultades. No había dinero para transporte y sólo unas cuantas personas podían permitirse asistir a los servicios. También había problemas de desunión. La secretaria del grupo me escribió para decirme que el nuevo presidente no ayudaba ni cooperaba, por lo que ella dimitía.

Tenían grandes dificultades para encontrar un lugar donde reunirse porque el anterior líder del grupo había pagado siempre la renta y sin él no se lo podían permitir. Él les pidió que encontraran otro sitio y dijo que estaba dispuesto a darles cien dólares al mes para la renta, pero ellos no pudieron encontrar un sitio por ese precio en el centro de la ciudad, donde a la gente le resultaba más fácil llegar. La señora que convirtió parte de su propiedad en un hotel estaba en una zona adinerada, lejos de donde vivían los miembros. La gente no tenía medios para llegar, así que no se podían reunir allí.

Había unas cuarenta personas en el grupo cuando los visitamos y poco a poco fueron disminuyendo hasta que ahora sólo quedan cuatro, que se reúnen en la casa de alguien. La líder actual me escribió pidiéndome que les visitara otra vez. «De acuerdo», dije, «no hay ningún problema. Pero no tenéis dónde reuniros. ¿Dónde os reuniréis con la gente?». No he sabido más de ella, pero mantengo las líneas de comunicación abiertas. Averiguaré qué planes concretos tiene en realidad.

Es un desafío establecer un centro nuevo y mantenerlo. Los centros tienen sus altibajos, pero los pastores son necesarios para las ovejas.

Capítulo 43

# El Espíritu Santo

Sierra Leone es un pequeño país en África occidental que fue devastado por una guerra civil en la década de los noventa. Decenas de miles de personas murieron y muchas más fueron mutiladas en atrocidades cometidas tanto por los rebeldes como por las fuerzas del gobierno.

Había un caballero en Sierra Leone llamado Alfred que intentaba ayudar a las miles de personas que aún vivían en campos de refugiados años después de que terminara la guerra. En Internet encontró una mujer que dirigía un orfanato en Sudáfrica y empezó a tener correspondencia con ella. Mucha gente había muerto, muchos niños en los campos no tenían a sus padres y él pensó que si podía formar una organización parecida en su país, sería de ayuda.

Así que invitó a esta mujer a Sierra Leone para que le ayudara. Ella era miembro de nuestra Iglesia y le enseñó, a él y a sus amigos, nuestras enseñanzas y también a decretar. Vieron el valor de las enseñanzas y qué cambio podían producir. Por eso, junto con el resto del trabajo que hacían, Alfred y sus amigos decidieron que también establecerían un grupo de estudios oficial de Summit Lighthouse en su país.

Pidieron a la mujer de Sudáfrica que fuera a Sierra Leone para que les ayudara con eso, pero ella sabía que eso la superaba y envió a Emmanuel, el líder del grupo de Ghana, a que ayudara a Alfred. Emmanuel pensó que no podía hacerlo, por lo que se dirigió a mí. «Es otra apertura», dije, «otra área de servicio, por lo que iremos». Esto fue en 2009. Organizamos el viaje a Sierra para hacer algo de expansión e inaugurar formalmente el grupo de estudios.

Yo no sabía de las dificultades que me esperaban. Creía que todo el evento tendría lugar en Freetown, la capital de Sierra Leone. Estaba equivocado. Emmanuel y yo viajamos en avión a Freetown y después tuvimos que realizar el resto del viaje por carretera. Eran más de doscientas millas por una carretera bastante mala hacia Koidu City, al este del país. Nos llevó seis horas llegar. Lo hicimos en medio de la noche. Emmanuel hablaba de las dificultades de nuestro viaje, y yo dije: «Esta es la alegría del misionero. Si no fuera por el amor a la gente a la que sirves, no lo harías».

Alfred nos llevó a tres campos de refugiados para aquellas personas que habían pasado por la guerra. Muchas personas tenían miembros amputados: una pierna cortada, una mano. Uno no se podía imaginar que los seres humanos fueran tan crueles unos con otros. En estos campos no dimos conferencias, sólo los visitamos. No tenía el ánimo de observar todo ese sufrimiento.*

Alfred y otros habían formado el núcleo de un grupo. Habían rentado un salón y nos habían organizado una conferencia pública el viernes y otra el sábado. Alfred es un buen organizador. Conocía las necesidades de la gente, por lo que compró arroz y preparó una comida para todo el mundo. La gente que vino al evento sabía que después de sentarse a escuchar una conferencia sobre las enseñanzas durante dos o tres horas, recibirían algo de comer. Conseguir comida puede ser un problema bastante grande para los que viven en los campos de refugiados.

---

\* La película *Diamante de sangre* (2006) *(Blood Diamond)*, que protagoniza Leonardo DiCaprio, representa gráficamente las atrocidades que tuvieron lugar en Sierra Leone durante la guerra civil.

El salón que habían rentado era muy grande, pero no pudo dar cabida a toda la gente que vino, y muchos se quedaron afuera. Asistieron mil personas el viernes y mil personas el sábado. Alfred estaba sorprendido, pero no del todo. Había pensado que con el incentivo de la comida vendría mucha gente. ¿Cómo alimentar a mil personas? ¿Cuántas bolsas de arroz hacen falta?

Yo estaba sorprendido de ver a tanta gente. Nunca me había encontrado con una cantidad así de personas en ninguna de mis conferencias de expansión. Puse mis gráficas del libro sobre el aura de Djwal Kul y luego hablé de karma y reencarnación, pensando que era un tema ideal para ellos.

Para que entiendan, hay que hablar como hablan ellos, con sencillez. Si hablamos como si estuviéramos dirigiéndonos a graduados o estudiantes universitarios, perdemos el tren. La mayoría de ellos no habla inglés. Ellos hablan krio, una mezcla de inglés y lenguas nativas. El hermano de Alfred se había hecho intérprete, así que yo hablaba y él traducía. Cuando llegó el tiempo para preguntas, él las tradujo para mí.

Un joven se levantó durante el tiempo de preguntas, y dijo: «Señor, me he sentado aquí y usted ha estado hablando durante tres horas. Durante todo ese tiempo no he oído nada, no me he enterado de nada».

La razón por la que no había oído nada era que había tenido todo el tiempo un iPod en el bolsillo, audífonos en los oídos y había estado escuchando música. Los que estaban sentados a su alrededor sabían lo que había estado haciendo estallaron en risas.

Uno de los líderes de nuestro grupo también se había dado cuenta de eso, y se enfadó. «Cómo se puede uno tapar los oídos y escuchar esa música para después culparnos por no haber oído nada», dijo.

«Está bien, no pasa nada», dije yo.

Así que le dije al hombre: «Qué pena que no haya oído

nada. Por eso, mañana, cuando nos volvamos a reunir, venga y deje esas cosas en casa. Cuando venga sin esos tapones para los oídos, lo oirá todo». Todos se rieron. Se quedó tres horas, quizá por la comida. Pero también volvió al día siguiente y estuvo entre los que fueron bautizados el domingo.

El buen humor nos sirve de mucho. Cuando uno va de gira llega a un punto en que tiene que tener buen humor, como solía ser Mark Prophet. En medio de una enseñanza muy seria, Mark algunas veces metía algo que te hacía reír. Algunas veces hay que hacerles preguntas que les animen a responder, quizá con algo de buen humor en ellas. De esa forma se les ayuda a seguir.

Cuando vi a ese millar de personas en nuestra conferencia, pude ver que muchos sentían dolor. La gente de Sierra Leone aún no se ha recuperado del trauma de la guerra. Lo llevan consigo. Incluso los que no fueron heridos aún recuerdan lo que vieron. También recuerdan el calvario que supuso salir corriendo de sus casas y pasar meses en el bosque.

Cuando se mira a esa gente y se ve el dolor en el corazón, ¿cómo ayudar a estas almas para que encuentren la curación? Guiándolas hasta el punto en que puedan perdonar, pero es una tarea muy, muy difícil.

Algunos de los que cometieron esas atrocidades eran vecinos. Una persona que vivía en esta zona como amigo y vecino, ahora, de repente, vuelve con un arma haciendo todas esas cosas. Y lo peor de todo, después de las hostilidades, vuelve para vivir en la misma zona. Al verlo, uno recuerda todo lo que ha ocurrido. ¿Cómo se perdona a una persona así? ¿Cómo puede uno cerrar los ojos ante eso? ¿Cómo se puede vivir al lado de tal persona?

Por eso para servir a la gente, especialmente en Koidu City, que fue el epicentro de la guerra civil, hace falta una verdadera guía del Señor Maha Chohán y el Espíritu Santo.

Siempre miro el rostro de las personas. En él podemos leer lo que hay en sus corazones. Habiendo experimentado todo ese trauma, tienen necesidad y hay un anhelo en su corazón por algo de la enseñanza de los maestros que libere a sus almas. Y para llegar a perdonar, han de entender por qué deben perdonar.

Para llevarles a ese punto, si estamos prestando servicio a la gente que ha visto tanto dolor, no sirve hacer referencias al pasado. Hay que hablar de lo que creemos que sea la situación ideal. Reconocemos que la situación ideal ha sido puesta a un lado y que otra cosa ha ocupado su lugar, que otra cosa es el resultado de muchos acontecimientos indeseados que se han visto. Mencionamos eso un poco, para que sepan que somos conscientes de aquello por lo que han pasado, y luego continuamos. Hablamos con ellos de karma. Con gente así también hay que tener buen humor y hay que ayudarles en sus necesidades. Hay que tener mucha paciencia para lidiar con ellos.

Mi perspectiva, en parte, era intentar entender qué los llevó a este estado de cosas. Todo empezó por la avaricia por los diamantes, cuyas minas se encuentran en la parte oriental del país. Analicé todo esto antes de ir. Sabía que habían pasado por una guerra terrible. Pero hasta que llegué allí, no supe la gravedad que tenía la herida de lo que habían pasado, el daño y el trauma. Antes de marcharme hice mucho trabajo ante el altar. Recé por el perdón, para que la avaricia fuera atada y para que las almas de los que estaban involucrados fueran curadas.

La gente no vino sólo por la comida para el estómago sino también vino por sustento espiritual. La gente tenía mucho hambre. Si sólo hubiera sido por la comida, no habrían vuelto al servicio del domingo.

Ese día no servimos comida y no esperaba un gran número de personas. Pero vinieron. Bautizamos a cincuenta personas. La casa y el recinto donde nos reunimos estaban llenos y había gente afuera. Asistieron unas cien personas y todas estaban presentes porque querían seguir las enseñanzas. Formamos un comité que cuidara del grupo.

Realmente tienen la necesidad de recibir enseñanza práctica. Alfred me ha escrito diciendo que el número de gente que viene por las enseñanzas aumenta cada día, y no son los que vienen por la comida. Tenemos que volver. Pero la carretera es tan mala, y en la época de lluvias no es posible viajar.

Madre dijo que la gente de África es gente práctica. Viven con el Espíritu Santo. Son hombres y mujeres naturales, sencillos, de corazones hermosos, amables unos con otros. Pero una vez que los caídos se meten, todo se vuelve del revés.

Capítulo 44

# El diablo se aparta por un tiempo

Una vez un amigo mío tuvo una situación muy difícil en la que sufrió oposición. Yo le dije: «No te preocupes por lo que han hecho. Concéntrate en tu corazón y en tu misión». Me daba cuenta de que él tenía que apartar su atención de lo que había ocurrido, porque hacer lo contrario era una trampa. Diría lo mismo a cualquiera que estuviera en una situación parecida.

Cuando vienen estas pruebas, nos hacen más fuertes, pero sólo podemos ser fuertes cuando estamos concentrados en nuestro objetivo. La pregunta es: «¿Qué hago aquí?». Y contestamos diciendo: «Estoy aquí por mi propósito en la vida, mi misión».

Cuando establecemos un propósito en nuestra vida, el porqué de estar aquí, las demás cosas son meros intentos de desviarnos. No tienen importancia.

Luchar contra los que quieren derrumbarnos no es lo que queremos dar al mundo. Esa no es la razón por la que estamos aquí. Estamos aquí porque queremos compartir nuestro conocimiento o nuestra experiencia, queremos servir a la gente, queremos que la gente se beneficie de lo que sabemos. Si hay alguien que no da su aprobación a lo que damos en nuestro servicio a la vida, eso es asunto suyo. No es asunto nuestro.

Las personas pueden reaccionar ante casi todo lo que hagamos. Podemos derrotarlas concentrándonos en nuestra misión, el propósito por el cual hicimos lo que hicimos. Si nos concentramos en eso, olvidémonos de esa gente. No podemos hacer que dejen de reaccionar. Pero siempre podemos poner esas personas en su sitio cuando defendemos la verdad que conocemos y en base a la cual actuamos. La forma más fácil y segura de quitarnos ese peso es concentrarnos en lo que, en nuestro corazón, sabemos que es lo correcto. Eso es todo.

Las escrituras cuentan la historia del ciego a quien Jesús curó. Cuando los ancianos judíos intentaron coaccionarle para que dijera algo contra Jesús, él dijo: «Si es el diablo, no lo sé. Si es hijo de Belcebú, no lo sé. Si es cualquiera de las cosas que decís de él, no lo sé. Sólo sé una cosa, que era ciego y ahora veo, y la fuente de mi visión es este hombre. Eso es todo lo que sé. Lo que vosotros pensáis que sea, es asunto vuestro. Yo no lo sé». Esa fue una respuesta hermosa al Sanedrín, a los diablos que conspiraban y planeaban cosas contra él.

Cuando estamos involucrados en el trabajo que Dios nos ha dado, hay cosas más importantes que hacer que dejarse llevar por el sinsentido humano. Si el servicio que hacemos realmente ayuda a la gente, eso es mucho más importante para el alma, agrada mucho más a Dios y tiene mucho más peso que las impertinencias que los celosos quieren interponer en nuestro camino. Por eso es importante pensar siempre en las cosas positivas que hacemos para ayudar a los demás. No hay que prestar oídos a lo que los celosos quieren hacer o decir.

Sin embargo, es importante recordar que no hay que perderlos de vista. No perdamos de vista el hecho de que a cada paso que damos, ellos pueden estar dos pasos detrás de nosotros, buscando la forma de hacernos tropezar. Por tanto, asegurémonos de que los pasos que damos son certeros, que donde ponemos los pies es suelo firme. Eso es algo muy importante. Siempre es importante no bajar la guardia. Cada día podemos pedir que cualquier energía que sea enviada hacia nosotros sea regresada, tanto si somos conscientes de ello como si no. Porque si no dejamos de hacer el bien y demostrar amabilidad hacia los demás, buscando llevar paz y armonía a la vida de las personas, los que sienten celos no dejarán de enviar a nuestro camino esas energías negativas. La vida siempre es compleja y es una batalla. Cada día es una pelea. Los caídos nunca se rinden.

Me viene a la cabeza la Biblia, el Nuevo Testamento, donde se habla de la tentación de Jesús. El demonio le enseñó todo el mundo, la belleza y la gloria del mundo, y dijo: «Si me rindes pleitesía, todo esto será tuyo».

El Maestro, dirigiéndose a él, le reprendió. Y entonces la Biblia dice que el demonio «se apartó de él por un tiempo».

Nunca se me ha olvidado esa frase. El demonio se apartó de él por un tiempo, no para siempre sino por un tiempo. Y el demonio ha continuado durante los siglos y los milenios tentando, manipulando. Los oscuros continúan conspirando y planeando. El demonio puede apartarse de nosotros durante un tiempo. Pero el demonio no dejó solo a Jesús para siempre y no lo hizo sino hasta cuando Jesús obtuvo su victoria suprema. Hasta entonces, sólo se apartó de él durante un tiempo. Lo mismo ocurre con nosotros.

En tantas experiencias de la vida vemos la capacidad de recuperación que tienen los oscuros, su determinación de no rendirse hasta haber conseguido lo que se propusieron. Afortunadamente, cuando piensan que han logrado su meta, ahí es cuando les llega el juicio, y podemos estar seguros de que llegará. Podemos hablar a los maestros, decirles lo que ha ocurrido, como hizo la anciana de Kumasi. Y las escrituras nos enseñan a hacer esto.

En los Hechos de los Apóstoles, cuando los ancianos judíos acosaban a los discípulos, habían arrestado a Pedro. Sus colegas ciertamente no se sentaron de brazos cruzados mientras su colega estaba en la cárcel. El resto de los discípulos fueron al aposento alto a rezar, tal como dice el Libro de Hechos, «sin cesar».

Esta es la oración que les oigo ofrecer: «Señor, nos has enviado a tu hijo. Ahora él se ha marchado. Nosotros, los discípulos, seguimos sus enseñanzas y llevamos a cabo las buenas obras que él nos pidió que hiciéramos. Y ahora, Señor, mira cómo esta gente nos acosa mientras nosotros tratamos de cumplir sus mandamientos. Y así, Señor, oramos: levanta tu mano y libéranos».

Me encanta esta oración. Menciona los nombres, pone las cosas en orden cronológico, para que las huestes de luz supieran cuál era la razón por la que pedían ayuda. Creo que esa es la forma en la que debemos enfocar la ciencia de la Palabra hablada. Así es como yo enuncio siempre mi queja a los Señores de la Vida cuando un problema necesita atención.

Cuando guardamos silencio, cuando no rezamos, no sucede nada. Es cuando abrimos la boca y dejamos salir nuestros sentimientos hacia los poderes superiores, es cuando rezamos fervientemente que la respuesta debe llegar. Así es cómo se maneja la injusticia. Yo siempre aconsejo a la gente que lo diga.

En la Iglesia metodista solían rezar así: «Señor, tú lo sabes todo, conoces nuestras necesidades. Por tanto, ayúdanos».

«Dios mío», dije, «¡eso no es científico!». Hay que ser específicos. Sí, Dios conoce nuestras necesidades, pero quiere que las pronunciemos. Si lo que necesitamos es un teléfono, digámoselo, «necesito un teléfono». Si alguien con una botella nos golpeó la cabeza, digámoselo a los maestros, digámoselo al Señor, «alguien me está dando en la cabeza con una botella». Si conocemos la fuente del problema, informemos de ello a las huestes de luz.

Cuando lidio con dificultades me siento en la silla ante mi altar, miro a Maitreya y digo: «Señor, tú ves lo que sucede. No lo llamo injusticia, porque tú sabes cómo denominarlo. Pero estamos incómodos con esta situación. Esta persona está haciendo esto, esto y esto, y no me siento cómodo. Lo pongo ante ti para que adjudiques el asunto. Te lo entrego a ti. El trabajo que hago es tuyo. Por ti estoy aquí y me he encontrado con esto al ejercer tu mandamiento. Por tanto, depende de ti».

Es más que una oración. Es una conversación. Y tenemos que pronunciar los nombres. De otra forma, los tentáculos se expandirán. Tenemos que ser específicos en nuestras oraciones cuando sabemos que una persona en concreto es el origen del problema. Si no pronunciamos los nombres en nuestros llamados, ponemos a los ángeles a trabajar innecesariamente.

Somos simples trabajadores en la viña del Señor y lo que observamos es lo que ponemos ante los maestros. Si los maestros han de corregirlo o no, es asunto suyo, no nuestro. A nosotros nos concierne señalar el problema.

Le hablo a Maitreya y le pido que maneje el problema, porque como seres humanos, con nuestra perspectiva sobre las cosas desde nuestro nivel, algunas veces la emoción nos puede. Maitreya puede verlo con otros ojos, con una perspectiva distinta a la mía. Confío en él.

Una vez que conocemos el origen del problema, hemos conseguido la mitad de la victoria. Cada noche, antes de acostarnos, tenemos que hablar con Maitreya, contarle los problemas que tenemos y pedirle que se ocupe de todos ellos. Ya verá lo que hace con ellos y cómo los maneja. Las malas acciones no son un arquetipo de perfección. No hay que enseñarlo a la gente. No hay que hablar de ello. Sólo hay que llevarlo ante el altar. Enviarlo a la única Fuente.

Los que realizan las obras de oscuridad se basan en una premisa equivocada. La plataforma sobre la que lanzan todo su empeño no es sólida y se derrumbará bajo sus pies. Pero lo importante es que ahora tienen un poder temporal y creen que la forma de usar ese poder es hacerle la vida incómoda a los portadores de luz.

No hay que responderles. Hay que ir al altar y hablar. Nosotros no sabemos, pero el Señor lo sabe todo. Por tanto, hay que decírselo. Que la mente de Dios adjudique el asunto.

Capítulo 45

# Los que abandonan el sendero

La gente abandona el sendero espiritual por muchas razones. Algunas veces la razón puede encontrarse en el motivo por el que la persona comenzó el sendero espiritual.

Había un hombre que se hizo Guardián de la Llama en Ghana y que trabajaba en la oficina postal, en la sección de ingeniería de la universidad. Parecía feliz con las enseñanzas y asistía a las reuniones con mucha regularidad. Entonces, durante algún tiempo no lo vimos.

Fui a visitarlo a su lugar de trabajo, y le pregunté: «Ya no te vemos, ¿cuál es el problema?».

Él dijo: «Oh, he vuelto a la Iglesia metodista».

«¿Por qué?», Le pregunté.

Fue directo conmigo: «Entré con una expectativa. Tenía problemas y esperaba un milagro. Por eso vine. Pero llevo ahí varios meses y mi situación no ha mejorado. Por eso he vuelto a la Iglesia metodista».

Yo dije: «Pero no me dijiste que ese era el motivo que tenías cuando viniste a nosotros. De haberlo sabido, habríamos organizado oraciones en relación a este problema en particular». Pero él no nos lo dijo. Y regresó a la Iglesia metodista.

«Bueno, está bien que hayas vuelto», dije. «Yo era de la Iglesia metodista y me salí para venir a Summit. Por tanto, si tú estabas aquí y has vuelto a la Iglesia metodista, no hay ningún problema.» Eso fue todo.

La gente viene con distintos motivos, expectativas diferentes, y si éstas no se satisfacen, se marchan. Este hombre tenía dificultades en su vida, como todo el mundo. Esperar que por estar en el sendero espiritual obtendría una liberación no era algo equivocado. Él fue honesto con respecto a sus motivos.

Pero la gente no acierta porque el sendero espiritual no es para la mejoría material. Es para el desarrollo del alma, del hombre interior. El problema es la ignorancia y la falta de un entendimiento adecuado sobre lo que implica el sendero.

Algunas personas dejan el sendero porque lo encuentran difícil. En cierto punto cuatro de mis hijos entraron en la enseñanza. Conocían los decretos, porque los habíamos hecho en casa. Pero después de algún tiempo, ya no asistían a los servicios, y les pregunté: «¿Por qué os estáis quedando atrás y no venís?».

Ellos dijeron: «Papá, el Summit es difícil».

«¿De qué forma?»

«No nos podemos sentar durante una o dos horas, sólo decretando. Es demasiado difícil. Si queremos ir a la Iglesia metodista los domingos, simplemente nos vestimos, nos montamos en un taxi y vamos a la Iglesia. Cantamos algunas canciones, escuchamos un sermón. Después de un par de horas, cierran y volvemos a casa. Ese par de horas en el Summit lo pasamos decretando. Es demasiado difícil». Encontraban difícil el esfuerzo y la disciplina inherentes al sendero.

Entrarán por la puerta de nuestra Iglesia toda clase de personas. Puede que se queden un par de meses y después se marchen. O puede que sea alguien muy sincero quien persevere. Al principio no se puede ver quién se quedará y todos necesitan una buena introducción al sendero. Hay que tener la paciencia de darles una educación sistemática y de compartir la información sobre las enseñanzas.

Lo que yo he visto es que aunque establezcamos un grupo de estudios, si no existe un programa planificado para estudiar las enseñanzas, los miembros pronto se marchan. Pero si se estudian las enseñanzas además de los decretos, entonces la gente se queda y el grupo crece. Siempre recomiendo que los grupos de estudio nuevos empiecen con *La ciencia de la Palabra hablada* y lo estudien sistemáticamente, página a página. Cuando hayan terminado ese libro, habrán absorbido algo de conocimiento de las enseñanzas. Y tener ese entendimiento les ayudará.

También he descubierto que en África es importante estudiar la Biblia. Tanto si nos gusta como si no, la Biblia es el libro espiritual básico de todas las iglesias. Las enseñanzas hacen muchas referencias a la Biblia y los maestros tienen mucho que decir sobre lo que se ha escrito en la Biblia. Cuando las personas escuchan esta perspectiva, se despiertan: «Oh, ya veo. Todo lo que enseñan está en la Biblia. Está ahí, pero este es el verdadero significado que tiene».

Recuerdo hace algunos años que prediqué un sermón en la Corte del Rey Arturo, la capilla principal de la sede central. Después alguien vino y me dijo: «Reverendo Paul, cuando viene a predicar hace que la Biblia cobre vida». Yo elijo un texto de la Biblia y explico lo que los maestros han dicho sobre lo que está escrito en la Biblia. Eso sirve.

De hecho, en todos mis programas de expansión en África siempre incluyo en mi publicidad y mis anuncios que «traigan la Biblia». Algunas veces los cristianos fundamentalistas vienen con la intención de causar problemas. Pero yo siempre estoy bien preparado para hablar de los temas que ellos quieran. En concreto, cuando daba la conferencia «Karma y reencarnación, el eslabón perdido del cristianismo», me tomé la molestia de investigar todos los textos bíblicos relacionados con este tema.

En una conferencia, cuando quiero hablar de un texto en particular, pido a la audiencia que «por favor, alguien abra su Biblia y lea este versículo». De esta forma se ven involucrados. Escuchan. Y entonces explico lo que los maestros han dicho sobre ese versículo. Así, cuando termino la conferencia, la gente no se cree que esta enseñanza que damos sea una enseñanza extraña que nos hemos inventado, sino que se encuentra en su propia Biblia, pero ahora tienen la interpretación real del Espíritu Santo sobre lo que tienen en sus manos.

Siento mucha tristeza por las personas que se marchan del sendero. Me siento triste porque si tienen algún problema, han llegado al sendero que les dará la solución a ese problema, pero se han marchado del sendero y han salido corriendo. Pero también siento esperanza de que algún día regresen al sendero, si realmente quieren su libertad.

Esta ecuación también tiene otro lado. Cuando Madre vino a Ghana, un grupo llegó de Nigeria para verla. En este grupo había una mujer con una enfermedad mental. Algunas veces estaba bien, venía y decretaba y no había ningún problema. Entonces, de repente, empezaba a comportarse de forma muy anormal.

Veíamos que era muy entusiasta. Venía a todos los servicios y a todas las actividades de la Iglesia y contribuía económicamente. Pero algunas veces su estado de ánimo la llevaba a comportarse de forma anormal.

Hablamos a Madre de ella y esperábamos que Madre hiciera llamados para que pudiera ser liberada de este problema. Sin embargo, Madre dijo: «Este sendero no es para ella. En esta encarnación ha perdido la oportunidad de seguir este sendero». Por eso también sabemos que este sendero no es para todo el mundo. Jesús no curó a todos los que se lo pidieron.

Algunas veces, la marcha del sendero por parte de una persona puede significar que no volverá a emprenderlo en esta encarnación. Pero yo siempre tengo la esperanza de que la oportunidad vuelva, aunque sea en la siguiente vida. Simplemente se ha pospuesto su momento.

Capítulo 46

# Los que muerden y soplan

No sé si esto sea así en otros países, pero en África, cuando uno se quiere lanzar a compartir la palabra de vida tal como la dan los maestros ascendidos, uno tiene que ser muy consciente de que a las fuerzas de la oscuridad no les gusta que a luz de la verdad se comparta con la gente, y siempre reaccionan ante eso. Estos seres oscuros vienen con varias apariencias.

Cuando uno mira y sale a la calle, pensará que todo está tranquilo, en calma y en paz. Pero al salir, cuando uno lleva la lucha, como si dijéramos, a su terreno, entonces muerden de varias formas. Uno se vuelve muy consciente de que hay serpientes que siguen con su odio contra la luz. Y cuando atacan abiertamente y ven que no pueden lograr su propósito, entonces pueden intentar contra nosotros la brujería o la magia negra cuando no se les ve.

El conocimiento de que la luz siempre defiende la verdad es lo que da valor y una certeza suprema en la seguridad de que la victoria realmente siempre pertenece a Dios y a los fieles. Cuando buscamos el trabajo de la Hermandad con conocimiento, compromiso y confianza, la Hermandad siempre nos protegerá, siempre nos revelará lo que ocurre.

Claro que no todas las cosas negativas que ocurren son ataques. También lidiamos con nuestro karma que regresa. La enseñanza de Madre es que si tenemos un problema en nuestro cuerpo físico, cuando está en el lado izquierdo generalmente se trata de un ataque, es una fuerza negativa que ataca desde nuestro exterior. Cuando ocurre en el lado derecho, más frecuentemente se trata de karma que regresa.

Con eso en mente, cuando tengo un problema, lo llevó al altar y hago llamados. Apelo a la Hermandad. Voy a Ciclopea, el Elohim del Quinto Rayo, pidiendo que la visión del origen sea revelada. Mi mente entonces siempre se pone de repente sobre algo o alguien y lo que normalmente surge es casi siempre el origen del problema. Entonces aumento los decretos sobre esa causa en particular.

También recuerdo que Lanello dijo: «Cuando hagáis llamados y el problema parezca intensificarse, hay más razón para aumentar los llamados. Se nos revelarán más cosas y se manejarán más cosas». Yo creo que eso es muy cierto.

Los maestros tienen sus propias formas de indicar al estudiante cuál es la causa o la fuente de oposición y cómo lidiar con ella. Todo depende de lo cercano que sea nuestro caminar, de nuestro compromiso y lealtad al caminar con la Hermandad. Es como un contrato que tenemos con los maestros.

Yo camino en el mundo casi a ciegas. Por eso digo a los maestros: «Queréis que intensifique la luz, que haga las obras de la luz, que comparta la luz con los hombres, que diga a los hombres que hay una salida a lo que experimentan en la tierra. Pero soy un hombre ciego, como si dijéramos, y vosotros sois los que tenéis ojos y visión. Por tanto, si os interesa que vaya y comparta lo poco que sé con otras personas, os ha de interesar darme la guía que me proteja para realizar ese trabajo».

Esa es la clase de acuerdo que tengo con los maestros; y ellos siempre ganan. La Hermandad no dejará desprotegido y desguarnecido al que ha enviado, siempre dan la visión, la dirección. En esta clase de acuerdo, a lo que yo llamo tragedia, es nosotros mismos. Como dice Saint Germain, «el factor desconocido en la ecuación es el hombre». ¿Hasta dónde mantenemos nuestra parte del acuerdo? Sé que en lo que se refiere a la Hermandad, invariablemente, ella no nos dará la espalda.

Algunas veces la oposición llega de fuentes inesperadas. He llegado a darme cuenta de que la gente tiene intereses permanentes, pero no tienen enemigos permanentes. Desde la distancia, las personas pueden parecer que están bien, se ríen, y la impresión que uno tiene es que son buena gente. Pero al acercarnos y entrar en sus intereses, se dan la vuelta y atacan. En África tenemos un dicho: «El cangrejo también tose, pero si estás lejos del río no lo oyes». Desde lejos son buenos, sonríen, crean una buena impresión; pero al acercarnos, es como si les pisáramos los pies y entonces muerden.

Tenemos otro dicho: «Muerden y luego soplan». Primero muerden y eso duele, luego, para enfriarlo, para quitar el dolor, soplan sobre la mordedura. Nos podemos dar cuenta de que han mordido, pero porque soplan, uno se piensa que fue sin intención. «Oh, me ha mordido», decimos. «Pero mira lo que está haciendo ahora. No puede haberlo hecho intencionadamente.»

Pero lo importante es que han mordido. Eso es lo que tenían pensado. Fue una acción premeditada.

Hace falta la sabiduría de la Madre para discernir lo que hay detrás de la risa de los malvados.

Capítulo 47

# Las legiones se reúnen

Una vez, cuando visité el Retiro Interno, Gene Vosseler dijo que había una señora que quería verme. Mencionó su nombre, Evelyn Dykman, pero yo no sabía quién era. Gene dijo que me llevaría a verla. Por tanto, Gene, su esposa Wanda y yo fuimos a Livingston a visitar a Evelyn.

Detuvimos el automóvil, entramos y Gene y Wanda dijeron que volverían más tarde a buscarme. Ahí estaba Evelyn, una mujer anciana. Nunca la había visto antes, pero Evelyn me dijo: «Oh, Paul, te llevo esperando mucho tiempo».

Evelyn habló de muchas cosas aquella tarde. Habló de su amiga, Ruth Hawkins, que había fallecido años antes. Ruth era la llama gemela de Pablo el Veneciano, y ascendió y se reunió con él. Habló sobre el hecho de que vivió en la casa en la que había vivido Ruth. Había estado con Ruth hasta el final y los hijos de ésta le pidieron que no se marchara después del fallecimiento de su madre.

Después de la incineración de Ruth, Evelyn recibió las cenizas, y aún las tenía en su casa. No habían sido dispersadas. Un día Pablo el Veneciano se apareció a Evelyn, y le preguntó: «¿Por qué no quieres que mi llama gemela se reúna conmigo? Hay que colocar las cenizas en el Corazón del Retiro Interno». Evelyn se lo había dicho a su amiga, que era miembro del personal, pero éste no lo había hecho.

Cuando regresé al Rancho fui a ver a este miembro del

personal y le dije lo que me había dicho Evelyn. «Si lo que dice es cierto, es muy importante. Por favor, ve a verla, toma las cenizas llévalas al Corazón del Retiro Interno». El siguiente año, cuando volví, las cenizas habían sido dispersadas. La petición había sido satisfecha.

Antes de despedirme de Evelyn, ella volvió a repetir: «Te llevo esperando mucho tiempo».

Y entonces dijo algo muy interesante: «¿No sabes que las legiones se están reuniendo?».

Siempre he creído, como muchas otras personas, que formaba parte de un grupo que había venido con un propósito. Por eso, cuando Evelyn dijo eso, no me sorprendí. Me sentí feliz interiormente. Era la confirmación para mi mente y alma de una percepción interna de que formo parte de un grupo que ha venido para realizar una tarea específica. Y ahora se acercaba el momento en que debía prepararme para volver a casa.

Eso fue lo que sentí. Las legiones se están reuniendo y todos se dirigen a casa.

Capítulo 48

# Helios

Una vez estaba en casa, en Ghana, y recibí una llamada de una Guardián de la Llama que vivía en Londres, pidiéndome que fuera a celebrar una boda.

«¿Qué?», dije yo. «Estoy sirviendo a África. Londres no es parte de mi territorio. Además, volar desde América a Londres es más fácil y más corto. ¿Por qué no llamas al Rancho y pides que te envíen a alguien?»

Ella dijo: «No, tienes que venir. He rezado a El Morya para saber a quién debería invitar para que celebrar la boda y me han dado tu nombre».

Ella y sus padres habían sido amigos míos y ella había estado en Ghana como miembro del grupo de Ghana, por eso no me pude negar. «De acuerdo, siempre y cuando me organices el viaje».

Viajé de Kumasi a Accra y fui a la Alta Comisión Británica para solicitar el visado. Me dieron una fecha de regreso, y volví a Kumasi. Unos días después, iba caminando por la calle cuando sonó el teléfono. Me necesitaban en la Alta Comisión Británica inmediatamente para recoger mi visado. Regresé a casa y le dije a mi esposa: «Me voy a Accra, volveré más tarde».

Me metí en el automóvil y creo que me excedí en la velocidad porque quería realizar el viaje en unas tres horas. (Por cómo es la carretera, normalmente hacen falta cuatro o cinco horas.) Mientras conducía, llamaba a Morya, cantándole y decretándole, con lágrimas en los ojos al hacer esos llamados. No entiendo completamente lo que ocurrió en ese viaje, pero iba cantando, rezando, llorando y conduciendo demasiado deprisa por la carretera.

Después de cincuenta millas me detuvieron al llegar a una barrera policial. El policía dijo: «Tengo un colega aquí que necesita ir a Accra. ¿Podría llevarlo?».

Yo dije: «De acuerdo, que se monte».

Tenía la radio en el asiento de al lado, en la delantera, donde ponía las cintas de decretos y canciones, por lo que hice que el policía se sentara en la parte de atrás. Se sentó muy derecho, como si estuviera trabajando. No se movía. Yo continué conduciendo con los casetes sonando. «Señor», me preguntó, ¿conduce usted sólo? ¿No tiene miedo?».

Yo contesté: «El automóvil está lleno».

«¿Qué?»

«El automóvil está lleno. Le tuve que dar una excusa a otras personas antes de que usted se montara.»

No se atrevió a preguntarme, «¿dónde está la gente?». Pero creo que entendió que alguna forma que yo estaba rezando y que el automóvil estaba lleno de ángeles.

Fuimos derechos a la Alta Comisión Británica en Accra, pero cuando llegamos descubrimos que ya habían cerrado. Mi billete de avión era para salir de Accra a las ocho de la tarde del día siguiente con British Airways, y aún no tenía visado.

Fui a la casa que tenía en Accra y llamé a la Alta Comisión la mañana siguiente. Me dijeron que fuera a las dos, así que fui a recoger mi pasaporte y mi visado, y después volví a mi casa de Accra para hacer la maleta. A las seis estaba en el aeropuerto. Tenía planeado volver a Kumasi para preparar el viaje, pero debido al retraso que tuve con el visado, todo lo que tenía era la ropa que llevaba puesta y unas cuantas cosas más que tenía en Accra. El resto de mis cosas aún estaban en Kumasi.

Llegué a Londres alrededor de las siete de la mañana

siguiente. La señora cuya boda iba a celebrar me encontró en el aeropuerto y me llevó a su casa, donde me alojé. La boda era un par de días después en Canterbury.

Después de la boda otro ministro que estaba en Noruega me invitó a formar parte de una expansión pública que estaba organizando. Mientras estaba en Londres ponderando esa invitación, muchas cosas me vinieron a la mente. Pensaba en cómo era que me encontraba en Londres, y se me ocurrió que era el único ministro ordenado de África. Si algo me ocurría, ¿cómo iban a preparar a alguien más para que me remplazara? ¿Cómo continuarían las actividades de la Iglesia? Entonces me dije: «Voy a pedir permiso a la sede central para que podamos preparar a unas cuantas personas en Ghana para el ministerio. Si ocurriera algo tendríamos a algunas personas que pudieran llevar a cabo el trabajo de los maestros». Tuve la idea de viajar a la sede central para intentar arreglarlo.

También pensé en las circunstancias por las que había llegado a Londres. Primero le había dicho a mi esposa que iba a ver a la Alta Comisión Británica en Accra, teniendo que decirle al día siguiente que me tenía que montar en un avión para ir a Londres. Ni siquiera dejé dinero ni para ella ni para mi familia. ¿Cómo iban a comer?

Y aquí estaba yo, en Londres, sin dinero y con una ropa que normalmente no me habría llevado de viaje. Me había marchado de Ghana con sólo mi billete de vuelta, no tenía ni una libra de más en el bolsillo. ¿Ahora pensaba en ir a Noruega e incluso a América? ¿Estaba haciendo lo correcto? ¿Estaba loco por encontrarme en tales circunstancias y pensar en cosas así? Tenía un intenso deseo de saber si lo que estaba pensando era tan sólo una ilusión o no.

Era por la tarde. Me puse frente a una ventana que miraba al oeste. El sol se había puesto y me acordé de la oración que Madre había dicho a Helios en el Corazón del Retiro Interno en 1981.

Así, hice llamados a Helios y repetí los decretos a Helios y Vesta una y otra vez. Entonces, he aquí, el sol que se había puesto salió de nuevo, brillando mucho. Me puse las manos en la cabeza, y dije: «Oh Dios, ¿qué he pedido?». Derramé lágrimas, mojándome la camisa. Me arrodillé frente a la ventana, y dije: «Helios, si me he equivocado en algo, por favor, perdóname».

En mi mente oí al Gran Ser que me decía: «No, no has hecho nada equivocado. Me puedes llamar en cualquier momento. Eres mi amigo».

Me sentí muy aliviado, porque realmente me había parecido estar loco por encontrarme ahí en tales circunstancias. Pero cuando vi la señal del sol, supe que iba por el buen camino, que era parte del plan, como la Hermandad lo había organizado.

Cuando mi sobrina llego a casa le dije lo que había ocurrido. Entonces me senté con ella y escribí un plan y una propuesta para preparar ministros en Ghana. Llame al Retiró Interno y dije que estaba en Gran Bretaña. Era más fácil llegar a Montana desde allí y, ¿podía ir? Estuvieron de acuerdo y enviaron una carta de invitación a la embajada americana para obtener el visado.

Fui a Noruega y tomé parte en el seminario que allí se celebraba y cuando regresé a Londres, entregué mis papeles a la embajada americana. Fue maravilloso. Sólo tardaron tres días en emitir mi visado. Ni siquiera tuve que ir allí, lo enviaron por mensajero.

Le dije a mi sobrina que no tenía dinero para el billete de avión. Se lo dijo a uno de los miembros del grupo de Londres y esa persona proporcionó el billete. Ese billete me llevó a los Estados Unidos y me devolvió a Londres. El billete de regreso a Ghana ya lo tenía.

Fue verdaderamente milagroso cómo todo se organizó y salió bien. Y eso también me tranquilizó que las cosas estaban bien.

Muchas veces, cuando mi sobrina habla conmigo desde Londres, dice: «Papá, me he puesto al lado de tu ventana». Se acuerda del lugar donde vi salir el sol de nuevo como *mi ventana*.

Yo le digo: «Bueno, si te pones al lado de mi ventana, llama a Helios y Vesta. Ellos te contestarán».

### Decreto a Helios y Vesta

¡Helios y Vesta!
¡Helios y Vesta!
¡Helios y Vesta!
¡Que la Luz fluya dentro de mi ser!
¡Que la Luz se expanda en el centro de mi corazón!
¡Que la Luz se expanda en el centro de la Tierra
Y que la Tierra sea transformada en el Nuevo Día!

### Salutación al Sol

Oh poderosa Presencia de Dios,
YO SOY, dentro y detrás del Sol:
Acojo tu Luz, que inunda toda la Tierra,
en mi vida, en mi mente, en mi espíritu, en mi alma.
¡Irradia y destella tu Luz!
¡Rompe las cadenas de oscuridad y superstición!
¡Cárgame con la gran claridad
de tu radiación de fuego blanco!
¡YO SOY tu hijo, y cada día me convertiré
más en tu manifestación!

Capítulo 49

# Preparación de ministros para África

Llegué al Retiro Interno en mayo de 2001, habiendo viajado desde Ghana a Gran Bretaña y Noruega con sólo dos camisas y dos pares de pantalones. Cuando llegué, entregué mi propuesta para establecer el programa de preparación ministerial. Al principio pensaba sólo en Ghana, pero cuando hablé de ello con la Oficina de Ministerio me di cuenta de que debía ser para toda África.

Los estudiantes ministeriales del programa de la sede central estaban graduándose y estaban siendo nombrados durante la conferencia de julio de aquel año, por lo que me involucré en eso, lo cual fue una experiencia muy gozosa. Era el mismo año en el que, por la gracia de los maestros, me nombraron ministro regional de África. Por tanto, fue una alegría doble, saliendo como ministro regional del continente y habiendo tenido la oportunidad de establecer el programa de preparación ministerial para el continente.

Cuando llegué de vuelta a casa a finales de julio tuve que establecer las bases para el programa. Uno de los miembros de la Iglesia, el Dr. Edzii, había sido secretario de la Universidad de Ghana, en Legon, y le pedí que lo fuera de nuestro programa. También pedí al Rev. Donkoh que prestara ayuda. Escribimos a la Iglesia de Sudáfrica, la de Nigeria y la de Ghana informándoles del programa e invitando a los que quisieran una carrera como ministros para que se presentaran.

El Rev. Paul Kyei, la Rev. Frances MacPherson y el
Rev. Kenneth Frazier durante la primera clase
ministerial preparatoria en Accra, mayo de 2003

Las personas presentaron solicitudes de los tres países, veintiséis en total. Llamamos a cada una de ellas para realizar una entrevista. Averiguamos que una persona no estaba con la Iglesia Universal y Triunfante al cien por cien, tenía otros lazos con otra organización. Con respecto a otra, su conocimiento de las enseñanzas no era el esperado. Otra no fue aceptada porque su conocimiento del idioma inglés no era suficiente. Empezaron el programa veintidós personas.

La primera sesión fue en mayo de 2003. La Rev. Frances MacPherson y el Rev. Kenneth Frazier vinieron desde los Estados Unidos para enseñar. Kenneth y su esposa, la Rev. Bonita, vinieron para enseñar en años sucesivos.

El curso estaba destinado a durar tres años, pero al principio se produjo un problema con los papeles de calificación de los estudiantes. El Dr. Edzii y el Rev. Donkoh utilizaron un sistema de calificación distinto al que Frances esperaba. Kenneth pensó que el estándar del trabajo de los estudiantes era muy alto, pero la forma en que los papeles calificaban a los estudiantes no hacía justicia a su trabajo. Frances pidió que los estudiantes hicieran más trabajos y el programa terminó durando cinco años en total.

Cinco de los estudiantes que comenzaron el programa no se graduaron. No entregaron sus tareas, por lo que tuve que escribirles pidiéndoles que hicieran lo que se les pedía o que se retiraran honorablemente del programa. Una estudiante tuvo un problema que era casi de salud mental, y a ella también se le pidió que se retirara del programa y que buscara la ayuda de un consejero.

Tristemente, uno de los estudiantes de Nigeria fue asesinado en Lagos. Asistió al primer intensivo, pero después nunca volvimos a saber de él. Los miembros de Nigeria fueron a buscarlo. Descubrieron lo que le había ocurrido, pero nunca averiguaron quien lo mató ni por qué.

Otro estudiante murió en Ghana. Estuvo enfermo durante uno o dos días y murió repentinamente. Tiempo atrás había recibido preparación para ser sacerdote católico y había visitado el Vaticano. Pero me dijo que no le gustó lo que vio en el ministerio católico, por lo que se retiró de la Iglesia Católica. A ellos les dolió mucho porque era muy inteligente, muy prometedor. Su muerte supuso una gran pérdida para nosotros.

La ceremonia de graduación para los estudiantes fue en 2008 y en 2009 celebramos la ceremonia de nombramiento de doce ministros laicos y dos ministras laicas. Desde su nombramiento, esos ministros y ministras han servido en sus respectivos países. Han estado involucrados activamente en la expansión. En realidad, la palabra *expansión* no me gusta, prefiero utilizar el término de Madre, *ir de gira*. También dirigen servicios y prestan ayuda de muchas formas.

Estamos agradecidos a la Hermandad por el compromiso de estos estudiantes. Si todo va bien, algunos de ellos pronto serán ministros ordenados. ¡Entonces Paul podrá tener su rinconcito para sentarse y relajarse un poco más!

El Rev. Paul Kyei dirigiendo la ceremonia de nombramiento de ministros laicos en 2009

Los nuevos ministros laicos y ministras laicas después del nombramiento

Capítulo 50

# Corazón de ministro

Un rol de liderazgo siempre implica muchos desafíos. Esto es aún más cierto cuando se trata de un rol de liderazgo espiritual, debido a las muchas expectativas que la gente tiene de un ministro o un líder espiritual.

Creo que existe un sendero claro para todos los que quieran cumplir con éxito cualquier responsabilidad que se les dé. En primer lugar está el estudio de las reglas y los reglamentos, las líneas directrices y las instrucciones correspondientes a esa responsabilidad. Para el servicio en una iglesia, el fundamento estará en los estatutos o en la constitución de la iglesia. Cualquier otra regla o guía perteneciente a cualquier organización de la iglesia tiene sus raíces en lo anterior, lo cual debería estudiarse con mucha atención.

Lo siguiente para alguien recién nombrado es entender cómo realizar las tareas específicas que ese cargo conlleva. ¿Se pueden implementar todas con los medios existentes o se debe innovar, forjar nuevas herramientas, entender cómo se va a hacer? La persona debe estar preparada para adaptarse y cambiar, porque es cuando se empieza a aplicar una política cuando se ven las fisuras y los defectos que requieren cambio.

¿Quiénes deberían ayudar a esta persona a cumplir el mandato de ese cargo? ¿O debe esta persona buscar los conocimientos para llevar las cosas a cabo? En ambos casos, el líder debe determinar en su interior dar su total cooperación y cultivar una mutua confianza con todos los que le ayuden.

Mirando atrás a mi propia experiencia, me doy cuenta de que cuando amas aquello en particular que se espera que hagas, lo puedes hacer mejor. Si amas hacerlo, lo haces mejor que cuando te acercas a una tarea de mala gana o a regañadientes. Por eso es importante cultivar ese amor.

Lo mismo es cierto para los que nos ayudan. Con frecuencia se logran mejores resultados cuando se explica la necesidad y se piden voluntarios en vez de pedirle a alguien que haga una tarea. Si alguien se ofrece voluntariamente para hacer el trabajo, «esto es lo que me gustaría hacer para prestar ayuda», esta persona lo hará mejor que otra que acaba de ser persuadida para realizarlo.

Cuando se trata de cargos espirituales, existe la necesidad de ir más allá. Ello puede convertirse en algo muy exigente, porque las personas tienen ciertas expectativas de los líderes espirituales. Uno no puede funcionar como ministro de la misma forma en que lo hace el director de una corporación. Cuando la actitud de los que nos rodean es cordial y cooperadora, uno se anima a dar más de sí mismo. Pero cuando existe hostilidad, uno puede sentirse obligado a retirarse; es una tendencia natural. Pero las personas esperan más de un líder espiritual. Esperan que el ministro siempre esté ahí para ellos, incluso cuando ellos mismos no se comportan bien. El ministro debe intentar servir a todos equitativamente, sin tratar a la gente de forma distinta en base a preferencias personales. La apertura y la transparencia son algo esencial.

Todo ser humano tiene defectos. Puede ser difícil, incluso doloroso, verse cara a cara con la parte más baja del carácter de una persona. Sin embargo, estas cosas ocurren en el sendero. No hay que quedarse en eso. Algunas veces hay que ignorar esas cosas completamente. Aun así, hay que dejar que tales cosas nos instruyan. Podemos no actuar en base a lo que vemos, pero no olvidemos que ello es parte del carácter humano y que puede, si es permitido, obstruir nuestro sendero.

Tengo un amigo anciano en Kumasi que dice que «el anciano siempre ha de ser compadecido». En nuestra cultura, allá donde hay un problema, algo que no está bien en la familia o en el hogar, alguien lo lleva al anciano para que lo resuelva. La gente puede llegar incluso a crear problemas y a llevarlos al anciano para que los solucione.

Cuando uno está en una oficina nueva, siempre hay cruce de corrientes de energía, cada una intentando ver qué nivel de control puede llegar a tener. El tema de nuestro rol y en lo que nos involucramos hay que considerarlo con mucho cuidado y circunspección, porque las cosas fácilmente pueden enturbiarse cuando nos mezclamos donde no debemos. Como líder, es importante saber qué es nuestra responsabilidad y qué no lo es. Si estudiamos las reglas y la constitución que definen nuestro cargo, veremos dónde empieza la línea de nuestra responsabilidad y dónde termina; y nos daremos cuenta de que hay ciertas áreas en las que no sirve meterse. No sólo no sirve, sino que rebajará el estatus del cargo en cuestión. Tenemos la responsabilidad de proteger la dignidad de nuestro cargo.

Existe una tendencia natural a querer complacer a los demás, a impresionarlos, y ahí está el terreno resbaladizo. Tenemos que ser compasivos y querer servir, pero el objetivo debe ser que las personas a quienes servimos se vuelvan más fuertes y más capaces de servir por derecho propio.

No pensemos que el valor de nuestro servicio es sopesado solamente en las grandes realizaciones. Hagamos las pequeñas cosas según Dios nos dé la oportunidad. Las pequeñas cosas muy a menudo contienen la inclinación hacia un camino superior que puede ser impartido a los demás.

El ministro o líder espiritual debe verse a sí mismo siempre como un estudiante, aprendiendo constantemente. Es necesario estudiar continuamente lo que los maestros y los mensajeros han dado. El proceso de aprendizaje también se produce mediante las personas alrededor del líder y a partir del propio trabajo.

Un ministro debe ser capaz de mantener confidencial aquello que oye de los demás. Si cree que hay necesidad de compartir esa información, primero debe preguntar a la persona que se la dio si tiene alguna objeción en que se comparta con los demás. De otra forma es algo confidencial. Si no podemos mantener estas cosas en nuestro corazón, los demás se apartarán de nosotros y perderemos mucha información vital. Además, la gente no confiará en nosotros y perderemos la oportunidad de proporcionar consejo y ayuda espiritual.

Siempre intento recordar que las personas de mi congregación son gente de Dios. Él sabe cómo manejarla. Él sabe por qué me dio el privilegio de ser su líder, una clase de pastorcillo que guía al rebaño. Pido a Dios que me ayude a liderar eficazmente, a guiar a su gente.

Al mismo tiempo, no pierdo de vista la posibilidad de que la energía negativa llegue no sólo del exterior, sino también de los que están adentro. El demonio entra con frecuencia por una sola cosa: los celos. Y una palabra de un compañero ministro a un miembro de la comunidad, una palabra que no sea de apoyo y alabanza a un colega, sino que sea un agravio a la integridad y el esfuerzo de esa persona, hace mucho para influir en la gente de forma negativa.

Teniendo presente que siempre somos siervos de alguien, incluso cuando jugamos un papel de liderazgo, siempre hemos de ser muy humildes al jugar ese papel. No se trata de decirle a la gente, «haz esto, esto y esto». El verdadero líder siempre se apoya en la única fuente, Dios, quien da la oportunidad de guiar a su gente.

San Pablo dijo: «Todas las cosas me son lícitas, pero no todas las cosas son oportunas». Algunas personas que ocupan puestos de liderazgo creen que tienen el derecho, la libertad, de pensar cualquier cosa y de decir cualquier cosa que quieran, olvidándose de que pensar cualquier cosa o que decir cualquier cosa no siempre es útil. No sabemos si la persona a quien decimos algo inútil sea alguien muy importante en el futuro de nuestra vida. Lo que dijimos y lo que pensamos nos regresará. Y una vez que la mente humana entiende lo que ha sido dicho, ¿cuánto daño se ha hecho? Podemos hablar de perdón, pero ¿qué profundo y sincero será el perdón?

Liderar a la gente no es tarea fácil. Creo que es la tarea más difícil del mundo. Lideramos a personas que tienen sus propias formas de pensar. Han sido criadas en diferentes ambientes y la forma en que actúan es distinta de la que nosotros conocemos. Lo que hace falta es la disponibilidad de intentar comprender. Por tanto, además de humildad, se necesita paciencia. Tomemos el tiempo de intentar comprender a las personas. Si recordamos esto, no nos enfadaremos con ellas.

Si no escuchamos a la otra persona, no conoceremos los verdaderos problemas. Podremos pensar que hemos aplicado las reglas de cierta forma, pero olvidémonos de eso. No pensemos en lo que vamos a decir, simplemente escuchemos lo que tiene que decir la otra persona. Entonces podremos decirnos: «Oh, no entendí. Mi perspectiva debería ir por aquí y no lo que yo pensaba».

En muy pocas ocasiones he tenido que corregir a un miembro y aplicar alguna sanción. Creo que lo he hecho sólo en dos ocasiones en todos los años de mi liderazgo en la comunidad. En tales situaciones me siento y hablo con la persona. «Sabes que la situación es la que es, esto es lo que has hecho. Como comunidad, tenemos nuestras reglas o normas que nos guían. ¿Crees que lo que has hecho nos apoya o no? Si no, ¿qué crees que deberías hacer?»

La persona misma será el juez. Se dará cuenta de que lo que ha hecho está mal. Si es sincera, sabrá lo que debe hacer para enmendarlo. Podrá preguntarme lo que pienso, pero si viene de su interior, realmente aprenderá de la experiencia.

Algunas veces digo: «Por la comunidad y por un mejor ejemplo hacia los demás, creemos que es bueno que te quedes fuera unas semanas. Ese período también te servirá para reflexionar».

Eso ha ocurrido solamente en dos ocasiones, que yo recuerde. Uno era un miembro del personal. Le dije que estaba liberado de sus deberes como miembro del personal durante cuatro semanas. El otro era un miembro de la comunidad que tenía un problema con su esposa. Él la dejó y dijo que quería casarse con otra muchacha. Decía que era por presión de su familia.

Hay muchos ejemplos de esto en nuestro país. Por ejemplo, si un hombre se casa con una mujer y a ella le resulta difícil tener hijos, no le echan la culpa al hombre, siempre culpan a la mujer. Por tanto, la familia querrá que el hombre deje a la mujer y se case con otra mujer que le dé un hijo.

También hay situaciones en las que la familia quiere que el hombre se case con alguien de su pueblo. Si se casa con alguien de otro lugar, pueden intentar obligarle a que la deje y que se case con otra mujer. Muchas veces esto conlleva muchos problemas para todas las personas involucradas.

Había un joven en nuestra Iglesia que tenía una esposa y dos hijos. Sus padres querían que se casara con otra mujer, alguien de su pueblo. En vez de defender lo suyo, cedió a esa presión. Cuando me enteré, lo llamé y le dije: «Bueno, amigo, puesto que estás en este grupo, la reputación del grupo descansa sobre ti. No creas que yo soy el ministro para llevar yo toda la responsabilidad».

Le pedí que mirara la situación desde la perspectiva de alguien que está fuera de la comunidad: «Tienes dos hijos con esa mujer. No puedes dejarla así como así. Si fueras alguien fuera de la Iglesia que observara lo que ocurre, ¿qué pensarías de eso? ¿Qué pensarías de nuestra comunidad? ¿Qué pensarías de una iglesia en la que se dan comportamientos así?».

Le pedí que se tomara tiempo libre, que pusiera las cosas en la perspectiva adecuada, que arreglara los problemas con su mujer y con su familia, y que volviera.

Al principio no estaba contento. Se quedó retirado durante bastante tiempo y después de reflexionar, de ir a su interior, de pensar las cosas, decidió volver a la Iglesia Católica, donde había estado anteriormente. Pero después de más reflexión, sopesando lo que había aprendido de las enseñanzas de los maestros, decidió volver a nosotros, y aún está aquí. Regresó con su mujer e hijos y ahora viven juntos felizmente.

Algunas veces nos encontramos con temas como este que son muy difíciles. No es una cuestión de aplicar la ley ciegamente. Hay que examinar la situación con la persona, dejando que la persona forme parte totalmente de la discusión. Con frecuencia la decisión saldrá de ella.

Algunas veces he tenido que tener el valor, la humildad y la claridad de decir: «He tomado una decisión. Esto es lo que he decidido, y así tiene que ser». Pero tales momentos son poco habituales.

En el rol que tenía en la Iglesia metodista recibí preparación para entrar en el ministerio. Teníamos cursos y parte de la preparación era fuera de Ghana. Aprendimos que el liderazgo está basado completamente en el amor que se siente por aquellos de quienes somos responsables. Si amamos, entonces todo lo que hacemos es amar. Amamos a la gente a quien debemos servir y sentimos agradecimiento hacia aquel que nos dio la responsabilidad. Siempre existe el flujo, existe el vínculo.

Capítulo 51

# El viaje final

En África occidental los funerales son acontecimientos muy importantes. No sólo está involucrada la familia, sino también todos los parientes, amigos y conocidos. Las celebraciones funerarias pueden durar varios días y pueden ser muy caras. Algunas familias incurren en grandes deudas para pagar un funeral, lo cual puede ser una gran carga para una viuda con hijos; sin embargo, la gente piensa que eso es lo que se espera de ella.

En el pasado, en nuestro país había pocos mortuorios y depósitos de cadáveres. Cuando una persona moría, el cuerpo tenía que ser enterrado a las veinticuatro horas. Ahora que hay muchos mortuorios en el sistema hospitalario, el cuerpo puede permanecer sin enterrar durante un mes o más, lo cual no es poco común. Muchas personas de Ghana viven en otros países y cuando fallece el padre o la madre, los hijos que se encuentran fuera del país desean asistir al funeral, por lo que la ceremonia se retrasa hasta un tiempo conveniente. Casi siempre se realiza un entierro, puesto que la incineración no está bien aceptada en África.

Los maestros han recomendado la incineración como la mejor forma de deshacerse del cuerpo después de la muerte. Sin embargo, cuando los miembros de nuestra Iglesia piden la incineración, con frecuencia los miembros de la familia se oponen a ello.

Una de las dificultades relacionadas con la incineración en nuestra cultura es que las personas creen que sólo se quema el cuerpo de alguien que es malo. Recuerdo cuando uno de los miembros de nuestra Iglesia murió en Dunkwa, que está cerca de Kumasi. Llevaron el cuerpo a Kumasi para incinerarlo y fuimos al servicio. Una mujer que había estado en mi clase de la Biblia de la Iglesia metodista me dijo: «Hermano, ¿qué ha hecho este hombre para que le quemen?».

Yo contesté: «No ha hecho nada malo». Le expliqué que la incineración es la mejor forma de deshacerse del cuerpo. Puse el ejemplo de los ladrones de tumbas, que desentierran a los recién enterrados para llevarse los adornos con los que los enterraron. En estos tiempos no se oye hablar mucho de eso. Me imagino que los vigilantes de los cementerios ahora se toman muy en serio su obligación, pero antes estas cosas solían ocurrir mucho. Y no se trata sólo los ladrones de tumbas. Algunas personas utilizan partes de los cuerpos muertos, huesos y otras cosas, para hacer magia negra.

«¿Te gustaría que desenterraran tu cuerpo cuando tu familia ya te ha enterrado?», le dije. «Cuando el cuerpo es quemado no queda nada de la persona que los ladrones de tumbas se puedan llevar. Y el proceso es una despedida rápida al cuerpo para que el alma pueda ser libre de marcharse.» Así se lo expliqué.*

---

* Además de estas razones, la incineración también proporciona importantes beneficios espirituales para el alma. Mark y Elizabeth Prophet explican esto en su libro *The Masters and the Spiritual Path (Los maestros y el sendero espiritual):* «Para facilitar la transición del alma hacia octavas superiores, ya sea para terminar los requisitos de la ascensión, ya sea para entrar a un templo de preparación para la siguiente vida, Serapis Bey ha recomendado que el cuerpo físico sea colocado en hielo durante un período de tres días después de la muerte y que luego sea incinerado...

«Mediante este antiguo ritual, la luz del corazón de los átomos físicos es liberada gracias al elemento fuego y la energía que se utilizaba para mantener la forma es devuelta inmediatamente al corazón de la Presencia Divina... La incineración elimina la posibilidad de que la forma ejerza dominio sobre el alma mediante lo que se denomina magnetismo residual; porque los registros de los pensamientos y sentimientos de la persona dejan un residuo de sustancia que crea un campo

«Entonces, hermano, ¿me quieres decir que a ti, que estás sentado aquí, si te mueres te harán lo mismo?»

Le dije: «Hermana, se lo estoy haciendo a otras personas, ¿por qué no me lo habrían de hacer a mí?».

Miré su rostro y no pude evitar reírme. Pude darme cuenta por su expresión que la idea de la incineración le resultaba repulsivo.

Aparte de los muchos beneficios para el alma del que ha fallecido, la incineración evita gastos innecesarios que conllevan los entierros. Cuando fallece uno de los padres, los hijos están obligados a proveer el ataúd, y en los tiempos que corren eso supone un gran peso económico. La familia querrá tener el ataúd más caro que puedan permitirse, algo que encaje con el estatus social del fallecido. Sin embargo, va a acabar bajo tierra. En la incineración, el ataúd está hecho de *wawa*, una madera africana barata que arde con facilidad. Por tanto, la incineración ahorra el gasto del ataúd.

Pero en esto hay incluso algo de prejuicio. Algunas veces la gente piensa que si no se produce un gran gasto de dinero en el funeral, es que no se siente verdadera tristeza por el pariente fallecido.

Sólo recientemente, con miembros de las organizaciones esotéricas que optan por la incineración, se ha vuelto algo más popular. Ahora incluso algunas personas de las iglesias orto-doxas eligen la incineración. Esto, sin embargo, se produce entre la gente culta. Los que no han ido a la escuela nunca

---

magnético en el cuerpo incluso después del sepelio, lo cual tiende a mantener al alma atada a la tierra.

«El pasaje del alma a octavas superiores lo facilitan las benditas salamandras [espíritus de la naturaleza del elemento fuego], que consumen no sólo el cuerpo físico, sino también aquella parte de sustancia no transmutada alojada a su interior... Cuando la forma física no es incinerada, la atracción que ejercen los registros y el magnetismo residual dentro del campo energético del cuerpo es tan grande que el alma permanece en los niveles inferiores astrales entre encarnaciones.» [págs. 123, 124, 125]

toman esa elección.*

La incineración está ganando popularidad en África, no sólo en Ghana. El actual encargado de la cremación de Accra, que utiliza leña, me decía que algunas veces las personas traen el cuerpo desde Costa de Marfil tan sólo para que sea incinerado en Ghana. Por tanto, poco a poco se está expandiendo. Recientemente uno de nuestros miembros me dijo que algunas personas están planificando la construcción de un crematorio completo de gas en Accra. Será una instalación muy hermosa.

Hay algo que ha alentado la creciente popularidad de la incineración, porque las autoridades locales tienen dificultad en encontrar terrenos en Accra para los entierros. Los terrenos que existen están llenos. Por eso están pensando en la incineración para evitar la necesidad de encontrar más terrenos para cementerios.

Otra ventaja de la incineración es que no hay ninguna oportunidad en absoluto para que la magia negra se meta de ninguna forma. Uno de nuestros miembros falleció este año y la familia me pidió que hiciera preparativos para incinerar su cuerpo porque el hombre tenía un hermano que hacía magia negra. Los dos no se llevaban bien y pensaban que si lo enterraban, el hermano podría perturbar el cuerpo. Así que respondí que lo haría.

Llevaron el cuerpo a nuestra Iglesia el día de la incineración. Toda la gente de la aldea nos siguió y asistió al servicio. Gemían por los suelos. «En nuestra Iglesia no hacemos eso. Si querías gemir, podías haberlo hecho en la aldea. Aquí, no». Así que

---

* A las personas de África les diría: por favor, asegúrense de informar bien a los miembros de su familia sobre el proceso de incineración y sobre cuáles son sus deseos para después de su muerte. Si alguien fallece y la familia pone objeciones, según nuestra costumbre, los miembros de la familia son los que tienen la última palabra. Si ponen objeciones a la incineración, la Iglesia no se querellará por este asunto. Nos veremos obligados a permitir que el asunto se quede ahí. Por tanto, si prefieren ser incinerados antes de pasar por el entierro del cuerpo, hagan arreglos con los miembros de su familia antes de tiempo y pídanles que respeten sus deseos. Rellenen el formulario sobre la incineración y hagan que un pariente sea testigo del documento para que no queden dudas sobre sus intenciones. —PKK

dejaron de hacerlo. Hicimos un bonito servicio en su honor y de ahí fuimos al cementerio para la incineración. El domingo por la mañana recogieron las cenizas y las esparcieron en el mar.

El lunes siguiente, la madre y las hermanas vinieron a mi casa, en Accra. La madre era una anciana señora. Me dio las gracias por hacer la incineración. Pero había una cosa más que quería saber. Tenía un ídolo fetiche, un pequeño dios, en su casa. Cuando su hijo había muerto, ella le dijo al ídolo: «Tú estabas aquí y no pudiste proteger a mi hijo y se murió, así que te abandono».

Fue a la iglesia a la que asistieron sus otros hijos. Fue a ver al pastor y vinieron a recoger el ídolo y lo quemaron. Ella ahora es cristiana.

Habitualmente realizamos nuestros servicios de incineración los sábados por la mañana. A las seis de la mañana los miembros de la Iglesia se reúnen para hacer las Astreas y decretos de llama violeta para liberar al alma del que ha fallecido. No permitimos que las personas que no sean miembros de nuestra Iglesia entren hasta que hayamos terminado nuestro trabajo espiritual.

El cuerpo es llevado a la iglesia a las siete. Éste se encuentra en el ataúd de *wawa* con un paño Kente cubriéndolo. El paño Kente es una vestidura nacional, peculiar de Ghana, y los miembros de la familia también llevan vestiduras hechas del mismo paño, con frecuencia al mismo estilo. El ataúd es colocado sobre soportes ante el altar. Quitamos el Kente y la gente puede pasar para ver el cuerpo. Esta es la tradición. Ponemos música clásica durante la vista.

A las ocho ponemos la tapa del ataúd y comenzamos el habitual servicio memorial. Hacemos una invocación a Madre, encendemos las velas y damos la bienvenida a la gente. Explicamos por qué estamos ahí presentes y explicamos el programa, que incluye oraciones, canciones y lectura de las escrituras. Se trata de un servicio para la familia y los amigos, por lo que no incluye decretos.

Después de las oraciones tenemos un periodo para que la gente dé su testimonio y rinda tributo al que ha fallecido, no más de treinta minutos. Si se trata de un miembro de la Iglesia, la Iglesia ofrece su tributo o panegírico, luego el esposo o la esposa, luego los hijos, y luego los amigos o colegas que quieran decir algo. Hacemos un pequeño sermón. Recibimos la ofrenda amorosa y lo que se recolecta va a la familia. El servicio dura de una hora y media a dos horas.

Antes de que termine el servicio, realizamos el ritual que Madre nos ha enseñado para retirar la luz del cuerpo. Dos ministros se ponen al lado del cuerpo, uno a la cabeza y otro a los pies, y hacen la invocación para que la luz sea retirada. Queremos que la congregación vea esta ceremonia y explicamos lo que hacemos. Entonces anunciamos que nos vamos al crematorio.

Llegamos allí alrededor de las doce para realizar un servicio al lado de la tumba. El encargado de la incineración ya ha llevado el féretro en el coche fúnebre. El fuego está preparado pero no encendido. Él arregla bien la pira funeraria. Aprendió a hacerlo de la comunidad india. No es muy alta.

El encargado de la cremación tiene una mantequilla o margarina especial que se unta sobre la madera, y enciende un pequeño fuego al lado. Cuando hemos terminado el servicio al lado de la tumba, invitamos a los niños a que se acerquen y enciendan la pira funeraria con una antorcha. Cada niño recibe una antorcha para encender la pira, si quiere. Se enciende la pira, terminamos con una oración, damos la mano a los miembros de la familia y nos marchamos.

Si hay una recepción asistimos durante un rato para comer algo, beber y hablar. Eso no es responsabilidad de la Iglesia. Les decimos que hacer una recepción o no hacerla es una elección de ellos.

A la mañana siguiente temprano, entre las cinco y las siete, un representante de la Iglesia, un representante de la familia y el encargado de la cremación recogen las cenizas. Si no hay ninguna otra instrucción, van al mar y esparcen las cenizas allí; no está muy lejos. Utilizan parte de la oración que se recita al lado de la tumba cuando esparcen las cenizas. Cuando regresan, nosotros estamos haciendo nuestro servicio del domingo, que comienza a las 10:30 de la mañana. A este servicio se invita a la familia, los amigos y los compañeros de trabajo así como todos quienes asistieron el día anterior, así como los miembros de la Iglesia.

Elegimos un texto y damos un sermón corto. Elegimos el mensaje dependiendo de quién estaba el sábado y qué es lo que más les va ayudar. No se hacen más testimonios ni panegíricos en este servicio. El propósito es decir, «gracias, oh Dios, por darnos la vida de nuestro padre, nuestro hermano, nuestra hermana, nuestra madre».

Capítulo 52

# Un hombre tranquilo

El Dr. Ebenezer Adentwi Kofi Edzii era miembro de la Iglesia Universal y Triunfante. Se unió a nosotros en 1972 y procedía de la Iglesia metodista, como muchos de nuestros miembros, y fue bautizado por Mark Prophet. Fue secretario de la universidad más importante de Ghana, en Legon, en Accra, durante veintiún años.* Fue el primer Presidente de Ghana, el Dr. Kwame Nkrumah, quien lo sacó de la administración del gobierno y lo llevó a la universidad como secretario, donde prestó buen servicio. Su doctorado fue un título honorario conferido por la universidad.

El Dr. Edzii era un hombre tranquilo. La gente decía que era un disciplinario estricto y esa descripción encajaba con él. Quizá eso no sea sorprendente, puesto que había sido el comisionado del distrito del gobierno colonial.

Este hombre era muy independiente. No se metió en ninguna organización. Ni siquiera era miembro de ninguna de las logias a las que mucha de la gente culta de nuestro país se afilia. Por eso la comunidad universitaria se llevó una gran sorpresa cuando se enteró de que el Dr. Edzii se había hecho miembro de la Iglesia Universal y Triunfante.

Tenía mucha sabiduría y perspicacia, por lo que valorábamos y atesorábamos nuestra asociación con él. Cuando me

---

* La Universidad de Ghana sigue el sistema británico, en el que el jefe de la administración lleva el título de secretario.

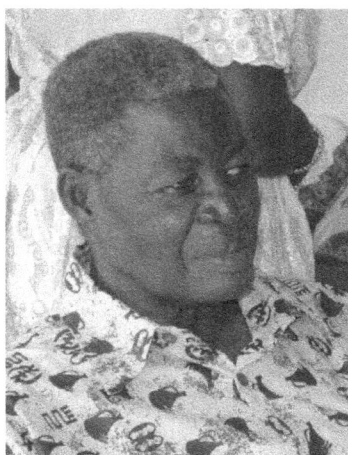

El Dr. Ebenezer Edzii

convertí en Director de la Iglesia de Ghana en 1982 y los ministros laicos se habían ido a Nigeria, me quedé muy solo. Nombré al Dr. Edzii para que fuera miembro de la junta de la Iglesia de Ghana en aquel momento y valoré mucho su consejo. Prestó servicio como vicepresidente de la Iglesia de Ghana y en años posteriores también fue presidente del Comité de Crecimiento de la Iglesia.

En febrero de 2003 establecimos una junta regional para toda África y el Dr. Edzii jugó un papel esencial en esto. Era abogado y redactó la constitución para esta junta y también sirvió como su miembro.

Cuando tuvimos la oportunidad de establecer el Programa de Preparación Ministerial en África, pensamos que con su experiencia como conferencista y administrador universitario sería la persona ideal como secretario del programa, y él aceptó este papel con buena disposición.

El Dr. Edzii celebró su 82 cumpleaños el 2 febrero 2010, y falleció el 15 febrero. En años posteriores visitó el hospital muchas veces por su edad. Sin embargo, no pensábamos que era el momento de despedirse. Por eso fue con sorpresa y gran tristeza que recibimos la noticia de que se había marchado. Fue una pérdida muy dolorosa.

Su hijo me llamó muy temprano, alrededor de las cinco de la mañana, y me dio las noticias. Llamé al Rev. Donkoh y alrededor de las ocho todos nos reunimos en su residencia. La familia estaba presente. Hablábamos sobre dónde enterrarlo y de otros arreglos que había que hacer. No sabía que había firmado un formulario de incineración con la Iglesia, por lo que no hablé de eso.

Regresé a la Iglesia y los miembros del personal miraron en los archivos y me trajeron el del Dr. Edzii. Había en él una carta sellada dirigida a su familia. Sabía que se trataba del formulario pidiendo que incineraran su cuerpo. Había firmado el contrato confidencialmente. Dos de los miembros de su familia habían sido testigos de ello, lo había sellado en un sobre y habían pedido a nuestro personal que lo pusieran en su archivo.

Llamé a su casa otra vez y pedí hablar con su viuda. Dije que el Dr. Edzii había escrito algo para nosotros y que quería reunirme otra vez. Y nos reunimos a la mañana siguiente. Entregué la carta al Rev. Donkoh y le pedí que la abriera y la leyera.

Era el último testamento confidencial del Dr. Edzii sobre cómo había que deshacerse de los restos después del fallecimiento. Donkoh leyó el documento entero en inglés y después en el dialecto fante. Miré todos los rostros. Entonces el anciano de su familia dijo: «Bien, este hombre es un erudito y el erudito ha hablado en su carta. No podemos comentar nada sobre ella. La tribu está ahí y tiene sus costumbres, pero este hombre es un anciano de la familia. Por tanto, se hará como lo ha deseado».

Di un suspiro de alivio porque Edzii, como anciano que era, tenía ochenta y dos años cuando falleció y podía ser difícil. Muchas veces la gente dice: «Desde la época de nuestros abuelos hasta ahora, cuando alguien ha muerto no hemos hecho ninguna incineración. ¿Por qué lo hacemos ahora? En nuestra aldea no se hace». Y de ninguna manera podríamos haber ido contra los deseos de la familia, independientemente de lo que hubiera en el testamento.

Incluso después de oír esta carta, su familia dijo que el acuerdo para la incineración era provisional. Tenían que ir a su pueblo, reunir a toda la familia y oír cuáles eran sus deseos. Yo dije: «La Iglesia no ve ningún problema en ello, adelante».

Eso fue el sábado. Fueron al pueblo el martes. Es un pueblo costero, un pueblo pescador, y los pescadores no salen al mar los martes. Es un día de vacaciones para ellos, por lo que todo el mundo estaría para la reunión familiar.

Se leyó la carta a toda la familia. Vieron que su hermano menor había sido testigo y había firmado la carta de cremación, y dijeron de nuevo: «Este hombre es un erudito, y no podemos disputar lo que está escrito». Me sentí muy aliviado cuando la familia finalmente estuvo de acuerdo en realizar la incineración.

Debido a su papel prominente en la universidad, el Dr. Edzii era conocido por mucha gente. Cuando se enteraron de que iba a ser incinerado, se produjo una mezcla de sorpresa e incertidumbre. ¿Por qué pediría que lo incineraran? Eso era algo que realmente querían saber.

A los miembros de la familia les dije que aunque parecía que todo el mundo sabía que iba a realizarse una incineración, debían enviar invitaciones especiales a la universidad para recordarles que había fallecido y para darles a conocer el programa. No queríamos que nadie se sorprendiera el día del servicio.

Habíamos realizado algunos anuncios por radio y televisión y habíamos puesto anuncios en los periódicos, por lo que vino mucha gente. Nuestra capilla estaba llena y levantamos tiendas afuera con sillas para más gente. Había gente incluso de pie, en la calle, fuera de la iglesia. Por eso decidimos aprovechar la oportunidad para informar a la gente de qué es la incineración. Gracias a Dios el mensaje fue bien recibido.

Anunciamos con anticipación que cualquiera que quisiera ofrecer tributo durante el servicio debía ponerse en contacto con la familia para poder ser incluidos en el programa. Sin embargo, el día del servicio muchos profesores universitarios dijeron que querían ofrecer tributo. «Lo sentimos», dijimos, «pero no nos informaron con antelación por lo que no pudimos incluirlos en el programa. Vamos a continuar según está programado».

El hombre que sucedió al Dr. Edzii como secretario de la universidad también pidió hablar, y le dijimos lo mismo. Puede ser que pensara que debido al puesto que ocupaba se le daría preferencia; pero yo iba a seguir el programa, que quería que tuviera lugar dentro del horario planeado. Fue Emmanuel quien llamó mi atención al hecho de que era el secretario, porque pensaba que debería permitírsele hablar.

Así, cuando todo el mundo hubo terminado de leer sus tributos al doctor, llamé al secretario. Dije que no había mejor persona que quien sustituyó al Dr. Edzii como secretario para ofrecer el último tributo. Cuando le dije que no podía hablar, él se había quedado muy preocupado, por eso cuando llegó al estrado dijo: «Muchas gracias por permitirme hablar. Me hubiera quedado con cierta amargura contra ustedes si no me hubieran permitido leer mi tributo. Pero debo disculparme por no entregarlo con antelación». Dijo esto en frente de todo el mundo y entonces ofreció su tributo.

Yo di un sermón breve. He olvidado el texto exacto que elegí, pero era sobre el rechazo a todo en la vida y la decisión de emprender el sendero. ¿Que halló el doctor en las enseñanzas de los maestros que le hizo dejar la iglesia a la que pertenecía para estar aquí? Si pensamos que esta no es una congregación muy grande, ¿qué fue lo que vio en el sendero de las enseñanzas de los maestros que le hizo despedirse de su anterior lugar?

Cuando doy un sermón, tomo un texto y lo vinculo a la vida, para que sea algo real para la gente. Es un gran desafío hacer esto, pero es muy interesante cuando se realiza con éxito. Hablé sólo durante diez minutos. Algunas personas habían venido desde la costa, pescadores y sus familias, y necesitaban escuchar el mensaje en su idioma. Di una parte en inglés y una parte en akan, para que todo el mundo pudiera irse a casa con al menos una palabra o una frase.

Más tarde la familia le dijo a Nada, mi ayudante: «Dígale al Obispo que estamos agradecidos. Esperábamos una larga charla, como hacen en la Iglesia metodista y en otras iglesias. Pero él lo hizo en diez minutos y esos diez minutos estaban tan cargados que todos nos sentimos satisfechos».

Después del servicio memorial, trasladamos el cuerpo de la capilla al crematorio. Mucha gente vino a ese servicio también.

Cuando todo terminó, un hombre que yo creía se opondría a lo que se había hecho, me dijo: «Oh, esto es maravilloso. Es tan sencillo y tan claro. Quizá un día me decida por esto». Yo estaba muy contento y agradecido a los maestros. Aunque el hombre no se una a nosotros de ninguna forma, espero que en su vida privada elija la incineración.

Capítulo 53

# Deber y familia

Tengo ocho hijos. El primero es Yaw Opong, un varón. Trabaja de conductor en Ghana. Paulina es enfermera en Montreal. Jonas trabaja en una maderería en Ghana. Isaac trabajaba con la Agencia de Meteorología de Ghana y ahora es conductor en Kumasi. Él es el único que está en las enseñanzas conmigo. Michael también trabaja en una maderería. Unity es mi sexta hija; es recepcionista de hotel. Está casada con un agente de policía y viven en Accra. Jane es maestra y vive en Montreal. Kwabena es soldador.

Todos mis hijos tienen nombres africanos, pero usan nombres ingleses. Todos están casados y tienen hijos, mis nietos. Ya son veintinueve nietos y seis bisnietos.

Mi primer nieto nació el 12 de septiembre de 1976, el mismo día que Madre llegó a Ghana. Yo estaba en Accra para recibir a Madre, y le dije: «Madre, mi primera nieta ha nacido hoy, y está en mi casa». Madre la llamó Paula, así fue como recibió su nombre. Tristemente, murió en 2003, a la edad de veintinueve años. Su muerte supuso para mí una gran tristeza y fue la causa de una de mis más severas iniciaciones en el sendero espiritual.

Mi relación con Paula era muy cercana. Desde que su madre dio a luz, vivió conmigo, en mi casa de Kumasi. Literalmente, nació en mi regazo. Pasó conmigo todos los años de kindergarten hasta la escuela secundaria. Pagué su escuela. La llevé a

Accra, le encontré un trabajo en la universidad, donde trabajó en la administración. Vivía en mi casa. Estábamos muy unidos. Pero en nuestra cultura el lado materno posee mucho control sobre los niños. Fue entregada en matrimonio sin que yo supiera nada ni lo consintiera.

Después de casarse, Paula se mudó a la casa de su esposo, que no estaba lejos de donde yo vivía en Acrra. Tuvo sólo un hijo, un niño muy hermoso, que murió en 2003. Unos dos meses después, Paula enfermó y su esposo la llevó al hospital. Después de un tiempo falleció. No supe de qué murió. Incluso el hospital no supo exactamente qué le quitó la vida. Creo que la conmoción de la muerte de su hijo probablemente hizo que ella también se marchara.

Mi nieta falleció el 11 de octubre de 2003. Fue en sábado. Había una mujer que era Guardián de la Llama en Ghana que se iba a casar con un nigeriano ese mismo día. Su novio y la familia de éste vinieron desde Nigeria, y lo habían preparado todo.

Yo me estaba preparando para ir a la iglesia para la ceremonia de la boda, donde iba a ser el ministro que la presidía. El esposo de Paula entró, con lágrimas en la cara, llorando. «Papá, tu nieta ha fallecido.»

Ahí estaba yo, preparándome para dirigir la boda de una pareja, cuando me llegaron las noticias del fallecimiento de mi amada nieta. ¿Qué tenía que hacer?

Me guardé la noticia. Me la guardé en el corazón, y dije: «No le diré a ningún miembro de la Iglesia nada de esto hasta que haya terminado lo que tengo que hacer». Por eso, además de mi esposa y los demás de la casa, no le dije a nadie lo que había pasado.

Fuimos a la boda, dirigí la ceremonia, hicimos la recepción. Incluso vinieron a mi casa y celebraron parte de la recepción allí. Nadie de mi familia dio señal alguna de nuestro profundo dolor.

El domingo, al día siguiente, tenía que volar a Nigeria para una importante visita en la que celebrar un curso completo para los estudiantes nigerianos y para dirigir algunas iniciaciones de comulgantes y otros sacramentos. La pregunta que yo tenía era si tenía que ir a estos eventos y rituales o si me tenía que quedar en Accra para ocuparme del entierro de mi nieta.

Estábamos tan unidos, era tan querida. Sin embargo, me había entregado a la Hermandad y había prometido mi lealtad a ella y la lealtad a la luz era mi prioridad en esta encarnación. Por eso no importaba lo unido que estuviera a mi nieta, no importaba cuánto la amara, mi deber con la Hermandad iba primero.

Muchos años antes le había dicho a mi esposa y a mi madre: «Si se produce una muerte en la familia y tengo trabajo con la Iglesia, no hablaré de lo sucedido. Cumpliré con mi tarea. Cuando haya terminado y haya regresado, sólo entonces daré la noticia a todos».

Así que me dije: «No, no me quedaré en Ghana. Me he comprometido con la Hermandad e iré a Nigeria para cumplir con ese compromiso».* Y eso supuso una *verdadera* iniciación para mí, porque sólo con gran dificultad pude convencer a su familia, del lado de su madre, de que había tomado esa decisión y no dirigiría el entierro hasta haber cumplido mi tarea con los maestros. Fue una prueba muy severa de mi compromiso, si iba a seguir fiel a mi promesa a los maestros incluso en una

---

* Jesús demostró en su propia vida que su prioridad más alta era su misión espiritual, estando incluso por encima de sus compromisos familiares. A la edad de doce años lo encontraron conversando con los instructores en el templo y dijo a sus padres: «¿No sabéis que he de ocuparme de los asuntos de mi Padre?» (Lucas 2:48). En el Evangelio de Marcos, Jesús exhorta a uno de sus seguidores a que ponga el discipulado delante de su familia: «Y otro de sus discípulos le dijo: Señor, déjame ir y enterrar a mi padre. Pero Jesús le dijo: Sígueme y que los muertos entierren a los muertos» (8:21–22). Hacia el principio del ministerio público de Jesús, la Biblia cuenta una ocasión en la que sus hermanos y su madre le llamaban. El Evangelio de Marcos dice que Jesús «miró a los que le rodeaban, y dijo: ¡He aquí, mis hermanos y mi madre! Porque quien haga la voluntad de Dios, ese mismo es mi hermano, y mi hermana, y mi madre» (Marcos 3:34–35).

circunstancia así.

Organicé las cosas para que el cuerpo se guardara en el depósito del hospital hasta que decidiéramos cuándo iba a ser el entierro. Esperé hasta el miércoles y luego volé a Lagos para el curso, las iniciaciones de comulgantes y los demás sacramentos. Después de terminarlo todo en el grupo de Lagos, volé a Calabar para dar allí un seminario.

Sólo entonces les conté el problema por el que estaba pasando con mi familia. Fue una gran sorpresa para la gente, una maravilla. No podían creer ni entender cómo había podido hacer eso. Yo les dije: «Esta ha sido para mí la prueba de mi compromiso con la Hermandad, y no puedo fallar esa prueba».

Fue una prueba muy difícil, una iniciación dura para mí en aquel momento. Estuve lejos tres semanas, todo ese tiempo con el cuerpo de mi nieta en el depósito, esperando que lo enterraran.

Quizá el aspecto más doloroso de toda esa experiencia sea que después del sacrificio que hice para estar en Lagos para el evento, la gente empezó a comportarse mal. Se vieron bajo la influencia y manipulación de uno de los Guardianes de la Llama de ese grupo, que dijo que fue el primero en formar parte de The Summit Lighthouse, lo cual es cierto porque empezó en Ghana antes que en Nigeria. Decía que era el «padre de las enseñanzas» en Nigeria y que había ciertas enseñanzas y ciertas cosas que Mark Prophet le había dicho, que incluso Madre no sabía, lo cual, por supuesto, no era cierto.

Este hombre provocó muchos problemas serios en el grupo de Lagos. Instigó a los miembros y a la junta y escribió volúmenes enteros de cartas a la sede central, incluyendo quejas contra mí. Alguien en la sede central decidió responder a su correspondencia sin que yo lo supiera y eso le animó a escribir aún más. Fue una situación muy difícil que continuó durante algunos años.

Al final, la Oficina de Ministerio me pidió que fuera a

despedir a toda la junta directiva del grupo de Lagos, cosa que hice. Se nombró a una junta interina a la que tuve que guiar, formando gradualmente una nueva junta, que ahora se encarga del grupo.

Esto también fue una prueba muy dura para mí. Pasé tres semanas con ellos, a pesar del dolor que se había apoderado de mí debido al fallecimiento de mi nieta, y así me mostraban su gratitud. Fue una experiencia amarga.

Sin embargo, aprendí mucho. No era la primera vez que ocurría algo así. Tuve una experiencia parecida incluso en la Iglesia metodista, antes de entrar en estas enseñanzas. Pero fue al trabajar con la Hermandad cuando realmente aprendí que si buscamos la aprobación de los hombres, siempre saldremos decepcionados. Si buscamos la aprobación de los hombres en vez de mirar hacia arriba a nuestra Presencia YO SOY y los maestros, siempre terminaremos decepcionados.

Al pensar en esta experiencia recuerdo lo que una vez dijo el Gran Director Divino en un dictado. Dijo que si te piden que hagas una promesa y sabes que no podrás mantenerla, no la hagas. Una vez hecha, se te hace responsable de cumplirla. Por eso es mejor no comprometerse antes que hacer una promesa que sabes que no podrás mantener. Eso no se me ha olvidado.

Hacer una promesa depende de la percepción que tenga la persona sobre lo que entiende que sea su sendero en base a su llamado. Mi consejo para cualquiera es este: si verdaderamente quiere comprometerse con la Hermandad, entonces tiene que proponerse con el corazón y la mente mantener el compromiso consigo mismo, no importa lo que suceda, de cumplir la promesa hecha a los maestros. No se puede tomar a la ligera la promesa.

Algunos pensarán que soy demasiado radical, pero eso es lo que siento exactamente en mi corazón; y eso es lo que pienso, incluso ahora. Y eso confirma mi verdadero compromiso con el sendero y con la Hermandad, y nada me haría cambiar. Y lo que me ayuda es lo que los maestros, con su gracia, me han enseñando, así como la comprensión que tengo de dónde provengo. Eso es probablemente lo que me da una convicción añadida sobre los compromisos que hago. Esa es la verdad en mi corazón y en mi alma.

Capítulo 54

# El oro que cubre la Tierra

Creo que la Iglesia Universal y Triunfante es quizá la única que puede traer verdadera iluminación a la gente, porque es la Iglesia que habla contra los antiguos vicios de la brujería y la magia negra y no sólo habla de ello sino que también ofrece la forma de salir de tales prácticas. Esta actividad es la que puede producir verdadera libertad para las almas de nuestra gente.

Cuando hablo a la gente sobre nuestra Iglesia, le muestro aquello que la Iglesia defiende y lo que ésta puede hacer por las almas de la gente. Por lo que yo sé, no existe ninguna otra iglesia en África que como prioridad tenga la liberación del alma. Apenas hablan del alma en sus prédicas, y la gente debería despertar con respecto a la existencia del alma y el verdadero sentido de la libertad.

Estas grandes metas sólo pueden alcanzarse mediante la educación, la iluminación de las mentes y los corazones de la gente. Nuestra gente se ha hundido tan bajo que necesita una visión de lo que puede ser. Necesita que le recuerden el pasado, quién es: la raza azul y la violeta, que vivieron en una era de oro en el continente de África, mucho antes de la historia conocida. Deben conocer el glorioso pasado, el pasado espiritual de la gente.* Deben saber que hemos llegado al punto de una gloriosa

---

* La historia de la antigua era de oro y las grandes alturas más recientes de la civilización en África Occidental se encuentran en el Apéndice A, «El destino de África».

era de oro, muy anterior a los registros históricos. Ya no estamos en ese punto debido a varias razones, pero existe la posibilidad de poder volver a ese punto en el que una vez estuvimos. La gente debe saber estas cosas.

Mark Prophet ha dicho: «El nuestro debe ser un mensaje de amor infinito y nosotros debemos demostrar ese amor al mundo». Mi visión es ver a esta Iglesia elevarse y emprender esta misión. No es simplemente una misión hacia un único grupo de gente o un país en concreto, sino una misión hacia todo el planeta. Entendemos que así debe ser cuando vemos que los problemas que en estos tiempos afectan a una parte del mundo, afectan con mucha facilidad a todas las demás partes del mundo. Miremos los problemas que afectaron a los reactores nucleares en Japón en 2011. Vemos que al soplar el viento de oeste a este, la radiación se dirige hacia América y hacia todo el planeta. Por eso, al pensar en el rescate espiritual del planeta, nos debe preocupar y debemos pensar en el mundo como un todo. Esa es la visión que tengo.

Saint Germain me mostró una vez algo sobre esto. Tuve la oportunidad de contárselo a Madre cuando visité Montana en julio de 2001. Ella estaba retirada y vivía en Bozeman. Estaba fuerte en su espíritu, pero no en su cuerpo, y entonces no podía hablar mucho.

Me encontré con Madre a la puerta de un restaurante de Bozeman. Cuando salió del automóvil se puso muy contenta de verme, habiendo yo venido desde África. Pensaba que aún estaba fuerte e intentó correr, pero no pudo. Su asistente y yo la llevamos adentro y nos sentamos. Le hablé de la grandeza de esta Iglesia y de la visión que Saint Germain me había mostrado.

En esta visión me encontraba en Oriente Medio, en la costa de Israel, al borde del mar Mediterráneo. Saint Germain dejó caer una pieza de oro al suelo, y me dijo: «Recógela». Intenté recogerla pero comenzó a derretirse y a expandirse. Esta pequeña pieza de oro se derritió y se expandió por todo el planeta. Todas las islas, todos los continentes estaban cubiertos con una capa de este oro.

«Madre», le dije, «esta visión realmente ha fortalecido mi fe de que esta enseñanza cubrirá todo el planeta, cada isla, dondequiera que haya tierra».

«Paul», dijo Madre con emoción. Estaba sentada a mi derecha, dándome palmadas en la pierna derecha. Intentaba encontrar las palabras, pero las palabras no salían, y dejó de intentar hablar.

Hablé con Madre sobre lo que significaba para mí esta visión. Saint Germain me había mostrado la misión y hasta donde se extendería esta enseñanza por el planeta. Tenemos que despertar y mirar a lo lejos y encontrar formas de realizar esta misión para los maestros. La profecía y la expectativa de los maestros es que estas enseñanzas cubran la Tierra, y podemos contar con que ellos hagan la parte que les corresponde. Pero nos necesitan como instrumentos para realizar esta meta.

Los maestros tienen sus planes. Ellos proporcionarán los materiales. Pero si nosotros no trabajamos con esos materiales, las expectativas no pueden cumplirse. Yo tenía que recoger el oro. No podía quedarme ahí, mirando.

Saint Germain no había dejado caer cualquier material para que lo recogiera. Era oro. Recuerdo que Madre dijo que no entendía que la gente de Ghana dijera «somos pobres», porque en Ghana literalmente estamos sentados y caminamos sobre oro. Hay oro por todas partes en Ghana. Hay muchas minas de oro (Ghana solía llamarse la Costa de Oro). En mi aldea, Patriensah, hay oro por todas partes, pero ¿cómo lo sacamos de la tierra a la superficie? Está por todas partes.

Saint Germain dijo que recogiera el oro, y el oro comenzó a derretirse hasta que cubrió cada centímetro cuadrado de la Tierra. Y ese es el destino de la Iglesia. Y entonces le dije a Madre lo último que Saint Germain dijo: «Nada en la tierra puede prevalecer contra ello».

Y Madre dijo: «¡Sí, eso es!».

Quizá ella quisiera decir más, pero los maestros no quisieron que dijera nada más.

El desafío que tenemos en África es lanzar una acometida para llevar las enseñanzas hasta la puerta de todas las personas del continente. Una acometida significa llevar las enseñanzas a la gente mediante la radio, la televisión, la expansión pública. No debe ser sólo algo que se produzca de vez en cuando. Debemos poseer la capacidad de utilizar medios modernos de comunicación hara llegar a la gente. Debemos utilizar la estrategia de Saint Germain, su tecnología, para llegar a la gente. Recuerdo un dictado del Gran Director Divino en el que dijo: «Buscadlos. Sujetadlos por los pies. Atraedlos». Debemos utilizar todos los medios posibles para traer a la gente.

Parte de la historia de África es muy oscura y tiene que ver con los caídos que se establecieron en Sumeria, que ahora es Irán e Irak; y vinieron de ahí a Sudáfrica. Trabajaron para arrancar a la gente de su primer amor. Pusieron una cuña entre la gente y su Dios.* Tenemos una historia mala y llena de temor. Y también se debe producir un esfuerzo unido para lanzar la acometida para la transmutación de estos registros. Todo esto necesita planificación y el diseño de una estrategia.

Recuerdo que en diciembre de 1981, antes que salir como Director de la Iglesia de Ghana, Madre dijo a Annice Booth, directora de la Oficina de Ministerio, que hablara conmigo. Annice me llamó a su oficina y me hizo la siguiente pregunta: «¿Qué vas a hacer en Ghana?».

Dibujé un mapa de Ghana. Ghana tiene diez regiones administrativas y cada región tiene su capital. Puse en el mapa estas capitales y tenía el plan de que cada capital tuviera un centro. Para conquistar África para la luz, debemos hacer lo mismo. Tenemos que hacer un mapa de los países y desarrollar

* Esta historia se resume en *The Path of Christ or Antichrist (El sendero de Cristo o Anticristo)*, de Mark L. Prophet y Elizabeth Clare Prophet, págs. 146–80.

un plan para llegar a todos ellos.

No será fácil en algunos países, aquellos que tienen gobiernos delincuentes. La mayoría de los países de habla inglesa están bien. Pero los países que estuvieron asociados con poderes europeos distintos de Gran Bretaña son difíciles de penetrar, porque tienen unos servicios de seguridad y una policía secreta que sospecha de todo. Pero hay que hacer un esfuerzo. Primero podemos manejar los más fáciles, y cuando estos estén listos, los más difíciles. Tenemos que reunir toda la energía para hacerlo y habrá la necesidad de hacer muchas novenas por esos países.

La posibilidad de hacer esto existe. La visión de Saint Germain de una era de oro puede hacerse realidad. Pero hay que vencer el factor desconocido en la ecuación. Como dice Saint Germain, «los seres humanos son impredecibles».

Capítulo 55

# La escuela de misterios

La vida es una aventura compleja. Pero en la escuela de misterios se vuelve aún más compleja, e incluso confusa para el alma. Al mirar a ciertas situaciones, la mente racional piensa: «Así deberían ser las cosas». Pero no es así, y es difícil entender el porqué.

En la escuela de misterios puede que pensemos que todo el mundo va por la misma línea. Pero creo que es una equivocación pensar así. Todos estamos en la escuela de misterios como individuos y como tales tenemos nuestras propias cargas y nuestra propia libertad. En el pasado utilizamos nuestra libertad para actuar de formas distintas. Algunas de nuestras acciones han estado de acuerdo con la ley, otras, no. Por tanto, el karma siempre es un factor y por esta razón existen diferencias en la forma en que nos comportamos unos con otros.

Se puede pensar que todos los que llegan a la escuela de misterios se deban ajustar a un cierto orden. Entonces nos dirigíamos suavemente hacia la meta, pero no siempre es así. Se puede pensar que todo deba ser alegría al ayudarnos unos a otros para hacer avanzar la misión, pero no siempre es así. No nos podemos imaginar el hecho de que existan toda clase de caracteres en la escuela de misterios. Con mi mente humana, yo diría que no debe ser así. Sin embargo, ha sido así en todas las escuelas de misterios. Así es como recibimos nuestras iniciaciones y las pruebas en el sendero.

Jesús dijo a sus discípulos lo que sucedería después de que se marchara. Les dijo que serían perseguidos. Les dijo que llegaría el momento en que «cualquiera que os mate pensará que rinde servicio a Dios». Y dijo: «Os he dicho estas cosas para que, cuando llegue la hora, os acordéis de que ya os lo había dicho». Quería prepararlos para que pudieran afrontar estas cosas. Lo mismo se aplica a nosotros hoy día.

Cuando esté pasando por una iniciación difícil, entiendo que algo más grande y mejor me espera. Cuando superamos la dificultad, alcanzamos el punto en el que Dios nos quiere. Entonces miramos atrás a nuestro anterior yo y vemos cuánto hemos cambiado.

Entiendo profundamente que estas situaciones no están destinadas a sacarnos del sendero. Más bien están pensadas para fortalecer nuestra determinación y para ayudarnos alcanzar nuestra meta. Si pensamos en eso de esta forma, podemos perdonar con facilidad a los que simplemente han sido instrumentos para la iniciación.

Capítulo 56

# El Gurú

Mi relación con el Gurú no estaba basada en la proximidad física. Era una relación interior. Diría que era una alianza espiritual basada en una confianza y aceptación absolutas por mi parte de su papel como instructor mío. Sé que ella entiende esa clase de relación. Cuando durante mi ministerio tuve dificultades extremas o iniciaciones extremas que verdaderamente pusieron a prueba mi determinación, en mis sueños veía al Gurú defendiéndome. Ella siempre estaba con su espada. Recuerdo un incidente, que siempre tengo presente, en el que el Gurú tenía su espada con la que me liberaba. Y entonces decía: «Paul, has peleado muy bien».

Mi mente también recuerda muchas veces lo que Madre me dijo antes de que me marchara de Cámelot en 1981. «Paul, me veo siempre en tu casa».

Aunque pudiera haber sido mi casa física a la que se refería, habiendo estado allí dos veces, yo lo interpreté como que también se refería a mi templo corporal. Fue una buena frase. Me mantuvo en forma. Me hizo recordar el pasaje de Romanos, capítulo 12, cuando Pablo escribe la iglesia de Roma: «Así que, hermanos, os ruego por las misericordias de Dios, que presentéis vuestros cuerpos en sacrificio vivo, santo, agradable a Dios, que es vuestro culto racional». Ese versículo resonaba en mi mente continuamente.

Si el Gurú se ve a sí mismo en mi casa siempre, yo debo

esforzarme para que mi casa sea habitable. Esto no es siempre fácil y, al vivir en la tierra, algunas veces cometeré errores. Pero incluso en esos momentos difíciles, el Gurú estará ahí para defenderme. Ella es un verdadero Gurú que ama a su rebaño.

Ahora que ha fallecido, mi relación con ella continúa. De hecho, es incluso mayor que antes, en el sentido de que ahora, en su nuevo papel, ella tiene una mayor facilidad para estar siempre presente. Eso es lo que me da el valor y la alegría, en un sentido, de preocuparme menos que las tonterías que otros piensen que pueden hacer para desanimarme, para impedir, para hacer algo que me haga sentir decepcionado por estar en el sendero. Me sirve de ayuda ver todo esto como una trampa de los caídos.

Mi relación con Madre es diaria. Como mi Gurú, ella siempre está en mi mente. Y por eso diré que mi relación con ella es una relación viva, una relación viva y continua. Cuandoquiera que necesite su ayuda, tengo un recuerdo instantáneo de su presencia. Y puesto que ella vive en mi mente todos los días, encuentro fácil recordar las cosas que nos dijo. Lo que me ayuda a seguir adelante es especialmente aquello que dijo sobre mí, como cuando me dijo que siempre estaría presente para luchar por mí en mis batallas.

Escucho a los demás portavoces religiosos, los predicadores, los pastores, los denominados obispos, escucho lo que dicen y veo cómo se comportan y recuerdo a mi Gurú. Me sorprende ver la gran diferencia que hay entre un verdadero profeta de Dios y los charlatanes, los embusteros. Madre era muy humilde, pero tenía mucho valor y mucha constancia, dando las enseñanzas de los maestros y defendiendo aquello para lo que fue enviada.

Elizabeth Clare Prophet es en verdad un alma que salió de Dios. He aprendido de ella la clave para servir eficazmente a la gente. La clave es amar a la gente, amar lo que se nos ha confiado que hagamos. Con esa clave de amar lo que tenemos que hacer, no hay forma de no conseguir el éxito. Pero el consejo que me doy a mí mismo y que doy a todos los que han asumido el sendero del servicio es no perder de vista el hecho de que siempre habrá detractores, gente que intentará sacarnos de nuestra misión declarada.

Por tanto, entiendo que para ser capaz de seguir por el camino correcto, nunca hemos de comprometer el recurso de la ciencia de la Palabra hablada. Incluso cuando falte tiempo o no hayamos dejado tiempo para ir al altar, pongamos una canción en nuestros labios. Yo siempre estoy canturreando. Es la forma que tengo de mantenerme en contacto constantemente con los maestros, mediante el decreto y la oración.

Madre ha sido mi modelo. Continuará siéndolo hasta que por el amor y la gracia de Dios todos nos encontremos en Lúxor, para jamás regresar a esta vida terrenal.

Elizabeth Clare Prophet

271

# El destino de África

El continente de África tiene una larga historia. Parte de ella se puede encontrar en los libros de historia, pero la memoria exterior ha perdido mucho de lo que sólo se puede leer en los registros de akasha, que están abiertos para los que tienen la visión espiritual.

Estos registros revelan que hace muchos miles de años, mucho antes del amanecer de la historia conocida, existía un continente donde hoy se encuentra el océano Pacífico. La gente de ese continente, conocido como Lemuria, vivía en una civilzación de oro. La tecnología, el arte, la ciencia y la religión se elevaron a alturas mayores que cualquier otra cosa en el planeta Tierra desde aquellos tiempos.

En los tiempos de Lemuria también existía una civilización de oro en el continente conocido actualmente como África. La raza azul y la raza violeta vivían allí en aquella época, prestando servicio en el primer rayo y en el séptimo rayo. Sus descendientes viven hoy en África como la raza negra.

Hace medio millón de años, después de que tuviera lugar la primera caída del hombre, la antigua civilización de África había alcanzado un punto de inflexión. Debido a la caída del hombre, la Tierra se había vuelto vulnerable a los ángeles caídos, encarnando algunos de ellos, otros trabajando en el plano astral para dividir a la gente y esclavizarla con un culto de oscuridad. Elizabeth Clare Prophet escribe esta historia:

Estos ángeles malignos se propusieron destruir las razas azul y violeta. Distorsionaron los rituales sagrados y las formas de arte de este pueblo abriendo la puerta a la brujería, el vudú y la magia negra. Llevaron a la gente hacia el odio, la superstición y la ambición por el poder.

A medida que la gente comenzó a desviar su atención de su Presencia Divina, se volvió más y más vulnerable a las tácticas de «divide y conquistarás» de los ángeles caídos. La civilización se dividió más por los bandos guerreros de sus tribus. La gente fue perdiendo la batalla espiritual interior entre las fuerzas de la luz y la oscuridad en su interior. Y su división, tanto dentro como fuera, les volvió esclavos de los poderes de la oscuridad.

Al ver la desgracia de su pueblo, Afra encarnó entre su gente para rescatarla. Primero determinó cuál era el rasgo que faltaba y que percibía como el talón de Aquiles de su pueblo. Identificó el punto de vulnerabilidad como una falta de hermandad...

Afra sabía que mucha de su gente había perdido la llama trina, igual que hoy mucha gente la está perdiendo por la ira. También sabía que para poder recuperar esa llama, tenían que ir por un sendero de hermandad. Tenían que cuidar unos de otros. La única forma en que podría enseñarles a ser hermanos de todos era ser él mismo hermano de todos. Y por eso su propia gente lo crucificó. Él era el Cristo en medio de ellos, pero no lo conocieron. Estaban cegados por su avaricia de poder.*

Este gran ser regresó al corazón de Dios mediante el ritual de la ascensión. Y así lo conocemos hoy como Afra, nuestro hermano de luz. La antigua era de oro de África se vino abajo y desde entonces ha habido mucha oscuridad en ese continente.

---

* *The Masters and Their Retreats (Los maestros y sus retiros),* de Mark y Elizabeth Clare Prophet (Gardiner, Mont.: The Summit Lighthouse Library, 2003), pág. 17.

Los ángeles caídos esclavizaron a la gente y la percepción exterior de ésta perdió el recuerdo de la luz que una vez conocieron. Hay un episodio de manipulación de los ángeles caídos hacia la gente recogido en las antiguas tablas, que cuenta la historia de los nefilim y su manipulación genética de la gente, esclavizándola para trabajar en sus minas en el sur de África.

Sin embargo, también han existido eras en las que un nuevo nacer ha surgido. He aquí algunos de los episodios en los que la luz ha brillado en el continente de África.

Hace más de 50.000 años floreció una era de oro donde actualmente está el desierto del Sáhara. Tristemente, los habitantes abandonaron el servicio a la luz y la edad de oro entró en declive, terminando enterrada bajo las arenas del desierto.

Hace treinta y tres siglos, Iknatón y Nefertiti llevaron a Egipto la revelación de Atón, el Dios único, simbolizado en el Sol que envía sus rayos de luz a todas las evoluciones de la Tierra. Su reino vio el nacimiento de una nueva cultura de arte y belleza sin precedentes en la historia de su imperio y establecieron una nueva religión de hermandad, amor y verdad.

Su corto reinado vio su fin cuando fueron asesinados por Horemheb en un golpe de palacio. Tutankhamón ascendió al trono de su padre a la edad de diez años y Horemheb fue nombrado «señor del país». La adoración al Dios único llegó a su fin y los antiguos dioses ganaron de nuevo supremacía. Tutankhamón murió a la edad de dieciocho años y al poco tiempo Horemheb se convirtió en faraón. Horemheb y sus sucesores intentaron borrar todos los registros de Iknatón y los logros de su reino. Su capital, Amarna, fue abandonada, sus edificios y templos demolidos y su nombre fue borrado de los monumentos. Esa época estuvo casi perdida para la historia hasta que Amarna fue redescubierta en las excavaciones del siglo XIX.

Cuatrocientos años después la reina de Saba visitó al rey Salomón en Jerusalén. Poco se sabe de su reino y su ubicación es discutida, pero los reyes de Etiopía trazaron su linaje hasta Makeda, el hijo de esta reina y del propio Salomón.

Los siglos que siguieron al reino de Iknatón vieron aumentar los desafíos para Egipto, tanto internos como externos, cayendo el país bajo el control de varios poderes extranjeros. En 332 a. C. Alejandro Magno conquistó Egipto y sus sucesores establecieron la dinastía tolemaica. Establecieron su capital en Alejandría, la cual se convirtió en el centro de aprendizaje más importante del mundo en siglos posteriores.

La famosa biblioteca de Alejandría fue establecida con el fin de reunir todo el conocimiento del mundo y bajo los Tolomeos, y después bajo el gobierno romano, creció, según una descripción, hasta tener más de cuatrocientos mil volúmenes, el almacén más grande de conocimiento del mundo antiguo. En este gran centro de aprendizaje vemos la exteriorización de la luz del chakra de la coronilla del continente de África (véase Apéndice E, «Los chakras de África»). La gran biblioteca fue quemada después de la prohibición del paganismo en el imperio romano en 391 d. C.

En el siglo VII a. C. un nuevo imperio islámico se extendió por África del Norte. Al mismo tiempo, varios reinos nuevos surgieron en el África subsahariana. El imperio de Ghana surgió en África occidental en lo que hoy es Mauritania y Mali. Fue conocido por su riqueza en oro y alcanzó su punto de poder más álgido en 1.000 d. C. aproximadamente, cuando compitió con los imperios y reinos más grandes de Europa de aquella época.

Doscientos años después los restos del imperio de Ghana fueron incorporados al imperio de Mali, que en su punto más álgido se extendía mil millas desde la Mali moderna hacia el Atlántico. El emperador más grande de Mali, Manca Mussa, dejó boquiabierto al mundo musulmán cuando emprendió un peregrinaje a la Meca, en 1324, con un séquito de 60.000 personas y 2.400 libras de oro a distribuir como limosnas y regalos.

Timbuktu era una de las ciudades más importantes del imperio malí. Situada al borde septentrional del desierto del Sáhara, se enriqueció como centro de comercio entre África y el Mediterráneo. La ciudad también fue un gran centro de aprendizaje durante ese período. La universidad de Sankoré era la universidad más importante del mundo islámico y su fama se extendió aún más bajo el imperio songhai, que sucedió al de Mali. La universidad era capaz de albergar a veinticinco mil estudiantes y tenía una de las bibliotecas más grandes del mundo, con una cantidad de 400.000 a 700.000 manuscritos. Había eruditos que venían del norte de África y de Europa para conversar con los eruditos historiadores y escritores de allá.

El mayor gobernante del imperio songhai fue Aksia el Grande, que gobernó desde 1453 hasta 1538. Él expandió la universidad de Timbuktu hasta establecer centros de aprendizaje por todo su imperio. Eruditos y poetas de todo el mundo musulmán acudían a su corte.

Después de la muerte de Aksia el Grande, su imperio entró en declive. En 1591 el sultán de Marruecos atacó con un gran ejército equipado con armas de fuego europeas. Después de quinientos años de existencia, la gran universidad de Timbuktu fue destruida y el profesorado fue exiliado a Marruecos. En siglos posteriores se produjeron ataques de otros países colindantes y la gran ciudad de Timbuktu, una vez la reina del Sáhara occidental con una población de 200.000 habitantes, se quedó en una sombra de su gloria anterior.

La mensajera habló de esta historia de eras de oro pasadas del continente africano en una conferencia que dio en Ghana, el 18 septiembre 1978, «El destino de Ghana con el Espíritu Santo». Dijo que los imperios de Ghana, Mali y Songhai representaron la Trinidad del Padre, Hijo y Espíritu Santo. Cada uno produjo un aspecto en concreto de la conciencia de Dios. Sin embargo, después de este periodo, África descendió a un periodo de disturbios. Las luchas y guerras internas entre los países cobraron su precio. Con el surgimiento de la era de la exploración en Europa, el comercio de esclavos floreció. El continente de África fue dividido y sujeto a poderes extranjeros durante cuatrocientos años.

El amanecer de una nueva era llegó en 1957, cuando Ghana

se convirtió en el primer país africano en lograr la independencia. Los movimientos independentistas que surgieron por todo el continente en décadas sucesivas fueron una señal de que la gente buscaba liberarse de los efectos de la esclavitud y el colonialismo para ocupar su lugar en la escena mundial.

Al mismo tiempo, mientras esta nueva luz había ido surgiendo en África, los impulsos acumulados de karma del pasado también habían ido surgiendo cíclicamente para ser transmutados. Y los ángeles caídos y las fuerzas de la oscuridad que derrocaron las eras de oro del pasado aún siguen atrincherados en muchos lugares y aún intentan mantener a la gente sujeta a ellos. En África se está produciendo una gran batalla entre la luz y la oscuridad, y el resultado determinará el futuro de todo un continente y todo un pueblo que llegaron a conocer una gran luz como la raza azul y la raza violeta.

Hoy los que viven ahí son los descendientes de los que construyeron esas eras de oro que existieron antaño y durante los últimos dos mil años. El linaje es tanto físico como espiritual, al haber reencarnado personas de nuestro tiempo desde esa antigüedad. Tienen el recuerdo de esas eras de oro que una vez conocieron y, por tanto, de lo que puede levantar a ese continente en la era de Acuario.

El Maestro Ascendido Afra es quien patrocina al pueblo de África. Habló a su pueblo cuando la mensajera visitó Ghana en 1976. He aquí un extracto de las palabras que dijo:

> Soy vuestro hermano, no vuestro señor, no vuestro maestro, sino que soy vuestro hermano en el Sendero. He compartido vuestra pasión por la libertad. He compartido con vosotros las horas de crisis cuando contemplasteis la injusticia, cuando buscasteis al Señor y le rezasteis pidiendo justicia y el Señor os dio el plan divino para esta nación y para este continente.
>
> He vivido en vuestros corazones durante cientos y cientos de años mientras os habéis esforzado bajo la

carga de la opresión desde dentro y desde fuera. Y aunque muchos han considerado la opresión externa como la más grande, nosotros, que somos parte de los que se graduaron de este continente, consideramos que la única verdadera esclavitud es la esclavitud desde el interior, la esclavitud de la mente carnal y su egoísmo, su falta de sacrificio en el altar, como Abraham e Isaac se sacrificaron. Por tanto, la falta de sacrificio de las bestias de la mente carnal, eso es esclavitud.

Ahora bien, debido a que algunos han estado dispuestos a sacrificar el egoísmo, la esclavitud externa también ha sido quebrantada y es la evolución de la propia gente hacia la luz de Dios lo que ha proporcionado esta nueva oportunidad en esta era para este continente...

Vengo, pues, para que podáis ver el gran flujo de la fusión de las gentes en el río del agua de la vida que es el flujo de la Madre. En el flujo cristalino de la luz de la Madre desde el chakra de la base hasta la coronilla del continente se produce la fusión de la gente...

Que abandonen sus redes, que abandonen sus armas, que vengan a la llamada del Señor y que oigan el llamado. Que vean la visión, que tengan la mente de Afra, que sus mentes se unan en el mandala del continente. Y que a partir de ese núcleo ígneo de Dios y del diseño divino forjen primero la identidad en Cristo, luego la identidad en la familia, luego la identidad en la comunidad, luego la identidad en la nación, luego la identidad del continente.*

---

* Afra, «The Powers and Perils of Nationhood» («Los poderes y peligros que conlleva el ser una nación»), dado el 18 de septiembre de 1976, en Accra (Ghana), publicado en *Afra: Brother of Light (Afra, hermano de luz)*, de Elizabeth Clare Prophet (Gardiner, Mont.: The Summit Lighthouse Library, 2003), págs. 77–81.

Apéndice B

# El pueblo de Ghana

Ghana es una nación de África Occidental que linda al oeste con Costa de Marfil, al norte con Burkina Faso, al este con Togo y al sur con el golfo de Guinea. Fue una colonia británica, la Costa de Oro, nombrada así debido a la abundancia de minas de oro que tiene.

En el siglo XIX la mayor parte de la Ghana moderna era parte del imperio ashanti, uno de los estados más influyentes de África Occidental en la era colonial. La capital de ese imperio era Kumasi. Antes de que la ciudad fuera arrasada por los británicos en 1874, los pocos fotógrafos supervivientes mostraron una ciudad de una belleza poco habitual, con amplias calles bordeadas de casas de un estilo arquitectónico único. Hoy no queda nada de eso.

El imperio ashanti estaba gobernado por un rey y un sistema de gobierno altamente desarrollado que tenía ministerios separados para manejar los asuntos de estado y una oficina de extranjería para manejar las relaciones con poderes extranjeros. El imperio fue conquistado finalmente por los británicos en 1894, después de una serie de guerras que duraron más de setenta años.

Los ashanti, los kwahu y los fante son tres tribus del pueblo akan, un grupo étnico que compone aproximadamente la mitad de la población de Ghana. Estas tribus hablan distintos dialectos de la lengua akan, también conocida como Twi. Existen más de cien grupos étnicos distintos en Ghana hoy día, incluyendo a los ewe (centrados en el sureste) y los ga (que se encuentran mayormente en la zona alrededor de Accra).

El cristianismo es la principal religión en el sur de Ghana y el islamismo es la fe predominante en el norte. Las relaciones cristiano musulmanas en Ghana son pacíficas, en contraste con otros países vecinos, como Nigeria, donde la violencia sectaria es una preocupación de primer orden.

La práctica de la religión fetiche tradicional también es común en Ghana, incluso entre seguidores del cristianismo y el islamismo. Sus seguidores creen en un dios supremo, cuyo nombre varía según la región, pero no hay sacerdotes que le sirvan directamente. Los sacerdotes sirven a muchos espíritus y divinidades locales diferentes, que pueden poseer a los sacerdotes. La presencia de espíritus de antepasados y el reino de los muertos son algo esencial en la religión tradicional, por lo que se da gran importancia a una dirección correcta de los funerales y el entierro de los muertos.

Como sucede en la mayoría de sociedades tradicionales, existe un fuerte sistema de familia extensa. Es normal que los miembros de la familia más pobres busquen ayuda económica de parientes más acomodados. Los fuertes lazos de parentesco y de la familia extensa se mantienen incluso entre los que hoy día viven en los núcleos urbanos modernos o en otros países.

Los akan son una sociedad matrilineal, en la que la descendencia y la herencia familiar pasan de la madre a sus hijos. La poligamia era una práctica común en años anteriores, especialmente entre los hombres ricos. La mujer casada y sus hijos vivían con su familia materna. Como resultado de ello, el lazo entre madre e hijo era más fuerte que el que había entre padre e hijo y los hijos se relacionaban más de cerca con los hermanos y las hermanas de la madre que con sus propios padres. La madre de un hombre, sus hermanos y hermanas así como sus sobrinos y sobrinas del lado materno tienen prioridad en la herencia sobre su propia esposa e hijos. Estas costumbres han cambiado en años recientes en la medida en que se ha extendido el cristianismo y la legislación para cambiar el patrón tradicional de herencias.

Apéndice C

# Decretos de protección

Cuando haga estos decretos al Arcángel Miguel, visualice a este poderoso ángel vestido con una brillante armadura y blandiendo su espada de llama azul. Vea su presencia alrededor de usted, de su familia, de sus amigos y de todos aquellos por quienes está rezando. Haga la oración de apertura o preámbulo una vez, repita la parte principal del decreto tres veces, nueve veces o tantas como desee, y termine con el final, «Y con plena Fe...». Utilice el mismo patrón con los demás decretos que se incluyen.

## San Miguel

En el nombre de la amada, poderosa y victoriosa Presencia de Dios YO SOY en mí, de mi muy amado Santo Ser Crístico, Santos Seres Crísticos de toda la humanidad, amado Arcángel Miguel, amados Gurú Ma y Lanello, todo el Espíritu de la Gran Hermandad Blanca y la Madre del Mundo, vida elemental: ¡fuego, aire, agua y tierra!, yo decreto:

[Aquí incluya llamados por aquellas circunstancias y situaciones por las que está pidiendo ayuda.]

1. San Miguel, San Miguel,
        Invoco tu llama,
    ¡Libérame ahora,
        Esgrime tu espada!

Estribillo: Proclama el poder de Dios,
        Protégeme ahora.
    ¡Estandarte de Fe
        Despliega ante mí!

Relámpago azul
Destella en mi alma,
¡Radiante YO SOY
Por la Gracia de Dios!

2. San Miguel, San Miguel,
Yo te amo, de veras;
¡Con toda tu Fe
Imbuye mi ser!

3. San Miguel, San Miguel
Y legiones de azul,
¡Selladme, guardadme
Fiel y leal!

Coda: ¡YO SOY saturado y bendecido
con la llama azul de Miguel,
YO SOY ahora revestido
con la armadura azul de Miguel! (3x)

¡Y con plena Fe acepto conscientemente que esto se manifieste, se manifieste, se manifieste! (3x), ¡aquí y ahora mismo con pleno Poder, eternamente sostenido, omnipotentemente activo, siempre expandiéndose y abarcando el mundo hasta que todos hayan ascendido completamente en la Luz y sean libres! ¡Amado YO SOY! ¡Amado YO SOY! ¡Amado YO SOY!

### Protección de Viaje

¡San Miguel delante, San Miguel detrás,
San Miguel a la derecha, San Miguel a la izquierda,
San Miguel arriba, San Miguel abajo,
San Miguel, San Miguel, dondequiera que voy!

¡YO SOY su Amor protegiendo aquí!
¡YO SOY su Amor protegiendo aquí!
¡YO SOY su Amor protegiendo aquí! (3x)

## Decretos de Corazón, Cabeza y Mano
por El Morya

*Fuego Violeta*

Corazón

¡Fuego Violeta, divino Amor,
Arde en éste, mi corazón!
Misericordia verdadera Tú eres siempre,
Mantenme en armonía contigo eternamente. (3x)

Cabeza

YO SOY Luz, tú, Cristo en mí,
Libera mi mente ahora y por siempre;
Fuego Violeta brilla aquí,
Entra en lo profundo de ésta, mi mente.

Dios que me das el pan de cada día,
Con Fuego Violeta mi cabeza llena
Que tu bello resplandor celestial
Haga de mi mente una mente de Luz. (3x)

Mano

YO SOY la mano de Dios en acción,
Logrando la Victoria cada día;
Para mi alma pura es una gran satisfacción
Seguir el sendero de la Vía Media. (3x)

*Tubo de Luz*

Amada y radiante Presencia YO SOY,
Séllame ahora en tu Tubo de Luz
De llama brillante Maestra Ascendida
Ahora invocada en el nombre de Dios.
Que mantenga libre mi templo aquí
De toda discordia enviada a mí.

YO SOY quien invoca el Fuego Violeta
Para que arda y transmute todo deseo,
Persistiendo en nombre de la libertad
Hasta que yo me una a la Llama Violeta. (3x)

## De la Oscuridad a la Luz

### Perdón

YO SOY el perdón aquí actuando,
Disolviendo las dudas y los temores,
La Victoria Cósmica despliega sus alas
Liberando por siempre a todos los hombres.

YO SOY quien invoca con pleno poder
En todo momento la ley del Perdón;
A toda la vida y en todo lugar
Inundo con la Gracia del Perdón. (3x)

### Provisión

Libre YO SOY de duda y temor,
Desechando la miseria y toda pobreza,
Sabiendo ahora que la buena Provisión
Proviene de los reinos celestiales del Señor.

YO SOY la mano de la Fortuna de Dios
Derramando sobre el mundo Tesoros de Luz.
Recibiendo ahora la Abundancia plena
Las necesidades de mi vida quedan satisfechas. (3x)

### Perfección

Vida de Dirección Divina YO SOY,
Enciende en mí tu luz de la Verdad.
Concentra aquí la Perfección de Dios,
Líbrame de toda discordia ya.

Guárdame siempre muy bien anclado
En toda la Justicia de tu Plan sagrado,
¡YO SOY la Presencia de la Perfección
Viviendo en el hombre la Vida de Dios! (3x)

### Transfiguración

YO SOY quien transforma todas mis prendas,
Cambiando las viejas por el nuevo día;
Con el sol radiante del entendimiento
Por todo el camino YO SOY el que brilla.

YO SOY Luz por dentro, por fuera;
YO SOY Luz por todas partes.
¡Lléname, sáname, glorifícame!
¡Séllame, libérame, purifícame!
Hasta que así transfigurado todos me describan:
¡YO SOY quien brilla como el Hijo,
YO SOY quien brilla como el Sol!  (3x)

### Resurrección

YO SOY la llama de la Resurrección
Destellando la pura Luz de Dios.
YO SOY quien eleva cada átomo ahora,
YO SOY liberado de todas las sombras.

YO SOY la Luz de la Presencia Divina,
YO SOY por siempre libre en mi vida.
La preciosa Llama de la Vida eterna
Se eleva ahora hacia la Victoria.  (3x)

### Ascensión

YO SOY la luz de la Ascensión
Fluye libre la Victoria aquí,
Todo lo Bueno ganado al fin
Por toda la eternidad.

YO SOY Luz, desvanecido todo peso
En el aire ahora me elevo;
Con el pleno Poder de Dios en el cielo
Mi canto de alabanza a todos expreso.

¡Salve! YO SOY el Cristo Viviente,
Un ser de amor por siempre.
¡Ascendido ahora con el Poder de Dios
YO SOY un sol resplandeciente!  (3x)

## Revertid la Marea

En el nombre de la amada, poderosa y victoriosa Presencia de Dios YO SOY en mí, de mi amado Santo Ser Crístico y Santos Seres Crísticos de toda la humanidad, amado Ciclopea, Vigilante Silencioso de la Tierra, amados siete poderosos Elohim, amados siete chohanes y arcángeles, amada poderosa Astrea, amados Lanello, todo el Espíritu de la Gran Hermandad Blanca y la Madre del Mundo, vida elemental: ¡fuego, aire, agua y tierra!, yo decreto:

ASUMID AHORA EL CONTROL DE:
[Haga el siguiente inserto o componga su propia oración por la situación específica con la que está trabajando.]

Toda la magia negra, oraciones malintencionadas, odio, ira o condenación dirigida contra mí, mi familia, mi medio de vida o mi servicio a la vida.

* ¡Revertid la marea! (3x)
¡Hacedlos retroceder! (3x)
¡Revertid la marea! (3x)
¡Asumid el control!
¡Hacedlos retroceder! (3x)
¡Liberad a todos! (3x)
¡Revertid la marea! (3x)

(*Repita esta sección 3, 12 ó 36 veces.)

¡Remplazadlo todo con los principios gloriosos de la Libertad Divina, de la Libertad cósmica para la expansión de la llama Crística en todo corazón y para el grandioso plan de libertad para esta era proveniente del corazón del amado Saint Germain!

¡Unid a los pueblos en Libertad! (3x)
¡Liberadlos ahora por el amor de Dios! (3x)
Unid la Tierra y mantenedla libre (3x)
¡Por la Victoria YO SOY de cada uno! (3x)
¡Revelad la verdad! (12x)
¡Revelad la mentira! (12x)

¡Y con plena Fe...

## Decreto a la Amada Poderosa Astrea

En el nombre de la amada, poderosa y Victoriosa Presencia de Dios YO SOY en mí, Poderosa Presencia YO SOY y Santos Seres Crísticos de Guardianes de la Llama, portadores de Luz del mundo y de todos los que van a ascender en esta vida, por y a través del poder magnético del fuego sagrado investido en la Llama Trina que arde dentro de mi corazón, invoco a los amados poderosos Astrea y Pureza, Arcángel Gabriel y Esperanza, amado Serapis Bey y los serafines y querubines de Dios, amados Gurú Ma y Lanello, todo el Espíritu de la Gran Hermandad Blanca y la Madre del Mundo, vida elemental: ¡fuego, aire, agua y tierra! para que coloquéis vuestros círculos cósmicos y espadas de llama azul en, a través y alrededor de mis cuatro cuerpos inferiores, mi cinturón electrónico, mi chakra del corazón y todos mis chakras, toda mi conciencia, ser y mundo.

[Haga el siguiente inserto o componga su propia oración por la situación específica con la que está trabajando.]

Soltadme y liberadme (3x) de todo lo que sea inferior a la perfección de Dios y al cumplimiento de mi plan divino.

1. Amada Astrea, que la Pureza de Dios
   Se manifieste aquí para que todos vean
   La Voluntad de Dios en el resplandor
   Del círculo y espada de brillante azul.

*Primer Estribillo:* Responde ahora mi llamado y ven
   A todos envuelve en tu círculo de luz.
   Círculo y espada de brillante azul,
   ¡Destella y eleva, brillando a través!

2. De patrones insensatos a la vida libera,
   Las cargas caen mientras las almas se elevan
   En tus fuertes brazos del amor eterno,
   Con misericordia brillan arriba en el cielo.

3. Círculo y espada de Astrea, brillad,
   Blanco-azul que destella, mi ser depurad,

Disipando en mí temores y dudas,
Aparecen patrones de fe y de bondad.

Segundo Estribillo: Responde ahora mi llamado y ven,
A todos envuelve en tu círculo de luz.
Círculo y espada de brillante azul,
¡Eleva a toda la juventud!

Tercer Estribillo: Responde ahora mi llamado y ven
A todos envuelve en tu círculo de luz.
Círculo y espada de brillante azul,
¡Eleva a toda la humanidad!

¡Y con plena Fe...

Haga este decreto una vez, usando el primer estribillo después de cada estrofa. Hágalo por segunda vez, usando el segundo estribillo después de cada estrofa. La tercera vez, use el tercer estribillo después de cada estrofa. Estas tres series de tres estrofas seguidas de cada uno de los tres estribillos representan un decreto completo de Astrea.

## YO SOY la Llama Violeta

En el nombre de la amada, poderosa y victoriosa Presencia de Dios YO SOY en mí, de mi amado Santo Ser Crístico y Santos Seres Crísticos de toda la humanidad, yo decreto:

YO SOY la Llama Violeta
En acción en mí ahora
YO SOY la Llama Violeta
Sólo ante la Luz me inclino
YO SOY la Llama Violeta
En poderosa Fuerza Cósmica
YO SOY la Llama Violeta
Resplandeciendo a toda hora
YO SOY la Llama Violeta
Brillando como un sol
YO SOY la Llama Violeta
Liberando a cada uno

¡Y con plena Fe...

Apéndice D

# Breve historia de
# The Summit Lighthouse
# en Ghana

*Sacado de la Revista Conmemorativa del Trigésimo Tercer
Aniversario de la Iglesia Universal y Triunfante de Ghana, 1998*

The Summit Lighthouse fue fundada el 7 de agosto de 1958,
en la Ciudad de Washington, por Mark L. Prophet bajo la
dirección del Maestro Ascendido El Morya, Jefe del Consejo de
Darjeeling de la Gran Hermandad Blanca.

A principios de la década de los sesenta, las vibraciones de
la actividad de los maestros ascendidos habían llegado a Ghana
y una o dos personas habían comenzado a mantener correspondencia con ella. Una de esas personas fue el ya fallecido
Alexander Krakue, quien a finales de 1964 se había inscrito
como Guardián de la Llama. La correspondencia más antigua
en nuestros archivos está dirigida al Sr. K. E. Donkoh, con fecha
de noviembre de 1964.

El 20 de marzo de 1965, Alexander Krakue formó un
Grupo de Estudios de The Summit Lighthouse en Accra inscri-
biendo a seis estudiantes más en la sede central de los EE.
UU.

Al principio el lugar de reunión era en Mataheko (Accra), la
residencia de Alexander Krakue. Cuando el viejo Alex se mudó
a Tema, un hermano llamado Sr. Kofi Darko ofreció su casa en

Ridge para las reuniones. Más tarde, cuando este hermano fue enviado fuera de Ghana, el lugar de reunión tuvo que cambiar a Mamprobi, a la residencia del Sr. Herbert Krakue, quien después llegó a ser Obispo de la Iglesia.

Para permanecer dentro del marco legal de Ghana la actividad fue registrada en el Registro de Escrituras como Iglesia The Summit Lighthouse el 29 de julio de 1967. En ese punto la sede central se refería a nosotros como «la primera Iglesia de Summit Lighthouse». A medida que creció el número de miembros hubo que rentar una casa en Kanda, en Accra, en 1968, que sirviera de santuario.

En 1972, por orden del Consejo de Darjeeling, los Mensajeros Mark y Elizabeth Prophet realizaron su primera visita a Ghana. Durante la visita dieron las Enseñanzas de los Maestros Ascendidos en la Primera Conferencia Africana de Summit. Tuvo lugar en Commonwealth Hall Chapel de la Universidad de Ghana, del viernes, 21 julio al domingo, 23 julio de 1972. Asistieron alrededor de setenta miembros y aspirantes.

El programa de la conferencia incluía un discurso de bienvenida, decretos, oraciones, canciones, meditación, bautizos, enseñanzas sobre la historia cósmica de África y las razas azul y violeta; y sobre Ghana como foco de Saint Germain y Porcia (simbolizado en el lema de Ghana, «Libertad y Justicia»). Durante la ceremonia de bautizos, un miembro eligió como nombre bautismal Sanat Kumara y cuando Mark mencionó su nombre, el cuenco de agua y los pétalos de rosa utilizados para el bautizo empezaron a temblar.

En total se dieron diez conferencias y siete dictados. Para coronar todas estas actividades visibles e indescriptibles hubo una invisible e indescriptible impartición y comunión de corazón que los participantes experimentaron como grupo y como individuos, cada uno de acuerdo con su nivel de logro y sintonización.

Los mensajeros se alojaron en una casa de huéspedes

de la Universidad de Ghana, en Legon, cortesía del entonces secretario, el Dr. E. A. K. Edzii. El Dr. Edzii anteriormente no era miembro, pero quiso bautizarse durante la conferencia. (El Dr. Edzii fue Secretario Ejecutivo de la Junta en 1996.)

Antes de la conferencia, los mensajeros visitaron muchos lugares alrededor de Accra. También fueron en barco por el lago Volta, donde establecieron un foco que conectara con la llama de la resurrección en la sede central de la actividad, en Colorado Springs, llama que los mensajeros llevaron a Egipto y a la Gran Pirámide en septiembre de 1972, dando así ímpetu al milenio que estaba próximo. Una llama de la conciencia búdica también fue establecida en el campus de la Universidad de Ghana.

La primera visita de los mensajeros supuso un impulso Alfa en la historia de la Iglesia de Ghana y un punto de inflexión de importancia espiritual para África. Ghana es el chakra del corazón de África y África alberga la Gran Pirámide, que es el almacén del destino del planeta Tierra, pasado, presente y futuro. El viaje del hombre sobre la Tierra termina en África, en el templo de la Ascensión sobre Lúxor, en Egipto.

Los mensajeros, en una carta de gratitud a la Iglesia con fecha de 22 agosto 1972, dijeron: «Sabemos que debido a que habéis elegido elevaros, millones de africanos también elegirán elevarse con vosotros. Y sabemos que la espiral que comenzó en Legon continuará elevándose treinta y tres niveles hasta que la pirámide de luz esté completa, la cúspide en su lugar y África, como continente, ascienda al nivel de percepción divina».

En años posteriores, la Iglesia continuó creciendo espiritual-mente, y materialmente en su número de miembros. A finales de 1973 el impacto de la Iglesia se había sentido por toda Ghana, manifestándose en la apertura de los centros de Kumasi, Takoradi y Dunkwa-on-Offin, además de Accra.

En 1973 la propietaria de la casa donde estaba el santuario de Kanda reclamó su propiedad y consecuentemente la Iglesia se mudó de Kanda a Odorkor, el 31 diciembre 1973, a una propiedad del suegro del que entonces era Director, el Rev. Herbert H. Krakue. Se realizaron inmediatamente esfuerzos para conseguir un terreno adecuado para la Iglesia, pero al retrasarse esto el Director ofreció un terreno adjunto al santuario temporal de Odorkor para la construcción de un santuario permanente.

La construcción comenzó y terminó a la velocidad del rayo. Para la siguiente visita de la Mensajera, Elizabeth Clare Prophet, en septiembre de 1976 (Mark había ascendido el 26 febrero 1973), el santuario estaba listo para que lo consagrara. El día de la consagración, bajo la dirección del Maestro Ascendido El Morya, la Mensajera consagró al que entonces era Director como Obispo de África, con la responsabilidad de esparcir las Enseñanzas de los Maestros Ascendidos en Ghana y en toda África. En aquel entonces era la única diócesis de la Iglesia en todo el mundo y este cargo también enfatizaba la responsabilidad que tenía Ghana de diseminar las Enseñanzas de los Maestros Ascendidos en toda África.

Durante la visita de la Mensajera en 1976, se organizó la Segunda Conferencia de África de Summit Lighthouse. Tuvo lugar en el auditorio de la Escuela de Administración, en la Universidad de Ghana, en Legon, del 16 al 19 septiembre de 1976. Un evento importante de esta visita fue la ordenación de nueve ministros laicos (ocho para Ghana y uno para Nigeria) y tres apóstoles (dos para Ghana y uno para Nigeria) que recibieron el encargo de encabezar el programa de expansión de la actividad en África.

En enero de 1978 la Iglesia de Ghana tuvo la excepcional oportunidad de servir de anfitrión a la Mensajera por tercera vez. En esa ocasión, la madre Iglesia volvió a designar a la Iglesia de Summit Lighthouse en Ghana como Iglesia Universal y Triunfante de Ghana bajo una nueva constitución con fecha de 18 enero 1978 y debidamente inscrita en el gobierno de

Ghana el 7 septiembre de 1978. El propósito de esta tercera visita, entre otras cosas, era compartir con los ghaneses sus ideas sobre el concepto de gobierno de unión, que el gobierno de aquel tiempo estaba sometiendo a referéndum ante los ghaneses.

La mensajera dio una serie de conferencias en las que explicó el concepto de gobierno divino. Su exposición estaba basada en la premisa de que el futuro gobierno por el que los ghaneses estaban esforzándose debía fundarse sobre los hombros del «Ser Crístico», profetizado en Isaías 9:16.

En 1980 se abrieron dos centros principales en Akim Oda y en Nkawkaw, formando un total de seis centros en Ghana. Sin embargo, 1980 fue un año de cambio fundamental, un final de la primera dispensación bajo la Llama Azul del Padre. El Obispo perdió su puesto de liderazgo y la Iglesia también perdió su santuario de Odorkor por no haber documentos legales que establecieran la posesión de buena fe por parte de la Iglesia. Fue un período de gran dolor e iniciación para toda la membresía.

La sede central nombró un comité interino que dirigiera los asuntos de la Iglesia. Con la ayuda de algunos miembros dedicados, la Iglesia, a finales de 1981, tuvo acceso a un centro comunitario abandonado en el sur de Legon que fue convertido en santuario.

En 1982, el Rev. Paul K. Kyei fue nombrado Director de la Iglesia para su segundo ciclo de vida. Bajó una dispensación de segundo rayo, éste persiguió un vigoroso programa de expansión. La Iglesia estaba representada en los programas de televisión de Ghana *Contemplación* y *Sobre la vida*. El resultado tangible del programa de expansión fue la apertura de nuevos centros en los siguientes pueblos y comunidades: Koforidua, Apirede (Akuapem), Leklebi/Hohoe, Keta, Ho, Obuasi, Axim/Ahanta, Univdersidad of Ciencia y Tecnología (Kumasi) y Tamale.

Entre 1984 y 1985 el problema de la falta de un espacio

donde reunirse surgió de nuevo. Los residentes del sur de Legon exigieron que el santuario se utilizara una vez más como centro comunitario. En este difícil momento la Sra. Sybil Foli ofreció voluntariamente su casa de Abelemkpe para que se utilizara temporalmente como santuario. La Iglesia se mudó a esta casa el 2 marzo 1986.

El papel de Ghana de dar apoyo ministerial a Nigeria continuó durante el período que duró el cargo del Rev. Kyei. Se realizaron visitas no sólo a Lagos sino a otros centros de la parte occidental y oriental de Nigeria, mientras que el Rev. Kobina E. Donkoh, que era entonces residente de Kaduna, se encargó del norte.

En diciembre de 1995, el período del Rev. Kyei llegó a su fin. Ello encajó con la nueva política de la sede central de dar oportunidad a diferentes personas para que sirvan en el cargo más alto de la Iglesia. La sede central expresó una «sincera apreciación por sus muchos años de servicio dedicado y abnegado como Presidente de la Iglesia de Ghana, quien sostuvo la llama con constancia en Ghana».

El Rev. Donkoh, miembro fundador de la Iglesia, fue nombrado nuevo Director durante un tercer ciclo de vida, a partir de enero de 1996. Bajo una dispensación de tercer rayo de amor divino del Espíritu Santo, él predica la otorgación de poder del Espíritu Santo a través de la aplicación de las enseñanzas de los maestros ascendidos.

En julio de 1996, al fin, la Iglesia comenzó la construcción de una infraestructura. El piso bajo se consagró el 22 marzo 1998 durante la celebración en Ghana del Trigésimo Tercer Aniversario de la fundación de The Summit Lighthouse. Hay que decir que el ímpetu para el proyecto de construcción fue el ofrecimiento de un pedazo de terreno más adecuado por parte de un miembro. El celo de la membresía en general (tanto local como de fuera) en lo que se refiere a contribuciones económicas para la construcción, diezmos y ofrendas especiales, apoyado con novenas de provisión, precipitaron la alquimia con la bendición de los maestros, por lo cual estamos agradecidos.

EL FUTURO

«Que cada cual reflexione sobre el dilema de su futuro. Id al corazón de Sanat Kumara, del Señor Gautama y del Señor Jesucristo para encontrar paz, mediante la Ley del Perdón, con todos con quienes habéis sido injustos. Haced esto, amados, y conoced vuestra libertad día a día.»

—Afra, 4-4-97

Nosotros vemos:

Un futuro en el que la infraestructura de nuestra Iglesia está terminada, con una magnífica capilla con el motivo de un Faro.

Un futuro en el que las Enseñanzas de los Maestros Ascendidos son llevadas a todos los hogares mediante los medios de comunicación masivos: periódicos, radio y televisión.

Un futuro en el que «África, como continente, asciende al nivel de la percepción divina».

—Los Mensajeros

QUE ASÍ SEA, EN EL SANTO NOMBRE DE DIOS, YO SOY

## Apéndice E

# Los chakras de África

Un chakra es un centro espiritual o un campo de energía para emitir luz y energía al cuerpo del hombre. Igual que el cuerpo humano tiene siete chakras principales, un país o un continente también tiene campos energéticos que se corresponden con los siete chakras y que emiten luz y energía para el resto del país o del continente. Los chakras de cualquier país pueden darnos una idea de la clase de energías negativas o problemas que existen en una zona y también son indicativos de los puntos fuertes y el propósito divino que está destinado a manifestarse allí.

Elizabeth Clare Prophet ha delineado los chakras del continente de África como franjas latitudinales, desde el chakra de la base de la columna en el sur hasta el de la coronilla en el norte. El mapa de la siguiente página muestra la ubicación aproximada de los chakras según lo que ella describió.

En Sudáfrica la energía del chakra de la base se ve en la gran riqueza mineral que allí se encuentra y en la luz blanca de la Madre que está focalizada en el retiro de la Diosa de la Pureza sobre la isla de Madagascar.

El retiro de Arcturus y Victoria, los Elohim del Séptimo Rayo, está en Luanda, en Angola, a nivel del chakra del séptimo rayo, la sede del alma.

El nivel del plexo solar incluye al Congo, a Uganda y a Rwanda, países que han visto un gran abuso de su energía en guerras civiles y genocidios.

El chakra del corazón incluye a Ghana, Nigeria y otros países que son el hogar de almas con una gran cualidad de corazón y el destino de expandir la luz del corazón y la llama trina.

El nivel de los chakras de la garganta y el tercer ojo incluye al desierto del Sáhara y a los países al sur de éste. Fue el abuso de las energías de estos chakras mediante magia negra y brujería lo que se utilizó para derrocar la antigua era de oro de las razas azul y violeta en el continente de África. El retorno kármico de este abuso se puede ver en la aridez de esas zonas y en las hambrunas periódicas que devastan estos países.

El chakra de la coronilla está en la parte más al norte del continente, incluyendo el norte de Egipto, la península del Sinaí, Tierra Santa y el Creciente Fértil. El chakra de la coronilla es donde la luz de Dios como Padre es afianzada en el cuerpo del hombre, y estas tierras vieron el nacimiento de religiones que estaban destinadas a proporcionar la comprensión de Dios como Padre y como Justicia Divina: el judaísmo, el cristianismo, el islam y la revelación original del único Dios a través de Iknatón.

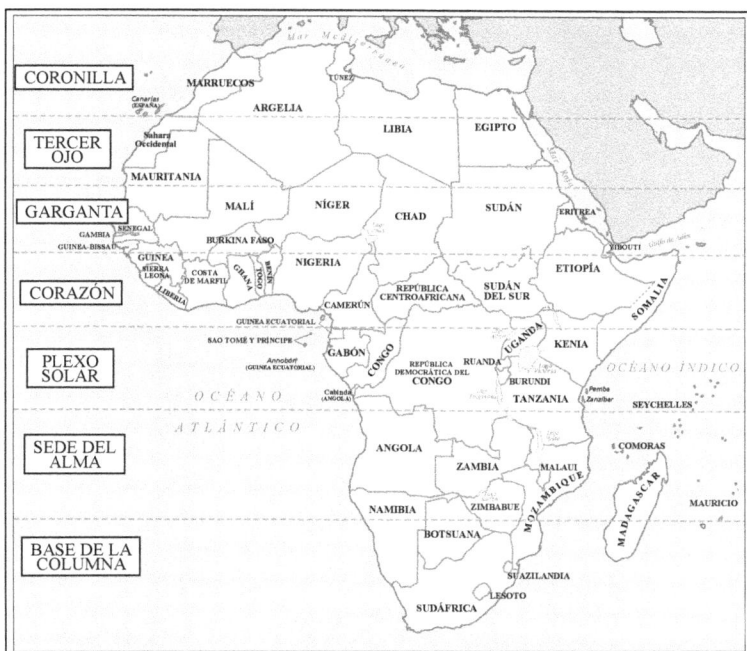

www.ingramcontent.com/pod-product-compliance
Lightning Source LLC
Chambersburg PA
CBHW022116080426
42734CB00006B/148